SPATIAL STUDIES

建築・都市計画のための

空間学事典

増補改訂版

日本建築学会 [編]

井上書院

まえがき

　本書は，1996年に初版，2005年に改訂版，そしてこのたび新たに用語を加え増補改訂版として再び刊行することとなった。

　その編集にあたった空間研究小委員会では1985年の設立以来，建築・都市の『空間』を対象とした研究の観点，方法，成果等について研究会を開催するとともに，1987年『建築・都市計画のための調査・分析方法』（2012年改訂），1990年『建築・都市計画のための空間学』，1992年『建築・都市計画のためのモデル分析の手法』，2002年『建築・都市計画のための空間計画学』といった一連の出版を行ってきた（いずれも井上書院）。

　建築・都市計画における空間研究は，空間を中心としてそこに展開される建築計画に関わる内容を取り扱うものである。ここでは，分野にとらわれず，その時々に応じたさまざまな分野の研究手法を取り入れているため，用語の扱い方，捉え方が研究者によって異なることもあった。用語の定義や取り扱う範囲を定めることは，研究位置づけを明確にすることにつながる。本書で取り扱う用語の広がりは研究分野の体系の一面と特徴を表すものである。

　増補改訂版においては，研究分野，研究手法の多様化・高度化に対応し，扱う項目は多岐にわたることとなった。各章や項目のくくり方，整理軸にも検討を加え，大枠でのカテゴライズから多様な個別性へ対応できる枠組みへと改めている。これはこの分野の広さ，また，多くの内容をさらに包含して発展してゆく分野の可能性の表れということでご理解いただきたい。

　なお本小委員会は，研究会，シンポジウム，研究活動などをベースとして，1998年に『空間体験―世界の建築・都市デザイン』，2000年『空間演出―世界の建築・都市デザイン』，2003年『空間要素―世界の建築・都市デザイン』の3部作を発行し，空間の魅力を解説している（いずれも井上書院）。これらは前述の定量的に重きをおいた研究の視点とは対照的に，量として扱いづらい定性的なデザインの観点から建築・都市を捉えたものである。このように定量的・定性的な二つの観点から，建築・都市空間を理解し，論じ，デザインすることが空間研究の中心的考え方のひとつである。

　本書の編集にあたっては，現小委員会メンバー以外にも多くの方から貴重な原稿を賜わった。改めて編集にご尽力いただいた委員の方々，ご執筆や写真の提供をいただいた方々に深くお礼を申し上げるものである。

2016年10月

日本建築学会
空間研究小委員会

本書の特徴と構成

1985年に日本建築学会建築計画委員会の中に設立された「空間・研究小委員会」において，建築や都市空間にまつわる研究会やシンポジウムを重ね，固有の空間の意味や特質，さらにこれらを研究するための調査や分析の方法について議論を深めてきた。その中で，空間をめぐる言葉の用法（用語）が研究者によって曖昧であるといった指摘があった。これを受け，1996年11月に空間を語り，紐解く用語や空間の研究に関連する用語200語について解説した『建築・都市計画のための空間学事典』（井上書院）を刊行した。さらに2005年4月には，「空間・研究小委員会」を設立後，より空間を対象とした分野の研究も発展的に増加し，用いられる新たな用語も増したため，再度検討のうえ，246の用語を解説した『建築・都市計画のための空間学事典［改訂版］』（井上書院）を刊行した。

初版から20年が経過し，本小委員会での研究会やシンポジウムも80回を越え，2015年9月には，空間研究小委員会設立30周年記念の「空間研究のこれまでとこれから」と題した研究会が開催された。空間に関する研究もその対象や方法を含めて多様な展開があり，研究成果もさまざまな形で蓄積されてきている。本小委員会で，2012年に綴った『建築・都市計画のための調査・分析方法［改訂版］』（井上書院）もその表れである。研究の広がりに呼応して調査や分析の方法も，特に情報メディアの進展に帰する新たな方法も増えつつある中で，有用な方法を1987年刊行の初版『建築・都市計画のための調査・分析方法』（井上書院）を改訂したものである。

こうした状況を踏まえ，近年新たに空間について語られる用語や話題となった用語，さらに研究に用いられるようになった用語も含めて，空間研究調査分析WG（出版WG）において検討を重ね，今回増補改訂版を刊行することに至った。

本書の編集にあたっては，初版の「人間の意識によって捉えられる空間」と「デザインする立場で捉える空間」の二つの視座から，空間についての議論や研究に関する用語を整理し，編纂する方針を踏襲している。編集委員が中心となり，前書（初版，改訂版）にならって空間についての議論や研究を行ううえで重要と考えられる用語と，新たに研究や議論を深めるために必要とされる多数の用語を加えて検討を行った。その結果，272用語を採用することとし，これらの用語を27の章にまとめた。27章のうち，調査方法・分析方法・関連分野を除く24章については，前書（初版）において，人間が空間を把握，理解することについての基本的な概念を「人間的

概念」としてまとめ，人間が空間をデザインすることに直接かかわる項目を「操作的概念」，空間そのものの性質にかかわるものを「空間的概念」として大きく3つに分けて綴ったものであったが，用語の内容が上記の概念に明確に分類することが難しいことを鑑み，前書（改訂版）より3つの概念で括ることは避け，章をほぼこの概念順に並べることとし，本書ではそれぞれの章に該当する3から17の用語をまとめて解説している。

　なお，本書の特徴は，各用語にあたっては1項目1ページとし，おおむねそのページの3分の1は用語に関連する空間や研究の実例を引用することにし，できるかぎり図表や写真を多数用いてわかりやすく用語の理解を促すよう努めている点である。さらに参考文献・引用文献を巻末に掲載し，建築や都市を勉強する学生から空間計画研究に関心のある初学者まで，幅広い読者を対象としている。

　各用語の解説内容については，編集委員会で全体の文体を整えるよう努めているものの，執筆者に原則として一任している。このため，用語によって解説の内容や表現に若干の差異や重複が生じている。これもまた空間をめぐる用語のもつ意味が深く多様であるためと，我われの力不足によるものでありご容赦願いたい。

　最後に，執筆者の方々に深くお礼申し上げるとともに，本書が空間について議論を深めるうえで，また空間計画研究の新たな展開の一助となれば幸甚である。

　　2016年10月

　　　　　　　空間研究小委員会
　　　　　　　『建築・都市計画のための空間学事典［増補改訂版］』
　　　　　　　　　　　　編集委員会　　積田 洋

執筆者一覧 （編集委員，主査，幹事以外は五十音順）

［編集委員］

積田　洋	東京電機大学未来科学部建築学科教授
郷田桃代	東京理科大学工学部建築学科教授
大佛俊泰	東京工業大学環境・社会理工学院教授
金子友美	昭和女子大学大学院生活機構研究科環境デザイン研究専攻准教授
佐藤将之	早稲田大学人間科学学術院准教授
鎌田光明	秋田工業高等専門学校環境都市工学科助教

［執筆者］

〔執筆担当頁〕

赤木徹也	工学院大学建築学部建築デザイン学科教授	〔214,215,216,217,218〕
位寄和久	熊本大学大学院先端科学研究部建築史・都市計画分野教授	〔78,79,119,179〕
猪里孝司	大成建設株式会社設計本部企画部企画推進室長	〔81〕
石垣　文	広島大学大学院工学研究院社会環境空間部門助教	〔261〕
稲坂晃義	千葉工業大学創造工学部デザイン科学科助教	〔82,87,88,273〕
大野隆造	東京工業大学名誉教授	〔3,4,5,6,7,8,16,17,67,74,213,259,260,265〕
岡部　文	アンズスタジオ	〔84〕
大佛俊泰	前出	〔71,73〕
金子友美	前出	〔135,136,137,138,158,159,191,194,195,199〕
狩野朋子	帝京平成大学現代ライフ学部観光経営学科講師	〔90,172,200〕
鎌田光明	前出	〔69,70,147,148,235〕
鎌田元弘	千葉工業大学創造工学部都市環境工学科教授	〔161,162,163,166,167,168〕
木川剛志	和歌山大学観光学部地域再生学科准教授	〔198〕
北浦かほる	大阪市立大学名誉教授，特定非営利活動法人子どもと住文化研究センター理事長	〔122,123,124,126,127,128,129,132〕
北川啓介	名古屋工業大学大学院工学研究科つくり領域准教授	〔80,146〕
倉斗綾子	千葉工業大学創造工学部デザイン科学科准教授	〔229,230,231,236,237,238,239〕
郷田桃代	前出	〔89,177,180,189,201,205,208〕
小林美紀	東京工業大学特別研究員	〔22,83,140,141,142,151,152,153,154,155,156,221〕
佐藤将之	前出	〔48,49,51,52,54,55,56,219,242〕
佐野友紀	早稲田大学人間科学学術院教授	〔60,61,63,64,76,77,131,254,263〕
佐野奈緒子	東京電機大学未来科学部研究員	〔240,241,262〕
志水英樹	東京工業大学名誉教授	〔36,37,38,39,40,41,42〕
徐　華	日本工業大学建築学科准教授	〔65〕
鈴木弘樹	千葉大学大学院工学研究科建築・都市科学専攻准教授	〔85,169,178,224,225,226〕
関戸洋子	元東京大学大学院工学系研究科建築学専攻特別研究員	〔130〕

添田昌志　　　東京工業大学環境・社会理工学院都市・環境学コース特任准教授

〔19,53,68,139〕

高橋鷹志　　　東京大学名誉教授　　　　　　　　　　〔31,48,49,51,52,54,55,56,125〕
髙橋浩伸　　　熊本県立大学環境共生学部居住環境学科准教授　　　　　　　　　〔57〕
瀧澤重志　　　大阪市立大学大学院工学研究科都市系専攻准教授　　〔258,269,270,272〕
竹中　司　　　アンズスタジオ　　　　　　　　　　　　　　　　　　　　　　〔84〕
田中一成　　　大阪工業大学工学部都市デザイン工学科教授　　　　　〔114,232,255〕
田中奈美　　　株式会社パデコ経済社会開発部次長/プリンシパル・コンサルタント

〔190,193〕

太幡英亮　　　名古屋大学大学院工学研究科准教授　　　　　　　〔144,202,203,204〕
恒松良純　　　東北学院大学工学部環境建設工学科准教授　　　〔117,118,173,174,175〕
積田　洋　　　前出　　　　〔43,45,108,109,110,111,112,113,115,116,187,188,196〕
冨安亮輔　　　東洋大学理工学部建築学科助教　　　　　　　　　　　〔210,211,212〕
永峰麻衣子　　小山工業高等専門学校建築学科助教　　　　　　　　　　　〔120,157〕
那須　聖　　　東京工業大学環境・社会理工学院建築学系准教授　〔149,150,160,164,266〕
西出和彦　　　東京大学大学院工学系研究科建築学専攻教授　〔18,20,21,23,25,26,27,28〕
丹羽由佳理　　森記念財団都市整備研究所　　　　　　　　　　　　　〔170,209,243〕
橋本都子　　　千葉工業大学創造工学部デザイン科学科教授　　　　　　〔31,125,223〕
林田和人　　　早稲田大学理工学術院総合研究所客員教授　　　　〔62,197,256,271〕
日色真帆　　　東洋大学理工学部建築学科教授　　　　　　　　〔11,121,133,134,143〕
福井　通　　　福井建築設計研究所

〔24,46,47,99,100,101,102,103,104,105,106,107,165,186,192,264〕

松本直司　　　名古屋工業大学名誉教授　　　　　　　〔2,9,10,12,13,14,15,50,171〕
飯塚裕介　　　大東文化大学環境創造学部環境創造学科専任講師　　　　　〔227,228〕
門内輝行　　　大阪芸術大学芸術学部建築学科教授，京都大学名誉教授　〔32,33,34,35,267〕
安原治機　　　工学院大学名誉教授　〔44,75,244,245,246,247,248,249,250,251,252,253,268〕
山家京子　　　神奈川大学工学部建築学科教授　　　　　　　　〔145,176,206,207,233〕
横田隆司　　　大阪大学大学院工学研究科地球総合工学専攻教授　　〔29,30,220,222,257〕
横山勝樹　　　女子美術大学芸術学部デザイン・工芸学科教授

〔66,72,91,92,93,94,95,96,97,98,234〕

吉村英祐　　　大阪工業大学工学部建築学科教授　　　　　　　　　　　〔58,59,86〕
若山　滋　　　名古屋工業大学名誉教授　　　　　　　　　〔181,182,183,184,185〕

建築計画本委員会

[2016年度]
委員長 大原一興
　幹事 池添昌幸
　幹事 小見康夫
　幹事 清水郁郎
　幹事 西野辰哉
　幹事 日色真帆
＊委員略

計画基礎運営委員会

[2016年度]
委員長 山田哲弥
　幹事 日色真帆
　幹事 松田雄二
＊委員略

空間研究小委員会

[2014年度]	[2015年度]	[2016年度]
主査 佐野友紀	主査 鈴木弘樹	主査 鈴木弘樹
幹事 佐藤将之	幹事 徐　華	幹事 徐　華
幹事 恒松良純	幹事 恒松良純	幹事 恒松良純
委員 稲坂晃義	委員 稲坂晃義	委員 稲坂晃義
北川啓介	北川啓介	鎌田光明
郷田桃代	郷田桃代	木川剛志
小林美紀	小林美紀	北川啓介
徐　華	佐藤将之	郷田桃代
鈴木弘樹	佐野友紀	小林美紀
髙橋浩伸	髙橋浩伸	佐藤将之
太幡英亮	太幡英亮	髙橋浩伸
積田　洋	積田　洋	太幡英亮
永峰麻衣子	永峰麻衣子	宗政由桐
丹羽由佳理	丹羽由佳理	飯塚裕介
飯塚裕介	飯塚裕介	

空間研究調査分析方法ワーキンググループ

[2014年度]	[2015年度]	[2016年度]
主査 積田　洋	主査 郷田桃代	主査 郷田桃代
幹事 恒松良純	幹事 恒松良純	幹事 恒松良純
委員 石垣　文	委員 石垣　文	委員 石垣　文
金子友美	金子友美	金子友美
狩野朋子	狩野朋子	狩野朋子
鎌田光明	鎌田光明	鎌田光明
木川剛志	木川剛志	木川剛志
郷田桃代	鈴木弘樹	瀧澤重志
鈴木弘樹	瀧澤重志	積田　洋
瀧澤重志	積田　洋	丹羽由佳理
丹羽由佳理	丹羽由佳理	林田和人
林田和人	林田和人	山家京子
山家京子	山家京子	横山勝樹
横山勝樹	横山勝樹	

［目 次］

1 知覚

知覚	2	図と地	10
視認性	3	パターン	11
視野	4	PN-スペース	12
可視・不可視	5	フォルム	13
錯視	6	慣れ	14
距離知覚	7	恒常性	15
奥行知覚	8	動き	16
ゲシュタルト	9	光学的流動	17

2 感覚

感覚	18	ヒューマンスケール	25
方向感覚	19	パーソナルスペース	26
D/H	20	密度・混み合い	27
テクスチャー	21	アメニティ	28
質感	22	いやし	29
色彩	23	安心感	30
光と闇	24	高所感	31

3 意識

意識	32	シンボル	34
現象	33	記号	35

4 イメージ・記憶

イメージ	36	アイデンティティ	40
イメージアビリティ	37	記憶	41
レジビリティ	38	場所性	42
アンビギュイティ	39		

5 空間の意味

空間意識	43	実存的空間	46
空間の意味	44	空間論	47
空間計画研究	45		

6 空間の認知・評価

認知地図	48	個人差	53
認知領域	49	空間把握	54
認知距離	50	空間評価	55
認知スタイル	51	評価構造	56
選好態度	52	POE	57

7 空間行動

軌跡・動線	58	行動シミュレーション	64
経路探索	59	ナビゲーション	65
群集流動	60	サイン計画	66
滞留行動	61	アフォーダンス	67
回遊行動	62	ビヘイビアセッティング	68
避難行動	63		

8 空間の単位・次元・比率

次元 …………………………… 69
スケール ……………………… 70
モジュール …………………… 71
動作空間 ……………………… 72
プロポーション ……………… 73
ウエーバー・フェヒナー則 ……… 74

9 空間の記述・表現

モデル ………………………… 75
シミュレーション …………… 76
可視化 ………………………… 77
VR ……………………………… 78
映像空間 ……………………… 79
メタバース …………………… 80
BIM …………………………… 81
アルゴリズミック・デザイン ……… 82
CG ……………………………… 83
シェイプ・グラマー ………… 84
パタン・ランゲージ ………… 85
空間譜・ノーテーション ……… 86
遠近法・透視図 ……………… 87
地図 …………………………… 88
GIS …………………………… 89
ダイアグラム ………………… 90

10 空間図式

空間図式 ……………………… 91
空間概念 ……………………… 92
空間類型 ……………………… 93
空間構成 ……………………… 94
空間構成要素 ………………… 95
ツリー構造 …………………… 96
セミラチス …………………… 97
定位・方位 …………………… 98

11 空間要素

空間要素 ……………………… 99
場所 …………………………… 100
中心・周縁 …………………… 101
境界・結界 …………………… 102
出入口 ………………………… 103
通路 …………………………… 104
ランドマーク ………………… 105
アイストップ ………………… 106
ビスタ ………………………… 107

12 空間演出

空間演出 ……………………… 108
焦点・軸線 …………………… 109
分節 …………………………… 110
シーン ………………………… 111
シークエンス ………………… 112
連続性 ………………………… 113
時間性 ………………………… 114
見え隠れ ……………………… 115
調和・対立 …………………… 116
ゆらぎ ………………………… 117
スカイライン ………………… 118
ライトアップ ………………… 119
プロジェクションマッピング ……… 120
修辞 …………………………… 121

13 内部空間

公的空間 ……………………… 122
私的空間 ……………………… 123
象徴空間 ……………………… 124
和の空間 ……………………… 125
吹抜け空間 …………………… 126
土間空間 ……………………… 127
アルコーブ …………………… 128
地下空間 ……………………… 129
宇宙の内部空間 ……………… 130
働く空間 ……………………… 131
インテリアデザイン ………… 132
内部空間の外部化 …………… 133
外部空間の内部化 …………… 134

14 外部空間

オープンスペース …………… 135
広場空間 ……………………… 136
街路空間 ……………………… 137
路地空間 ……………………… 138
アプローチ空間 ……………… 139
回遊空間 ……………………… 140
親水空間 ……………………… 141
緑空間 ………………………… 142
囲み空間 ……………………… 143
キャンパス空間 ……………… 144
公共空間 ……………………… 145
居場所 ………………………… 146
ポケットパーク ……………… 147
モール ………………………… 148
屋上 …………………………… 149
庭園 …………………………… 150

15 中間領域

緩衝空間	151	アジール	156
遷移空間	152	アトリウム	157
間	153	アーケード	158
辻	154	ピロティ	159
界隈	155	縁側	160

16 地縁的空間

集落空間	161	地理学的空間	166
伝統的空間	162	地名	167
風水	163	地形	168
家相	164	地域性	169
ゲニウス・ロキ	165		

17 風景・景観

風景論	170	景観デザイン	176
心象風景	171	景観まちづくり	177
原風景	172	ランドスケープデザイン	178
景観論	173	サウンドスケープ	179
景観構造	174	パブリックアート	180
景観評価	175		

18 文化と空間

近代建築の空間	181	記述された空間	185
文化の空間	182	奥・象徴	186
空間の秩序	183	二次元の空間表現	187
空間の多義性	184	文学の中の空間イメージ	188

19 非日常の空間

非日常の空間	189	イベント空間	195
祭り空間	190	劇場空間	196
葬送空間	191	テーマパーク	197
宗教空間	192	仮設空間	198
芸能空間	193	環境アート	199
余暇空間	194	宿泊・リゾート	200

20 コミュニティ

コミュニティ	201	共用空間	204
テリトリー	202	コーポラティブ・コレクティブ	205
生活領域	203		

21 まちづくり

まちなみ保存・再生	206	ワークショップ	208
まちづくり協定	207	コミュニティデザイン	209

22 災害と空間

避難所	210	復興住宅	212
仮設住宅	211		

23 ユニバーサルデザイン

ユニバーサルデザイン	213	障がい者の空間	217
ノーマライゼーション	214	高齢者の空間	218
バリアフリー	215	子どもの空間	219
環境移行	216		

24 環境・エコロジー

環境共生 ……………………… 220
環境デザイン ………………… 221
環境アセスメント …………… 222
サスティナブル ……………… 223
エコロジー …………………… 224

リノベーション・コンバージョン …… 225
エコシティ …………………… 226
コンパクトシティ …………… 227
スマートシティ ……………… 228

25 調査方法

家具・しつらえ観察調査 …………… 229
行動観察調査 ………………… 230
アンケート調査 ……………… 231
インタビュー調査 …………… 232
デザイン・サーベイ ………… 233
ソシオメトリ ………………… 234
SD法 ………………………… 235
空間認知調査 ………………… 236

空間感覚測定 ………………… 237
実験室実験 …………………… 238
模型実験 ……………………… 239
生理的測定 …………………… 240
脳波解析 ……………………… 241
アクション・リサーチ ……… 242
GPS …………………………… 243

26 分析方法

予測推計法 …………………… 244
統計的仮説検定 ……………… 245
クロス分析 …………………… 246
多変量解析 …………………… 247
相関分析 ……………………… 248
回帰分析 ……………………… 249
因子分析 ……………………… 250
クラスター分析 ……………… 251

数量化理論 …………………… 252
多次元尺度構成法 …………… 253
モデル分析 …………………… 254
トポロジー …………………… 255
グラフィカルモデリング …… 256
共分散構造分析 ……………… 257
データマイニング …………… 258

27 関連分野

認知心理学 …………………… 259
環境心理学 …………………… 260
発達心理学 …………………… 261
生理心理学 …………………… 262
人間工学 ……………………… 263
図像学 ………………………… 264
認知科学 ……………………… 265
生態学 ………………………… 266

記号論 ………………………… 267
情報理論 ……………………… 268
フラクタル理論 ……………… 269
ファジィ理論 ………………… 270
ソフトコンピューティング … 271
ネットワーク理論 …………… 272
コンピュテーショナル・デザイン …… 273

参考文献 ……………………………………………………………………… 274
引用文献 ……………………………………………………………………… 290
索　引 ………………………………………………………………………… 299

建築・都市計画のための
空間学事典［増補改訂版］

1 知覚／2 感覚／3 意識

4 イメージ・記憶

5 空間の意味

6 空間の認知・評価／7 空間行動

8 空間の単位・次元・比率

9 空間の記述・表現／10 空間図式

11 空間要素／12 空間演出

13 内部空間／14 外部空間／15 中間領域

16 地縁的空間／17 風景・景観

18 文化と空間／19 非日常の空間

20 コミュニティ／21 まちづくり／22 災害と空間

23 ユニバーサルデザイン／24 環境・エコロジー

25 調査方法／26 分析方法

27 関連分野

1 知覚

perception

　現前する事物や出来事，状況を知ること，およびその過程をいう。知ることに重点があり，そのための精神の働き。

　人間や動物などの生活体が，外部の情報を刺激として，受容器である目や耳，鼻，舌，皮膚などの感覚器官を通して知ることである。具体的には，周囲から事物を分節したり群化することにより区別することで，生活体の行動を誘発したり規定するものとなる。

　知覚内容は，事物の刺激そのものではなく刺激全体の関係性が重要である。例えば，錯覚は知覚が刺激をそのまま写したものではなく，刺激が一連の過程を経て生活体に伝えられ，精神の働きにより別の知覚内容になった場合である。

　実在しないものが経験される幻覚や夢を知覚に含めることもあるが，通常これらは受容器と関係がないために知覚ではない。

　外部情報の受け入れが，心的にどこまで深いかによって，感覚，知覚，認知の三段階になる。

　知覚には，感覚内容から視知覚，聴知覚，嗅知覚，味知覚，触知覚，体内感覚に分けられる。これらのうち視知覚が最も刺激情報量が多く，他の知覚に対して優位である。しかし情報量の少ない触知覚や嗅知覚は，知覚した内容が単純であるがゆえに長く記憶にとどめられる。

　ほかに，運動知覚，時間知覚，空間知覚といった時間・空間に関するもの，さらにこれらと受容器感覚を複合させた視空間知覚，聴空間知覚，触空間知覚などがある。

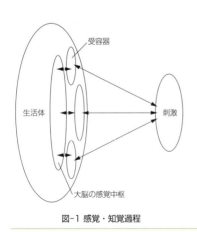

図-1 感覚・知覚過程

図-2 知覚の種類

視認性

visibility

あるものが見えるかどうかを問題にする視認性には、いくつかのレベルがある。最も基本的な対象の存在そのものが知覚されるか否かという刺激閾（いき）のレベルでは、視対象の大きさ（視角）や背景とのコントラスト、提示時間などの条件によって左右される。

次のレベルは、存在は認められるがそれがどんな形をしているのか、文字ならそれが読めるかといったレベル（可読閾）である。これは視力と関係するが、このようなレベルでの視認性は、サインのデザインやその明視性などが問題となる。さらに実際の建築空間では、照明条件や素材、観察角度、観察者の移動などさまざまな観察条件を想定して、サイン計画を考える必要がある。

次に、サインそのものが見つけられるか否か、つまり背景の「地」から対象を「図」として検出しやすいかどうかが問題になる。これは、対象自体の色や輝度、形状だけでなく、サインの背景となる環境の繁雑さ、あるいは類似のサインの存在による視覚的ノイズとも関係する。また、周辺視野で動く対象に視線が誘導される効果（誘目性）があるが、この効果は動く看板やはためく旗など商業的な広告に利用されている。

視対象やその周りの環境のあり方だけでなく、見る側の心理的構え（欲求や期待）によっても視認性が左右されることがある。何度か通った道で、いつもと違う何らかの欲求がこれまで気づかなかった対象の発見をもたらすことがある。

図-2
さまざまな業種のロードサイド店舗が掲げる看板
通い慣れた道で、ガス欠の間際に気づいたドライバーが、それまで見過ごしてきたガソリンスタンドを発見する。

図-1
多種多様なサインが提示してある駅の入口
混雑時には、人の流れの中で移動しながら目的とする情報を取得する必要がある。

1 視野

知覚

field of vision

　視野は医学の分野で，眼球を固定したときに視覚が成立する範囲として定義され，神経系の疾患などの検査項目として測定が行われている。しかし，心理学的な行動空間における視野の定義は一義的ではなく，「眼前の一点を注視したとき周囲に見える範囲」とやや曖昧である。

　視野は注視点付近での視覚的仕事量によっても変動し，仕事量が増大すると狭くなる傾向がある。自動車の運転で前方に注意を集中すると周囲が見えなくなるのはこの例である。

　このほか，色が識別できる範囲を問題にしている「色視野」，頭部を固定して眼球の動きのみ許して鮮明に見える範囲の「動眼視野」など，想定している状況によって異なる視野が定義されている。

　視野の内側は，その情報処理機能によって中心視野と周辺視野に大別される。網膜の中心部には色覚をつかさどり高い空間解像度をもたらす錐体細胞が集中的に分布し，周辺部には明るさのみつかさどる低い解像度の杆体細胞が分布している。この周辺視野での視覚は動く対象に敏感に反応して，注視方向を誘導する働きをする。

　我々が日常的に体験している「視覚世界」には境界はなく，すべての方向が明瞭に見える。これは，注意の向けられる方向と広がりを必要に応じて絶えず変化させている視覚系の巧妙なメカニズムによっている。視野は，特定の目的行動に必要とされる視覚的な情報収集が可能な範囲であり，人がそのときどのような情報を求めているかによって刻々変化している。

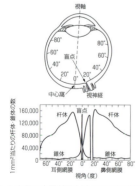

図-1 左目の水平断面（上）とその網膜位置に対応した杆体・錐体の分布密度（下）
(Pirenne, 1967)

図-2 中央を凝視したとき，周辺視野上のどの文字も等しく読める文字チャートの例
（実際のチャートの縮尺は異なる）
(Anstis, 1974)

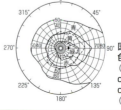

図-3 色覚の及ぶ視野の範囲
(Committee on Colorimetry, Optical Society of America)
(1963)

可視・不可視

visible/invisible

知覚

空間内のある視点から見ようと思えば見ることのできる広がりを可視領域という。障害物のない平たんな平原や海原では，視点の高さのみによって見渡せる範囲が決まる。2本足で直立できるようになった人類の優位性は，広い可視領域が得られる高い視点の獲得といった面からも説明ができる。しかし実際には，土地の起伏や樹木や建物などの障害物があり，周囲を見回したときの可視・不可視領域の分布は単純ではない。

樋口忠彦は，地形の凹凸によって生じる可視・不可視の領域が景観を考えるうえで最も基本的な指標であるとし，一対の航空写真，あるいは等高線地図からその分布を求める方法を示している。景観上好ましくない施設の計画では，その近くの道路を行くドライバーの視点からの可視・不可視の判定がその立地選定の目安になり得る。

両角光男らはある地点からの可視領域を考えるのとは逆に，城下町の城など都市のシンボル的なランドマークが見える視点の領域を考え，それが市街地の大規模建築物の建設によってどのように変化するかを論じている。これは特定の対象に対する景観的なポテンシャルを地図上に表現する方法として興味深い。

京都市の景観条例は，特定の視点場から景観上重要な視対象への眺望を遮らないよう，保全区域内の標高規制を定めて「眺望景観」を保全している。

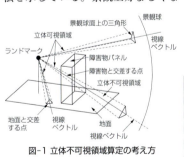

図-1 立体不可視領域算定の考え方

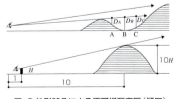

図-2 地形凹凸による不可視深度図（樋口）

図-3 眺望景観の規制概念図（京都市）

1 錯視

知覚

visual illusion

　日常的な使われ方としての「錯覚」は，心理的な動揺など何らかの理由で誤って知覚されることをいうが，心理学では，刺激から予測される結果と常にずれて知覚される正常な現象を指す。視覚においては，これを特に「錯視」という。さまざまな錯視図形が考案されているが，その原因を統一的に説明する理論は確立されていない。

　空間知覚と関連する錯視として有名なものに，「エイムズの歪んだ部屋」がある。これは，歪んだ部屋を定められた位置にある覗き穴から覗くと，直方体の部屋に見え，その中に居る人が立つ位置によって巨人や小人に見えるものである。これは，網膜像をもとに日常的経験から三次元空間が構築される証とされる。しかし別のところに覗く視点を移せばすぐにこの錯視は解消してしまう。これは特定の場所から覗くといった限定された視覚情報からのみ生じる特異な現象にすぎない。

　実際の場面で体験される錯視として，緩く長い下り坂が周りの地形や樹木のつくるランドスケープで上り坂に見える場合が挙げられる。注意をしないと車がスピードを出しすぎたりする。これは垂直・水平の視覚的な枠組みのほうが重力方向を感じる平衡感覚などより優位であることを示している。また，建築物で錯視を考慮した例としてパルテノン神殿や日本の鳥居や屋根の反りがよく引き合いに出される。これは左右に長く延びた水平線が視野の中心から離れるにしたがって外側に膨らんで見える傾向を補正しようとしたものと説明されている。

図-2 周りのランドスケープから傾きが逆に知覚される瀋陽怪坂。観光地になっている

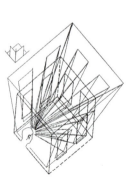

図-1 エイムズの歪んだ部屋

図-3 パルテノン神殿の基壇とコーニスは中央部が持ち上げられることで水平に見える

距離知覚

distance perception

　距離を文字通りの幾何学的な意味で解釈すれば，見ている対象と眼を結ぶ直線の長さということになり，それ自体を直接見ることはできない。しかし，我々は特に意識しなくても，見ている対象までの距離が判断できる。

　ごく近くにある対象については，眼の焦点調整や眼球を内側に向ける輻輳に使われる外眼筋などの緊張や両眼視差によって距離が知覚される。しかし，遠くを見る状況ではこういった働きはあまり効果がなくなり，網膜の視覚像の情報に依存することになる。

　人間の姿などよく知っている対象については見かけの大きさで距離が推定できる。しかし，晴れた空を行く飛行機までの距離を読むのは難しい。とは言ってもこうした状況は例外的で，多くの視対象は地上にあり，地面には何らかのテクスチャーがある。J.ギブソンが「距離は空中を通ってではなく地面に沿って広がっているもの」と言ったように，観察者の足元から対象まで徐々に遠ざかるにつれ減少するテクスチャーの密度勾配が空間に尺度を与えているのである。

　物理的な空間のあり方が距離知覚に及ぼす影響については，多くの研究がなされ，移動ルートの上下の勾配や幅員，屈曲数，目的地点の可視性などの要因が報告されている。それらの原因としては，身体的負荷，情景の流動速度，情報処理負荷などが考えられる。

　都市内の2地点間の距離といった広域の移動に伴う距離感覚は，認知地図と実際の地図との「歪み」として論じられ，距離知覚の一種であるが距離認知として区別される場合もある。

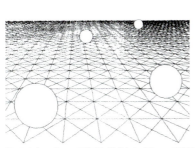

図-1 テクスチャーの密度勾配（U.ナイサー，1975）

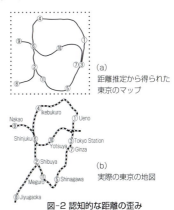

(a) 距離推定から得られた東京のマップ

(b) 実際の東京の地図

図-2 認知的な距離の歪み

奥行知覚

depth perception

三次元の空間が，二次元的な網膜像を通してどのように知覚されるかという疑問が長く知覚心理学上の問題であった。従来の考え方は，二次元的な網膜像に奥行方向についての何らかの経験的な解釈がプラスされて三次元空間が構築され知覚されるとするもので，線遠近法，空気遠近法，重なりの遠近法などさまざまな遠近法が奥行知覚を可能とする「手がかり」として提案されてきた。

これに対して心理学者J.ギブソンは，静止した網膜像（スナップショット・ビジョン）から出発する議論自体が無意味であると考え，三次元の知覚は，網膜像の中の「手がかり」に基づいて解釈が加えられて成立するのではなく，視点や対象物が動くことによる視覚像の変化から直接もたらされるとした。

視対象や視点が移動したり，周辺環境の観察条件が変化すると，視覚像が見かけ上変化するが，その変化のしかたはでたらめではなく，一定の法則に従っている。例えば，ある三次元物体を回転したとき，その二次元平面への投影である網膜像の変化は幾何学的なアフィン変換となっている。このような視覚像の変化（光学的流動）の中にあって変化しない構造をギブソンは不変項と呼び，これを抽出することによって三次元知覚が成立するとした。

前述の例では，アフィン変換から逸脱しない視覚像の変化から，視対象自体が変形しているのではなく，三次元的形状が回転していると知覚される。

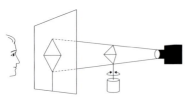

回転する対象（折り曲げられた針金）の三次元的形状が，その二次元的なシルエットの連続的な変化によって立体的に知覚される実験例（ナイサー，1975）。

図-1 運動による奥行効果

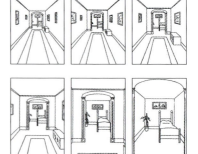

視点の移動によって開口の縁で覆われていた奥の部屋の壁が順次視界に入ってくる。視覚像としては，縁から新たな光パターンが流れ出てくることで開口の位置など空間構成が知覚される（ギブソン，1966）。

図-2 移動に伴う光パターンの変化

ゲシュタルト

configuration

ゲシュタルトはドイツ語のGestaltからきた言葉であり，形態，姿，形を意味する。フランス語ではforme，日本語では形，形態と訳されるが，いずれも正確な訳語にはならない。

ゲシュタルトには，構造とか体制という意味が含まれており，あるまとまりや構造をも意味し，要素に分割することのできない要素の総和を超えたものを指す。

要素心理学が，すべての心理事象は要素の総和からなるという立場であるのに対して，1912年ドイツの心理学者ウェルトハイマーに始まるといわれるゲシュタルト心理学は，要素などの部分に対する全体の優位性を唱え，部分の性質は全体の構造によっているという立場をとっている。

要素に分解することができず，要素の総和以上のまとまりや構造をもつものをゲシュタルト質という。ゲシュタルト質には，①個々の要素の総和が全体であることの性質に等しくない（全体性），②旋律のように，音全体が移調して高音になっても低音になっても全体の旋律の感じはほぼ同じである（移調可能性），という2つの性質がある。

視知覚における形態のまとまり要因（ゲシュタルト要因）としてa.近接，b.類同，c.閉合，d.良い連続，e.良い形，f.シンメトリー，g.同じ幅，h.割り切れ，i.共通運命，j.客観的態度，k.経験がある。これらのゲシュタルト要因は，「形態がまとまりをもつということは，全体が簡潔で秩序あるよい形態になる傾向があることによる」という，プレグナンツの法則を具体的に示したものである。

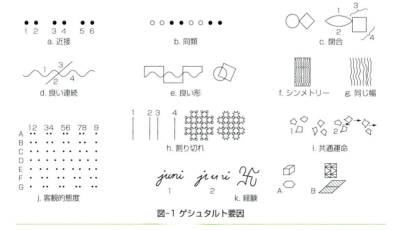

図-1 ゲシュタルト要因

図と地

知覚

figure-ground

　ゲシュタルト心理学の基礎概念で，図形において注目されて浮き上がって見える部分を「図」，その背景となる部分を「地」という。おもに，視知覚における図形の特色を示すものであるが，知覚一般に用いられることもある。

　異質な2つの領域が存在するときに図と地の分化が起こる。図と地に分化した2つの領域には輝度差があり，輪郭線で分けられる。図となる領域は形がはっきりしており，図と地の輪郭線は図に属する。図は地の前に浮かび上がって見え，地はその背後に広がって見える。図は形ある物体として，地は材質としての性格を帯びている。

　図になりやすさにはいくつかの法則がある。水平あるいは垂直に長い形は，斜め方向に長い形より図になりやすい。下から伸びた形は，上から垂れ下がった形より図になりやすい。対称な形は，非対称な形より図になりやすい。等しい幅の形は，幅が変化する形より図になりやすい。周囲に対して明度の差が大きい形は図になりやすい。

　図形の中の2つの形は，それらの形の図になりやすさの程度が伯仲している場合において，図として知覚されたり地として知覚されたりする。このことを図と地の反転という。デンマークの心理学者ルビンは，1915年に視覚における地の役割関係の研究で，「盃の図」といわれる向かい合う少女の顔あるいは盃に見える反転図形を発表した。

　一般の図形では，図と地の決定には多くの要因が関与しているために，反転することは少ない。図と地の反転には，1つの図形は2つの形をもちうるが同時にはこの2つの形を見ることができない，という知覚の特性が関与している。

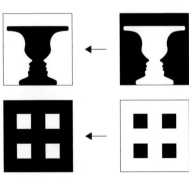

エドガー・ルビンの「盃の図」の黒白を逆転して，建築の「夜景」と「昼景」との関係を比較してみると，透過性のある近代建築においては「図」と「地」の逆転が起こりうる。新宿の夜景において100mの地点より100mごとに地点を決めて観察してみると，800mあたりでこのような現象が起こるようである。

図-1 夜景と昼景，「図」と「地」の逆転

パターン

pattern

パターンは，型，模様，図案，柄，布地などの見本，型紙などを指す言葉として日常的に使われる。しかし，人が何をパターンとしてみなすかは定まっていない。

意味あるまとまりとしてのパターンは，目や耳といった感覚器からの刺激を受動的に受け止めるのではなく，注意や期待や解釈によって能動的に知覚することで形成される。ゲシュタルト心理学は，このような働きを体制化と呼んでいる。

しかし，能動的といっても意識されないことが多く，意図的な制御は難しい。しかも，新たに気づいたり慣れて気づかなくなるなど変化していく。U.ナイサーはこのような過程を，過去の経験からつくられた「スキーマ」の予測で世界が探索されて意味あるものが見出され，それがまたスキーマを修正する知覚のサイクルと指摘している。したがって，パターンには繰り返され安定に向かう面と，常に変わっていく面の両面があると理解しておきたい。

例えば，伝統的まちなみがつくり出す視覚的パターンは，個々の差異をある程度の範囲で許容しながらも共通することの多い安定したもので，人々に安心感を与える。

一方で，視覚的パターンが思いがけず変化し，揺らいで知覚される現象を効果的に用いることがある。特に現代では，ガラスや多様な金属，透明や半透明素材，印刷技術，照明技法などを駆使して，揺るがない安定したものの象徴であった建築を，多様な姿に変化させるのである。

図-1 なまこ壁のパターンを取り入れたファサードデザイン（大和文華館／吉田五十八）

図-2（左）屋根や壁がつくり出す安定したパターン（蔵造りのまちなみ（川越））

図-3（右）アルミ日除けで覆われた立面（資生堂銀座ビル）

1 PN-スペース

知覚

PN-space

PN-スペースは建築家の芦原義信が提唱した概念で、外部空間が単に実体のない建築の外側の空間としてではなく、求心的で積極的な意味合いをもつ空間となりうることを示すものである。

建築や構築物の壁面から、内側に向かって求心性の高い空間をポジティブ・スペース（P-スペース）、外側に向かって周囲が開かれて境界のはっきりしない遠心性の高い空間をネガティブ・スペース（N-スペース）という。P-スペースは積極性があり充実しているが、N-スペースは陰性で消極的である。N-スペースとP-スペースは互いに補完的であり、対象AとBが隣り合わせに存在するとき、AがBより積極的であればAがP-スペース、BがN-スペース。BがAより積極的であればその逆になる。

P-スペースとN-スペースは図と地のように反転する場合がある。また、2つの領域が存在しそれらの相互関係によりPとNの中間的な空間がその間に生じる場合もある。PともNともいえないこれらの空間をPN-スペースという。

基本的には建物の内部空間はP-スペースであり、外部空間はN-スペースである。外部空間は、消極的で発散しており生活の場となりにくい。

広場が発達していない日本の外部空間はN-スペースになりがちである。しかし、イタリアのピアッツァのように外部に人々が集い、生活の場として利用される空間は積極性があり、それだけにポジティブである。

建築の外部空間に、積極的な意味をもたせ、単なる建物の外側ではなくP-スペースあるいはPN-スペースとして積極性のある生活の場にすることが重要である。

図-2 シエナのカンポ広場

図-1 金沢市文化ホール／芦原義信・1982

フォルム

form

日本語でいうところの形，形状，形態，形式である。ほかに，「なり」，「かた」，という場合もある。英語では，shape と form，型では model，pattern，type などがある。

建築でフォルムという場合，建築家の作品に対する強い意志と自らの体験とを調和させ，かつ再構成して建物として形の実体を表してきた，それ自体のことである。

建築家の菊竹清訓は，建築設計の段階として「か」(image)，「かた」(type)，「かたち」(form) の3段階を提唱している。「か」は本質的な技術を何に使うかの段階（本質論的段階），「かた」は形の基礎と背景の段階（技術論的段階），「かたち」は感覚でわかる段階（形態論的段階）である。「かたちを理解するにはかた，かたを理解するにはかを理解し なければならない」（『建築のこころ』）と述べている。

この考え方は，L.カーンの思惟の根幹をなすところの form（そのものの基礎でその存在に欠くことのできない本質），realization（自覚あるいは思いつきの瞬間，インスピレーションの世界），design（生命の領域から具体化する過程）と対照すると興味深い。

フォルムと関連する言葉に形式と様式がある。形式は個々のものに即した具体的な外形や方法，手続きである。様式は，類似したものに共通している形式が抽象化された型や方法で，建築等の作品における表現上の一定の形式である。形だけではなく内容をともなう。したがって，他の人々に模倣されたり後世に伝承されることになる。

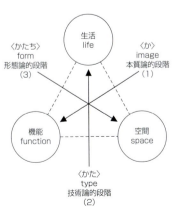

図-1 「か」「かた」「かたち」の説明図

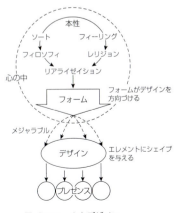

図-2 フォームとデザイン

1 慣れ

知覚

habituation

　同じ刺激が繰り返し提示されると，反応がだんだん弱くなり最後にはなくなる。これを慣れという。慣れは学習の一種である。たとえば，車の車庫入れの場合，慣れないうちは手間を取るが何度も繰り返すうちに手早く苦にならなくなる。緊張していたことが回を重ねるにしたがいリラックスしていったり，上手に物事をこなせるようになってくる。

　人間は慣れにより，普段の現象を見逃して大失敗をすることがある。また，新たに異なる刺激が加わったときにそれを見逃して思わぬ事故を招くこともある。

　慣れと似た言葉に順応と疲労がある。慣れが繰り返し刺激に対して起こる現象であるのに対して，順応や疲労は長時間継続する刺激に対して起こる現象である。慣れは，順応より継続時間が長く，長時間持続可能である。意味のない刺激に対しては閾値を上げて知覚を無視する能動的な機能であり，新たに異なる刺激が与えられたりして注意が喚起されると解除現象が起こる。順応と疲労にはそれがない。

　知覚内容を調べる官能検査において，ばらつきがあり再現性が低い人間の判断を精度の高いものにするために，実験を反復して行うことがある。このとき，さまざまな心理的誤差が生じる。

　心理的誤差には，実験対象の提示方法にともなう誤差や，人間の生理機能が原因した誤差がある。さらに，実験に不慣れなこと，慣れ過ぎてしまったことによる誤差がある。

　慣れに関連するものとして初期効果，練習効果，慣れの誤差がある。

　初期効果は，慣れていないために起こる。実験のはじめにおいて被験者の判断基準が一定せず，慎重になるために中庸な判断をする傾向のことである。

　練習効果は，練習することにより被験者の判断能力が上がること。学習効果ともいえる。

　慣れの誤差は，初めに応答したことをそのまま継続するような傾向である。刺激が少しずつ増加するか減少するときに起こりやすい。

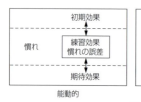

図-1 官能検査における心理的誤差

恒常性

constancy

　恒常性は，知覚対象が環境や位置関係の相違によってそれぞれが異なる刺激内容となっているにもかかわらず，もとの性質が保たれて知覚される現象である。変化する刺激が多量に存在しても，環境を安定したものとして知覚する性質であるため，人間行動を誤認識が少ない効果的なものとする。

　大きさの恒常性は，観察距離の変化に対し対象の網膜上での大きさは変化するが，知覚される大きさは常に一定に保たれるという性質である。

　奥行の恒常性は，大きさの恒常性と類似しているが，視線方向に対しての2対象間の間隔が一定の長さに知覚される性質である。距離の恒常性は，観察者と知覚対象との距離を問題としている。

　形の恒常性は，知覚対象を視線に対して傾けると網膜上の像の形はゆがんでいくが，知覚した形はもとの形に保たれる性質である。

　そのほかの恒常性として以下のものが挙げられる。明るさの恒常性は，反射率が等しい面の輝度は照度に比例して変化するが，面の明るさ感は輝度より反射率によっていること。色の恒常性は，色は波長と輝度で決まるが，有彩色の照明のもとでも知覚される色相は比較的恒常で白色光のもとでのものに近いこと。速度の恒常性は，運動している物体の網膜上での移動速度は，観察者から物体までの距離にほぼ反比例するが，知覚される速度は距離に関係なく恒常であること。位置の恒常性は，移動しながら見る景色は，網膜上で移動しているにもかかわらず，観察者には静止して見えること。

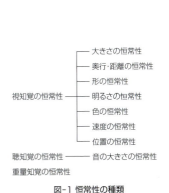

図-1 恒常性の種類　　　　図-2 大きさ・奥行・距離の恒常性

1 動き

知覚

movement

　ドアや門などの開口部を通して見る屋外の景観は，枠取られることによって構図的なまとまりが与えられる。これは「額縁効果」と呼ばれ，古くから造園手法の一つとされているが，視点を固定しないで移動する場合はどうであろうか。

　建物の内部から外に移動する際，外の情景は人が進むにつれて建物の出口回りの壁や天井によって隠された状態から徐々にその姿を現す。このとき，視野を限定している枠縁（遮蔽縁）から景観の各部分が現れてくる様子は，出口付近の壁や天井の空間的な配置・構成によって異なる。

　例えば，深い庇があるとまず左右の情景が広がり，次に遅れて上部が開けてくる。逆に，袖壁が両側にあると今度は上方が先に開けてくる。

　こういった外部の情景が徐々に現れてくる場面としては，駅舎から駅前の空間に出る場合などがあるが，特に初めてある街の駅に着いた訪問者にとっては，街と出会うそこでの空間体験がその街の印象形成に影響すると考えられる。図-2はドイツのケルン中央駅で，コンコースから大聖堂前の広場に至るシークエンスに，この効果を見ることができる。

　S.カプランは，自然景観ですべてが見渡せないで隠された部分がある状況を好まれる景観の特徴の一つとして挙げ「ミステリー」と呼んだ。隠された部分があると，それに対して人は探索的な興味を抱くためだが，これは都市空間においても移動中に体験されることである。

図-1 視点の移動に伴って遮蔽縁のところで広がる景色（通路の平面図）

図-2 ケルン中央駅のコンコースから大聖堂前の広場に至るシークエンス

図-3 キャナリー・ワーフ地下鉄駅（ロンドン）

図-4 横浜みなとみらい21の汽車道

光学的流動

optical flow

心理学者J.ギブソンは，観察点に対して周囲の空間構成面から反射して到達する光の分布を包囲光配列と呼び，人の視覚的経験を論じるための生態光学の基本的な概念としている。この包囲光配列には，床・壁・天井といった大きな面の明暗の差異と，その各面に含まれるテクスチャーの微細な明暗パターンが含まれる。

またギブソンは，環境内を動き回ることが空間を観察することと切り離せないとし，「我われは移動するために知覚する必要があるが，同時に知覚するために移動することが必要なのである」と述べている。人（観察点）が動くことによって，網膜に投影される包囲光配列の流れ（光学的流動）はでたらめではなく，環境のあり方と一定の関係が保たれている。これを不変項と呼び，これを抽出することによって空間の状態が知覚されるのである。

廊下のような内部空間を移動する際には，視点から見た壁面テクスチャーの流動速度からその廊下の幅が知覚され，列車の窓から眺める景色では，各部分の流動速度の違いから距離が特定できる。また，やや特殊な例であるが，飛行機のパイロットが滑走路に着陸しようとする際には，地面のテクスチャーがつくり出す光学的流動の始まる点（消点）は，自身の進行方法を教えてくれる。

最後の例は，ギブソンが若いころ空軍のパイロット養成の訓練に心理学者として携わっていたことを考えると，そこでの実践的な知覚研究の中から，この光学的流動や不変項の着想を得たことを示唆するものとして興味深い。

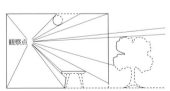

図-1 窓のある部屋の包囲光配列（観察点に投影される面は実線で示されている）

図-2 速度vで移動する人から見た視方向θの距離Sにおける光学的流動の角速度ω
（$\omega = v \cdot \sin\theta / S$）

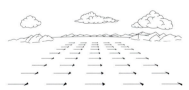

図-3 移動する方向に対し右側の光学的配列の流れ

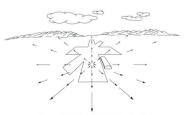

図-4 着陸時の光学的配列の流れ

2 感覚

感覚

sensation

感覚とは，視覚，聴覚，嗅覚，味覚，皮膚感覚（触覚，圧覚，温覚，冷覚，痛覚），運動感覚，平衡感覚など，感覚受容器に対する刺激によって引き起こされる興奮に直接的に対応する主体的な経験，およびその過程などをいう。

同類の用語に知覚がある。今日では，感覚と知覚は明確に区別しないことが多いが，あえて区別すると，感覚は，意味性，感情・意志，記憶，過去の体験，人格，社会環境などの影響が少ない，ごく単純化された刺激に対応する経験や過程などをいう場合に使われることが多く，知覚の基礎あるいは初期段階を指すものといえる。

人間は環境からいろいろな感覚により，さまざまな刺激・情報を受けて環境と相互に関わりをもって生活している。

環境は人間を取り巻き，人間にさまざまな情報を与え，人間の行動はそれにより影響を受ける。環境は時には直接行動を規制することもある

し，何気ない，意識しないレベルで影響を与える程度のこともある。

そういった人間と環境のさまざまなレベルでのやりとりによって，人間は環境を捉え生活し，行動している。

建築空間は，三次元の空間として人間を取り巻いて環境を作る。壁や床，天井などの境界面は，我われの視線を遮り，行動を限定し，支え，我われに感覚をもたらしたり，何らかの影響を与える。それらはさまざまな環境と人間行動の関わりのなかで，人間生活のスケールにおいて重要な役割を果たしている。建築とはそのような環境を作っていることになる。

環境が人間に与える影響は，空間デザインによって変わりうる。空間が変わると，人間に対する何かが変わる可能性がある。それを拓き求めるのが空間デザインの意義であろう。

したがって，我われは人間が空間からどのような感覚を受けるのかを理解する必要がある。

方向感覚

sense of direction

「私は道に迷いやすく方向感覚が悪い」などと言うように，方向感覚は，一般的には道を覚えたり，見つけ出したりする能力全般を指して使われる。この場合には，経路上の目印や景色を記憶する能力や，地図を読み取る技術といったものまでが暗黙的に含まれている場合が多い。しかし学術的には，より限定した範囲で，空間を移動する際に自分の位置や方向を特定するための意識であるとされている。

方向感覚には，「方向音痴」という言葉があるように，人によって大きな違いがあることが知られている。心理学の分野では，方向感覚の良し悪しを測定する種々の質問紙が開発され，その結果と性別や性格，三次元図形を理解する能力などとの関係を調べる多くの研究がなされている。

一方，方向感覚は空間のつくられ方にも大きく影響される。複雑に折れ曲がった街路や見通しの利かない空間では，方向感覚を失いやすいことは日常的に経験するところである。また，階段やエレベーターなどの上下方向への移動が方向感覚を失う要因となることも明らかにされている。

近年は，建築物の巨大化・複合化が進み，方向感覚を失いやすい空間が増加しているといえるが，そのような空間は人の不安やストレスを増大するだけでなく，非常時においても避難経路の把握が困難となり危険である。誰もが方向感覚を保持できるような空間とするためには，例えば平面形状を単純な格子状にするという二次元的な考えだけでは難しい。なぜなら格子状の通路は結節点からの見えがどの方向も似かよっているからであり，吹抜けや窓によって空間全体の見通しや方向性を確保するなど，三次元での検討を行うことが肝要である。

図-1 見通しの利かない複雑に折れ曲がった地下通路では容易に方向感覚を失う
（地下鉄駅構内）

図-2 天井の勾配と大開口が空間に方向性を与え，広い建物の中でも方向感覚を保持しやすい
（上海浦東国際空港出発ロビー）

2 D/H

感覚

地上にいて建築物などを見るときの見え方や，建築物などによる外部空間の囲まれ感などを表す指標として用いられるもので，見る対象物の高さ（厳密には視点の高さとの差）Hに対する，視点から対象物までの水平距離Dの比である。

人間の目の中心窩と呼ばれる色や形の弁別力が高いよく見える部分が視角約1～3°程度であること，視野が限られていること，目や頭の動かしやすさなどから，対象の見え方にはその大きさとそこまでの距離が関係してくる。

近くから建築物を見るときなど，対象が比較的大きい場合，視野の中心窩に写る対象として見るのではなく，周辺視または目や頭を動かして仰ぎ見るかたちとなり，仰角すなわちD/Hが建物の見え方と大きく関係してくる。

メルテンスは，D/Hによって建物の見え方の変化を段階化した（図-1）。

街路，路地，広場，中庭など複数の建物に囲まれた空間の開放感や閉鎖感などは，その空間の断面方向のプロポーションに関連する。

水平距離Dを広場や街路の幅員に置き換えて，Hを建築物のファサードの高さとしてD/Hをあてはめると，その外部空間の雰囲気が記述できる。

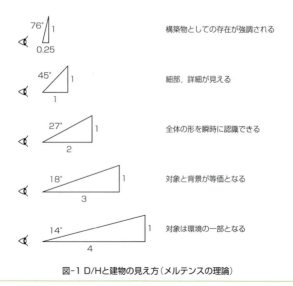

図-1 D/Hと建物の見え方（メルテンスの理論）

テクスチャー

texture

感覚

　テクスチャーとは，材料の表面の視覚的な色や明るさの不均質さ，触覚的な圧覚の強弱を感じる凹凸というような部分的な変化を，個々にではなく全体として捉えた対象の特徴，材質感覚や効果をいう。

　テクスチャーは，建築をつくる立場からすると，内外の空間を形づくる表面をどのような素材でどのような仕上げにするかに関わってくるもので，形態や色彩とともに大切な造形要素である。

　しかしそれだけでなく，テクスチャーは，人間が空間を見てその形状や大きさを把握するために重要な役割を担っている。

　人間は，テクスチャーのない，まったく均質な色と明るさの表面で囲まれた空間では，あたかも霧の中にいるように，壁や床がどこにあり，どのような大きさの空間なのか，どのような形状なのか，空間的な広がりを感じることができない。テクスチャーを知覚できない表面は，その位置を定めることができないのである。

　その囲む面にテクスチャーを与え，それが知覚されると，はじめて床，壁，天井といった空間を限定する表面が現れ，それらによって囲まれている空間であることがわかり，それらの表面の位置や傾きや形状，空間的なギャップがあるかないかなども知覚できるのである。

　空間の三次元的な奥行も，遠ざかるにしたがってテクスチャーの要素の密度が徐々に変化することから感じることができる。

　このようにテクスチャーは，空間を構成する表面の知覚において基本的な役割を果たしている。

　建築空間とは，床や壁，天井など人間の行動を限定する表面を構成しつくり出されるものである。

　テクスチャーを知覚することによって，それらの表面の位置や形状，空間構成などが把握でき，我われは空間内でどのように行動できるかを判断することができる。したがって，テクスチャーがあるからこそ人間は空間を把握し，その中を自由に行動できるのである。

　空間デザイナーが人間行動の場となるような空間を作り，それが期待どおりの空間となるためには，テクスチャーはなければならないのである。

2 質感

感覚

impression of material

空間を構成している材料には，木，コンクリート，鉄，ガラス，アルミなどのいろいろな種類がある。そして，人はそれぞれの材料に対して，「冷たくて硬そう」とか「鉄だけれど温かみのある」などと感じる。

「質感」とは，人がそうした材料の色，テクスチャー，光沢などの違いから受けとる感じをいう。つまり，その材料らしさを感じることである。特に布については，「風合い」などという魅力的な言葉もある。

小さな子どもに，さまざまな色，材料，形状，用途の異なる物を与えて分類してもらうと，まず，木，ガラス，紙というように材質によって分けるといわれている。このように，質感は，物と人間との関わりにおいて，最も基本的な感覚であるといえる。

建築材料について，大野隆造らは素材の物理的性質ではなく，感覚的な質感に基づく分類を試みている。図-1に示すように「鉄」，「ガラス」，「コンクリート」など材料を表す名称によって喚起される印象を「かたいーやわらかい」といった形容詞対で評価させるSD法によって求め，評価性の因子，視覚的因子，触覚的因子で構成された三次元の尺度で分類している。

また，個々の材料に対しての質感だけではなく，道，街並み，林のように多くの材料によって構成されている景観や景色，風景から人が受ける感じのことも，稲山貞登は「空間の質感」と呼んでいる。

図-2は，左右の岸で異なった質感をもつ景観の例である。オフィスビルの立ち並ぶ右岸ではハードな質感が，柳並木が続く左岸ではソフトな質感が感じられる。

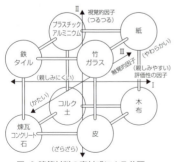

図-1 建築材料の素材感による分類

図-2 左右の岸で異なった質感をもつ景観

色 彩

color

色彩とは，光の刺激による視覚系の感覚である。

色彩には，物体の表面がある部分の波長の光を反射することによる物体色と，光源から発する一定の波長の光による光源色とに大別されるが，デザインの対象となるのはおもに物体色といえる。

物体色の見え方は，色相・明度・彩度の三属性で表される。色相は赤や青などの色合い，明度は明るさ，彩度は鮮やかさの度合いを表す。

色彩は，人間に美しさなどのさまざまな感情を引き起こす。また，テクスチャーと同様に空間の感覚・知覚にも役割を担っている。それゆえ，デザインにおける重要な要素である。

一方，時代や文化によって評価が変わったり，使用目的や場合によっては同じ色でさえ評価がまったく逆になることもある。さらに好みや個人差によるところも大きい。色彩が人間に与える効果を一義的に説明することは難しい。

色彩の感情に及ぼす効果のうち，温度感，重量感，距離感，硬軟感などは比較的誰もが同じような印象をもつものである。一方で快・不快感や好・悪感のようなものは個人差が大きい。

一般に，赤や黄は暖かく感じ（暖色），青や緑は冷たく感じる（寒色）。暖色は近づいて見え，寒色は遠ざかって見える。暖色で明度が高い色は膨張して見え，寒色で明度が低いと収縮して見える。明るい色は軽く，暗い色は重く感じられる。誘目性は無彩色より有彩色，低明度色より高明度色，低彩度色より高彩度色が高いとされている。

同じ色彩でも面積により感じ方は異なり，面積が大きくなると，より高明度，高彩度であるように感じられる。

2色以上の色彩が隣接すると，対比効果が生まれ，色相・明度・彩度において，お互いの三属性をそれぞれ強め合う方向にずれて感じられる。

実際の見えやすさも個々の誘目性だけでなく周囲の色との対比，明度対比による影響が大きい。

色彩は，例えば赤が火や血などを連想させるとか，情熱を表すなどのシンボル性をもつとされる。しかしこれらの点は，時代によっても変化するし，文化・民族によっても異なる可能性があることに注意する必要がある。

2 光と闇

感覚

light and darkness

建築空間にとって光は最も始原的で重要な要素の一つである。あらゆる形態、空間は、光の下に初めて姿を現し、その光の質により空間の質が規定される。物理的には同一の空間でも、時間の移り変わりによる光の変化で、感覚・知覚し体験される空間は大きく変化する。

「光と闇」は「光と影」のように同一次元の概念ではない。「図と地」の関係と同じく次元を異にしている。光が明るく輝く「図」としてのまとまりある秩序・コスモスのイメージをもつのに対し、闇は暗く「地」として捉えどころのない混沌・カオスのイメージをもつ。こうしたイメージはかなり普遍的だが、現実に感覚・知覚される空間は文化による差異もある。例えば、キリスト教文化圏では、光はキリスト自身を意味し、ロゴス、闇を追う力、慈愛などの意味をもつ。イスラム教ではアッラー（神）を、仏教では真実と解脱をも意味する、などである。

光と闇に関する記述で重要なものに、谷崎潤一郎の『陰翳礼讃』がある。この書物は、蝋燭などの伝統的「あかり」から、電灯という近代的「照明」へと切り替わりつつあった昭和初期に著わされ、変換期における光と空間感覚との関係を記している。谷崎は、日本の建築空間は濃密な闇の存在を前提とし、その闇の中にゆらめく光とその光が醸し出す陰翳に特質があると考えた。ここには、「光と影」の西洋的な空間に対し「あかりと闇」の日本的な身体感覚の空間が対置されている。

図-1 寺院の中に残る闇

図-2 チベット・セラ寺の光と闇

図-3 ローマ・パンテオンの光

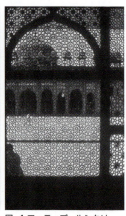

図-4 ファティプールシクリ・イスラム建築の光

ヒューマンスケール

human scale

建築・都市空間は，人間生活の場となるものであり，そのスケールは人間と密接に関係している必要がある。

人体，人間の感覚・行動に合った建築・都市空間の大きさ，あるいはそれを実現，測定するための人体，人間の感覚・行動に基づく尺度をヒューマンスケールといい，人々は長い経験の蓄積によってそれを得てきた。

空間を測る尺度と人間とは，もとより深い結びつきがある。古今東西を問わず，長さなどの単位は人体各部の寸法が基準であった。また，しばしば人体は美しいもの，完全なものの規範や解釈として捉えられた。

現代では合理性や機能などに基づくヒューマンスケールが追求され，人間工学などにより裏づけされた，機能的で快適な人体寸法と人体まわりの空間のスケールが求められている。

心理・行動，文化に関わるものもある。人間は人間どうしの距離をお互いの人間関係やコミュニケーションの目的などにより調節している。また，他人が近すぎて不快と感じる感覚や，相手の表情の見え方などが距離と関係している（図-1）。

これらは人の集まる空間のスケールを考える基礎となる。適切なスケールでないと人の出会う場としてふさわしくない，ヒューマンスケールを超えた空間となってしまう。

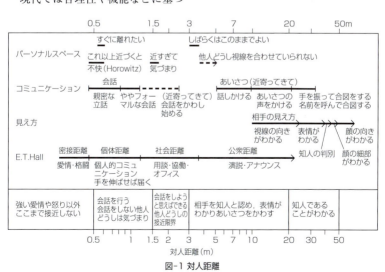

図-1 対人距離

2 パーソナルスペース

感覚

personal space

人間は他人と共有しながら社会生活を営んでいる。その中で，他の人々に対する空間のとり方は決して無意味に行っているわけではない。

人間は，他の人間との間にある種の空間・距離を保ち，個々があたかも目に見えないバブル（泡）に包まれているかのように行動する。そのような人間個体のまわりの，他人を入れさせたくない見えない心理的な領域をパーソナルスペースと呼ぶ。

そのパーソナルスペースは個人についてまわり，持ち運びできる（portableな）もので，「なわばり」（territory）と区別されている。

パーソナルスペースは，身体の周辺で他人が近づいた場合，「気づまりな感じ」や，近すぎて「離れたくなる感じ」がするような領域として実測されている（図-1）。

それは，必ずしも球形ではなく，前方に比べ横のほうは他人が近づいても寛容であり，前方に長い卵型の領域で示される。さらに，行為，性別，親しさ，人間関係，場面の状況などによって大きさは変化する。

人間どうしの距離は，お互いの人間関係やコミュニケーションなどの目的により調節される。それについてE. T. ホールは，人間どうしの距離のとり方などの空間の使い方は，それ自体がコミュニケーションとしての機能をもつと考え，距離をコミュニケーションと対応させて，密接，個体，社会，公衆の4つの距離帯に分類した。さらに，それが文化によっても異なるとした。

人体のまわりの目に見えない空間は，人間にとって重要な役割をもっている。R. ソマーはこのような人間的要因への配慮を欠いた現代の建築・都市空間を批判している。

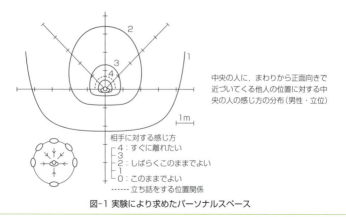

中央の人に，まわりから正面向きで近づいてくる他人の位置に対する中央の人の感じ方の分布（男性・立位）

相手に対する感じ方
- 4：すぐに離れたい
- 3
- 2：しばらくこのままでよい
- 1
- 0：このままでよい
------ 立ち話をする位置関係

図-1 実験により求めたパーソナルスペース

密度・混み合い

density/crowding

人間は社会集団を形成して，都市のような人間が集まる場を作る。それは，時と場所によっては非常に混み合った状況にもなる。

そのような中でも人間は自分の空間をもっている。それは個人が心理的にもつ他人が侵入して欲しくないと感じるパーソナルスペースや，自分のなわばりと感じる空間領域（テリトリー）である。このような目に見えない空間は，人間生活において重要な役割をもっている。

しかし，多くの人間が空間に詰め込まれ，混み合うことによって，時には個人の空間は侵害される。その時の状況に応じて必要と感じるパーソナルスペースやテリトリーを確保できないと，人は混み合い感をもつ。

過度の混み合いの状態は生理・心理的に問題となる。空気・食物や温湿度などの環境条件は損なわれなくても，個人の空間が強制的に侵害されるような過密状態が続くと深刻となる。

満員電車では1時間位なら7人/m²程度が限度といわれるが，これを境に生理的条件は急激に悪くなる。

このような高密度は，一時的であればこそ成り立つもので，混み合いは時間的な要因もあわせて考えなければならない。

また，空間の形状や人間の配置によっては，単純な単位面積当たり人数で表される密度以上の混み合いを感じることもある。密度・混み合いの問題は都市的スケールになると時間的・空間的に広範囲で複雑となる。

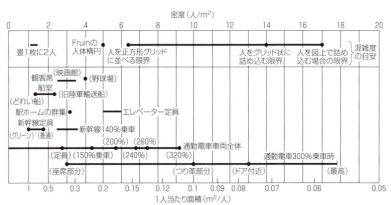

いろいろな群衆について，定員などの基準的なものや実際に見られるものの密度と，机上の作図によって得られる密度との比較。

図-1 群衆密度のランキング

2 アメニティ

感覚

amenity, amenities

　アメニティとは住環境の快適性，居心地の良さのことをいう。近年よく使われる言葉であるが，本来の意味は単なる個々の要因に対する感じの良さ，快適さだけを指すものではない。

　建物・土地に住環境として快適性を生み出す設備・施設，衛生的環境，住環境に価値を添える建物の様式・周囲の景観のような，歴史的な価値や文化の質なども含まれる，スケールも都市的，社会的に広い概念であり，さらに生活の質に関わる楽しみや人間関係，社会生活上の心地良さを与えるものも含まれる（この場合，複数形のamenitiesが用いられる）。

　現在，住環境に対する取組みは空気，温熱，採光，照明，音といった個々の原論的な快適性の要求に対し，それぞれについて生理・心理的に極端な不快を排除し，最低限を充足するという観点からは，さまざまな指標が提案され，建築環境を調整・制御する技術，設備機器などの発達にも支えられ，一応充実し，ある程度の快適な住環境を達成している状況といえる。

　しかし，生理・心理的な「充足」を超えた，文化，ライフスタイルにも関わるような，生活を楽しむという点を含めたamenitiesに関しては，まだまだであるといえる。

　人々の価値観は生活重視へ変化し，住環境は真の質的充実が期待される。そのための，真のamenitiesを追求することが望まれる。

　以上の点を踏まえ，より豊かで人間的で快適な空間を作り出すための環境の捉え方を構築する必要があり，それに応じた研究方法，実態認識，調査実験，評価方法の確立が求められる。

図-1 屋上緑化―なんばパークス（大阪市）の例（撮影：積田 洋）

いやし

heeling

「いやし」という言葉はもともと日本語になく，1988年頃に新聞に載ったのが始めとされる。1999年には新語・流行語トップテンで9位にランクされるほどで，その背景には，さまざまな不安感や孤独感等のストレスの多い現代の課題があるのは間違いないだろう。住居や病院など元来，"いやし"が求められている居住空間のみならず，オフィスなど作業空間にも対策が求められているのが現代社会なのである。また，日常的な空間に加えて，イルミネーションに包まれた外部空間や公共施設での足湯など，非日常の空間として"いやし"の場となる空間にも期待が集まる。

一般に"いやし"は，心身ともにストレスの高い状態をいかにしてリラックスさせて精神的な疲労を解消するかに力点がおかれている。ただし，人体にとっては適度な刺激をも必要とするのが悩ましい点でもある。

さて，建築空間に要求される性能にはさまざまな項目があるが，その根元的な特性である"美しさ"はそのまま"いやし"になるであろう。次のレベルとしての快適性も，衛生面などとともに"いやし"の空間にとって重要なファクタなのである。こうしたハード面として建築空間に人をいやす工夫が必要であるだけでなく，例えば病院における絵画展示などの試みや，ボランティアによる対応というようなソフト面における工夫も必要である。特に東日本大震災のような大きな災害時には，人々の傷ついた心をいやす方策が求められる。

図-1 病院における絵画展示
　　（ダートフォード病院，イギリス）

図-3 文化施設における足湯
　　（ヤンマーミュージアム，彦根市）

図-2 大阪光のルネサンス
　　（大阪市）

図-4 災害後のいやしの場
　　（南三陸町さんさん商店街）

2 安心感

感覚

sense of security

「セキュリティ（security）」という概念は，もともと「心配がないこと（se+cura）」というラテン語に起源をもつ。心理人類学者のF.L.K.シューは，社交，地位，安全は人間の基礎的な社会的欲求だとし，その中で安全（security）は，仲間との連帯を確信することであり，その同類意識に基づいて相互に援助しあうのだと述べている。

ただし，安全性と安心感は異なる概念である。安全性は危険なことが起きないという客観的評価を表すもので，一方，安心感は安全の上に成り立つ主観的評価を表すものだからである。人間の感覚は，およそ客観的事実をそのまま受け入れないし，すでに体験したことよりも初体験の事に過剰反応するという特性をもつ。したがって，今までに経験したことのなかったことに対しては，たとえそれほど危険ではなくても過剰に反応してしまうのだ。

こうした人々の安心に対する特性は，欧米のまちづくりにも影響を与えている。例えば，イギリスは世界有数の監視カメラ設置国である。最近では見直しが進んでいるようだが，この種のカメラが犯罪抑止に役立つという確たるデータはないに等しいにも関わらず，人々は安心感を求めていたる所に設置を要求してきた。

一方，アメリカでは住宅地を柵で囲むゲーティッド・コミュニティが広がっている。ただし，柵で囲っても犯罪は減らないという報告もある。日本でも防犯をアピールする住宅地やマンションが増えている。排除の論理を越えて，安心感に結びつける空間計画が望まれる。

図-1 街の入口ゲート（アメリカの例）

図-3 商店街の監視カメラ（心斎橋筋，大阪市）

図-2 公園のWebカメラ（リフレ岬，大阪府）

図-4 ゲーティッドマンションの例（兵庫県）

高所感

sence of heights

　昔から一戸建の住宅に住み、平地で暮らしていた日本人にとっては、高所感を感じるのは高山に登って周囲を見下ろしたときに感じるくらいのことでしかなかった。

　ところが時代が経つにつれて、都会では住宅をはじめとして、種々の建築が高層化されていったのである。わが国初の超高層建築は「霞が関ビル」（36階建、146m）であり、その後「新宿三井ビル」（55階建、210m）が完成した。

　さらに住宅でも高層化が進み、1998年には「芝パークタワー」（55階建）、「武蔵小杉アパート」（59階建）などが建設された。このような高層建築で働いたり住んでいる人々の中では、「高所恐怖症」の人もいたようである。

　しかし、その一方で高い場所に登ることで都市の空中から見た姿を感じることが可能となったのである。高い位置から見る都市の光景は、今まで知ることのなかった風景を体感できるようになったのである。その実例を示してみたい。一つは、東京の帝国ホテルの17階ロビーから見下ろした「日比谷公園」とその道路側にある「日比谷花壇」の3つの白い箱である。

　さらにもう一つは、渋谷駅の井の頭線のプラットホームから見下ろした「渋谷ハチ公前広場」の光景で、スクランブル交差点を蟻の群れのごとく歩いている姿は、まことに興味深い。高所感は楽しみを与えてくれる。

図-1
帝国ホテル17階からの日比谷公園の眺め

図-2
渋谷駅前のスクランブル交差点の蟻のごとき人の群れ

3 意識

consciousness

意識とは，我われが経験として感じている心的過程である。経験の中で気づかれる内容，あるいはそれらの多様な経験内容を統一する作用を意味する言葉で，多義的である。

現象学は，主体の意識のあり方を問う。フッサールは，あらゆる現象は，意識の基本的性格である「志向性」から生じる連続的な意味形成作用を通して把握されると考えた。

ヴント（W.Wundt）は，内観法によって意識の要素と構成法則を解明することで心理学を組み立てようとしたが，ジェームズ（W.James）は，意識は動的なイメージや観念が流れるように連なったものと捉え，それを「意識の流れ」と呼んだ。

人間の心を意識・前意識・無意識から成り立つと考えたのはフロイト（S.Freud）である。直接心の現象として経験している「意識」，注意を向ければ思い出せる「前意識」，自覚されていない心的過程である「無意識」がそれである。さらにユング（C.G.Jung）は，無意識の奥底には人類共通の素地である「集合的無意識」が存在すると考え，世界各地の神話・伝承とも一致点の多い「元型」を探究した。

意識の研究は，最近の脳科学，認知科学，人工知能等の発展に伴い，飛躍的発展を遂げている。青い色，ピアノの音色などの現象的な感覚質は「クオリア」と呼ばれる主観的意識であるが，物質的な脳から，どのようにして主観的な意識体験が生まれるかを問う「意識のハードプロブレム」が注目を集めているのである。

認知過程に関わる意識の階層構造としては，基盤となる「覚醒」（生物的意識），覚醒を基盤とする「アウェアネス」（知覚・運動的意識），さらに高次な「自己意識」（自己認識の意識）の3つの水準がある。覚醒のレベルで意識を調節しているのは「脳幹」であり，そこから上方に投射する神経経路が「視床」を経て「大脳皮質」に至るわけで，この脳全体に分布する神経活動が重なり合って意識が生じてくるのである。

建築・都市領域では，「都市のイメージ」をパス，エッジなどの記憶された要素の組合せで描いたリンチ（K.Lynch）や「集合的記憶」を提唱したアルヴァックス（M.Halbwachs）の試みなどは，意識を含む空間研究として興味深いものである。

意識の観点から見ると，客体にも生命が潜むと考えた古代人のアニミズムにも，意味の豊かな暮らしを営む叡智が潜んでいることがわかる。一方，仮想現実などの情報技術が発展した今日，意識を映し出すインタラクティブな空間を実現する可能性が開かれているように思う。

現象

phenomena

現象は外面的な「現れ」のことであり，観察される事象を指す。現象については古来多くの理論が提唱されてきた。プラトンはイデアと対置するものとして現象を位置づけ，カントは現象を物自体と主観との共同作業によって構成されるものと考えた。

厳密な意味での「現象学」を創始したのは，フッサール（E.Husserl）である。彼は，論理的な思考内容を実在的な心理作用から導出できないと考え，意識に直接現れる現象の本質の記述を目指した。次いで，世界の存在を素朴に前提する「自然的態度の一般的定立」に「判断停止」を加える「現象学的還元」を行い，意識はすべて「何ものかについての意識」であるという「志向性」に注目し，思考作用（ノエシス）と志向される対象（ノエマ）の関係の解明を通して，いかにして世界が形成されるかを見極める「超越論的現象学」を提唱した。

やがて，超えられるべきは，自然を客体化してみる「自然主義的態度」であることを見抜き，「自然的態度」を根源的なものと考え，生きられている「生活世界」に注目するに至る。

ハイデガー（M.Heidegger）は，フッサールが意識の世界経験と考えたものを現存在（人間）の存在構造として捉え，「世界内存在」としての現存在の実存の構造を探究した。メルロ＝ポンティ（M.Merleau-Ponty）は，「生きられる身体」に注目し，そこから生活世界の現象学を発展させていく。我われは身体を通して世界に「住みつく」からである。

ゲシュタルト心理学や生態心理学では，人間－環境系の捉え方として「相互浸透論」が注目されている。そこでは，図と地，図式，場，アフォーダンスといった現象を記述する興味深い概念が数多く提唱されている。

ハイデガーの存在論に基づいて建築の現象学を展開したのはノルベルグ＝シュルツ（C.Norberg-Shulz）である。彼は，近代化の過程で生活世界から実存的意味が失われてきたことを指摘し，世界内存在としての人間の存在構成を問うことによって，了解・気分・語りという実存の構造を区別するとともに，トポロジー・形態学・類型学という建築言語の要素を導き出している（表-1）。

表-1　実存の構造から導き出された建築言語（C.Norberg-Shulz）

実存の構造	空間の局面	空間的な世界構造	建築言語の要素
了解 understanding	定位 orientation	秩序 order	トポロジー topology
気分 mood	同一化 identification	性格 character	形態学 morphology
語り discourse	共－存在 being-with	制度 institution	類型学 typology

3 シンボル

意識

symbol

シンボルは，「記号」(sign) と区別して，「象徴」と訳されることが多い。語源的には「一緒に投げること，あるものを何か他のものと符号させること」であり，コインやメダルを半分にした"割符"のことであった。ギリシャ人は"シュンバレイン"という語を，契約する，協定を結ぶ，ということを意味するために使っている。ギリシャ語では，見張りのかがり火，合言葉，バッジ，荷物の合札もシンボルと言われる。

パース (C.S. Peirce) は，記号とその対象との関係に注目して，「類似」(icon)，「指標」(index)，「シンボル」(symbol) という3つの類型を区別し，シンボルを広い意味での記号の一類型に位置づけている。

類似は，その性質が対象の性質と類似している記号である（富士山の絵，配線図，東京の地図など）。指標は，その対象により実際に影響を受けることによって，その対象に関わるような記号である（風の方向を示す風見，指示代名詞など）。それに対して，シンボルは，法則，規範，習慣によってその対象に関わるような記号である（言葉，数式，化学式，平和を象徴するオリーブの枝，勝利を象徴する記念柱など）。

パースによるシンボルの定義は，論理的にも明快であるが，「記号」と「シンボル」を区別する考え方も根強く存在する。シンボルの重要性を指摘したランガー (S.K. Langer) は，「あるものの徴候」としての記号と目の前にないものを「思い起こさせる」シンボルを区別し，人間の精神の特性，広い意味での思考の本質が象徴化という意味づけの作用にあり，それが人間を動物から区別し，人間にシンボル系という新しい次元を開くことを強調している。

さらにユング (C.G. Jung) は，人間の全存在を揺り動かし，無意識のうちに人間を駆り立てる力をもつものをシンボルと呼ぶ。高い塔や円形のドーム，あるいは美しい都市風景には，生きることの深い感情を喚起する力がある。こうした力を把握するために，シンボルの概念が導入されることがある。

ネルソン記念柱(左)：ネルソン提督の業績を記念し，ロンドンのトラファルガー広場中心に据えられたモニュメント。
聖シュテファン教会堂(中)：ウィーンの中心にあるキリスト教のシンボルとしてのゴシック様式の教会堂。
アルベルベッロの街並み(右)：白壁に円錐形の石積み屋根を載せた"トゥルッロ"と呼ばれる伝統的な家屋が織りなすコミュニティのシンボルとしての街並み。

図-1 シンボルとしての建築・都市

記号

sign

一般に記号といえば，交通標識や数学記号のように，コードの明確な記号が連想される。しかし，雲の形や樹々の色彩にさえ豊かな意味を読み取ることができるように，あるものに人間が意味を認めさえすれば，それを記号とみなすことができる。それゆえ，言語に限らず，生の営みに関わるあらゆるものが記号の世界に包み込まれることになる。

古代から現代に至るまで，多様な記号の探究が行われてきたが，広義の記号概念を形式化したのは，アメリカの哲学者パースとスイスの言語学者ソシュールである。

パースによると，「記号」とは，ある観点もしくはある能力において，誰かに対して何か（＝「対象」）の代わりとなり，その人の心の中に同等の記号あるいは発展した記号を創り出すものである。記号が創り出す記号を「解釈項」と呼ぶ（図-1）。

一方，ソシュールは，言語における概念と視聴映像を一般化し，それぞれを「記号内容」，「記号表現」と呼び，両者が一体になった全体を「記号」と名づけている（図-2）。

さらにパースは，記号として「性質記号・単一記号・法則記号」を，対象との関係では「類似・指標・象徴」を，解釈項との関係では「名辞・命題・論証」を区分している。この分類を建築に適用すると，表-1のような建築的記号のタイポロジーが導出される。こうして建築を記号として解読することにより，言語から詩や物語を紡ぎ出すように，人間・環境とも相互に響き合う意味づけられたテクストとしての建築を生成することが可能になるのである。

図-1 パース（C.S.Peirce）の記号モデル

図-2 ソシュール（F.de Saussure）の記号モデル

表-1 建築的記号のタイポロジー（G.R.Blomeyerら）

媒体関係	性質記号（Qualisign）	単一記号（Sinsign）	法則記号（Legisign）
	感覚的に知覚可能な実質（形状，色彩，素材など）	個々の単一の形態における実現やその美的状態	物理的，構造的，静的法則，慣習，様式
対象関係	類似（Icon）	指標（Index）	象徴（Symbol）
	枠組みシステム 住居システム	方向システム アクセスシステム	選択システム 寸法システム
解釈項関係	名辞（Rheme）	命題（Dicent）	論証（Argument）
	オープンな関係（レパートリー）の要素として解釈されるもの	クローズドな関係（ユニット）のにおける要素として解釈されるもの	完全な関係にとって不可欠な部分として解釈されるもの

4 イメージ

image

経済学者K.ボールディングはその著書『ザ・イメージ』の中で次のように述べている。

「…イメージ理論がはっきりと照らし出している哲学的な性質があるように思われる。そのひとつは，事実と価値との関係についての有名な論争である。これは哲学の発足以来，常に論ぜられた問題であろう。事実と価値とはまったく違ったものであるとか，事実は客観的で，価値は主観的であるといった考え方と，イメージ論は相容れない。イメージ理論では，事実のイメージも，価値のイメージも，ともにイメージとしてあらわされる。」

経済活動を説明する重要な要因として初めてイメージの問題が取り上げられたものである。これとほとんど軌を一にして，K.リンチが『都市のイメージ』において，都市空間におけるイメージの作用を初めて研究の対象とした。リンチは都市空間の視覚的景観を論ずるための新しい概念として「レジビリティ」を導入した。この概念を説明するための三つの側面として「アイデンティティ」，「ストラクチャー」，「ミーニング」を提唱した。

この中で，前二者が，ボールディングの「事実のイメージ」，後者が「価値のイメージ」に対応するものと考えられる。この「価値のイメージ」は「レジビリティ」に対するもうひとつの概念「アンビギュイティ」を説明する重要なイメージである。

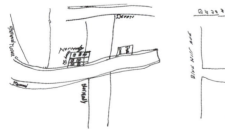 

Florence Laddによる研究（1970）によって示された2人の黒人少年の絵。人間の内部プロセスである街のイメージを客観的に測定できる手続きとして，イメージマップを描かせる方法がある。

図-1 Reggi 少年が描いた近隣のマップ　　図-2 Garson 少年が描いた近隣のマップ

イメージアビリティ

imageability

我々が心に描くイメージのアイデンティティとストラクチャーの性質に関わる物理的特質を考えるとき，イメージアビリティという概念が，K.リンチによって初めて導入された。「これは物体に備わる特質であって，これがあるためにその物体があらゆる観察者に強烈なイメージを呼び起こされる可能性が高くなる，というものである。」

リンチは，次の5タイプに分類している。

(1) パス（paths）

観察者が日ごろ通る道筋のことである。人々は移動しながらその都市を観察している。そして，こうしたパスに沿って，その他のエレメントが配置され，関連づけられている。

(2) エッジ（edges）

観察者がパスとして用いない，あるいはパスとはみなさない，線状のエレメントをいう。

(3) ディストリクト（districts）

二次元の広がりをもつものとして考えられ，観察者は心の中に"その中に"入るものであり，また何か独自の特徴がその内部の各所に共通して見られる。

(4) ノード（nodes）

都市内部にある主要な地点であり，観察者がその中に入ることができる点である。ノードとなるのは，まず第一に接合点である。交通が調子を変える地点，あるいは道路の交差点ないし集合点などである。

(5) ランドマーク（landmarks）

観察者はその中には入らず，外部から見る点である。建物，看板，商店，山など，単純に定義される物理的なものを指す。

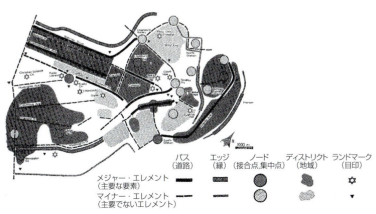

図-1 現地踏査からひき出されたボストンの視覚的形態

4 レジビリティ

legibility

都市空間においてレジビリティの概念を初めて持ち込んだのは、K.リンチで、その著書『都市のイメージ』の中で次のように述べている。

「これは人々が都市の各部分を認識し、さらにそれらをひとつの筋の通ったパターンに構成するのがたやすいということである。」

「明瞭さとかわかりやすさは、決して美しい都市のためのただひとつの重要な特性ではないが、空間、時間、複雑さの点で都市のスケールをもつ環境について考える場合に、それは特に重要である。」

「道を見つける過程における重要な手掛りは、環境のイメージである。つまり、これは個々の人間が物理的外界に対して抱いている総合的心像のことである。このイメージは、現在の知覚と過去の経験の両者から生まれるものであり、情報を解釈して行動を導くために用いられる。」

現実の都市空間の中で、我々が行動するとき、自分自身の心的世界の中に環境に対するイメージを構築し、それを行動の指針としているという仮定をおくとき、無限の情報の中からひとつの明確なパターンの構築しやすさをレジビリティと呼び、このレジビリティを都市のイメージ構造を探る新しい切り口としたのがリンチである。

イタリアの中世都市やルネサンス都市、例えばフィレンツェなどでは、都市全体が同一の煉瓦造りとタイル屋根によって固められた堅固な「地」の形成とともに、それぞれ聖と俗を代表する教会と宮殿とが強力な「図」の存在として際立っている。

このような当時の社会的に確立した強固な価値体系を都市景観として明示することによって、レジビリティが表現される。

「聖」の象徴であるブルネレスキーのドームと「俗」の象徴であるパラッツォ・ベッキオのタワーが、フィレンツェのスカイラインの要として、そのレジビリティを確立している。

図-1 フィレンツェのスカイライン

アンビギュイティ

ambiguity

　前項の「レジビリティ」を切り口として，都市のイメージ構造を考察しようとするとき，必ず問題となるのは，レジビリティだけが都市のイメージ構造を評価するための基準かという問題である。K.リンチ自身は次のように述べている。

　「一方，環境の中の神秘とか迷路とか意外さなどにも，かなりの価値があることは認められなければならない。しかし，これには2つの条件が必要である。第一に，基本的な形態や方向を見失う危険，つまりそこから脱け出せなくなってしまう危険があってはいけない。意外さというのは一定の枠組みの中で起こるべきである。混乱は目に見える範囲内のいくつかの小部分に限定されなければならない。」

　辞書によれば，アンビギュイティとは両義性，多義性，曖昧さ，不明瞭といった意味に記されている。したがって，アンビギュアス（ambiguous）な環境とは，物理的な特性が迷路性をもった不明瞭さといった意味だけでなく，その環境が人々に与える意味がもつ多様性についての議論が必要となる。この議論を提起したのがA.ラポポートで，次のように述べている。

　「あまりに明快な視覚的構造と，あまりに複雑な情報過剰の視覚的構造との間に，"適正知覚度"（optimum perceptual rate）なるものが存在するはずだとし，このような適正な"複合性"（complexity）を獲得するために"多義性"（ambiguity）の概念が必要である。」

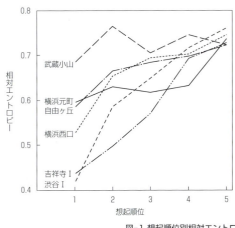

来街者の内的な想起プロセスの時間的経過の中で，イメージのエントロピーの増大という一般的な傾向があり，その前半部の高い集中性が地区の"レジビリティ"を示し，その後半部の高い拡散性が地区の"アンビギュイティ"を示すのではないか。つまり，勾配の強い地区ほど，両者の共存性が高いのではないかという仮説である。

図-1 想起順位別相対エントロピー

4 アイデンティティ

identity

K.リンチは，環境のイメージを構成する三つの成分を，アイデンティティ（identity），ストラクチャー（structure），ミーニング（meaning）であると述べている。

アイデンティティは通常，「同一性」という言葉に翻訳されており，この「同一性」は「他と同一であること」を意味することが多い。しかし，ここでの「同一性」は"identification card"に見るような「他のものではなく，本人であることを証明するカード」の意味で用いられるように，個性とか，固有性を示す言葉として用いられている。

この場合，「アイデンティティ」は都市全体の個性とか固有性という意味で用いられる場合と，都市イメージを構成する構成要素のそれぞれがもつ「アイデンティティ」とがある。上記の三つの成分のひとつとして論じる場合は，もちろん後者の意味においてである。

環境のイメージは，まずこのような構成要素のもつ形態的なアイデンティティによって，その手掛りを得ることができる。しかし，これらがひとつのイメージとして確立するためには，これらの要素がひとつのパターンとして認識される必要がある。これを「ストラクチャー」と呼び，2番目の成分としている。

したがって，強力な「アイデンティティ」をもついくつかの要素が，お互いに調和あるパターンによる「ストラクチャー」をもった場合，都市全体の「アイデンティティ」が高まるという関係になる。

街を構成するエレメントのアイデンティティを示すひとつの定量的指標として，来街者によって想起される確率がある。

図-1 横浜西口・ダイアモンド地下街　　　図-2 自由ヶ丘

記 憶

memory

記憶のモデルに関して，最も代表的なものは，R.C.アトキンソンとR.M.シフリン（1968）によるものである。

アトキンソンとシフリン（1968）は記憶を感覚登録器（short-term store），短期貯蔵庫（sensory register），長期貯蔵庫（long-term store）の3つから構成されるシステムと考える。

感覚登録器は感覚器官が受け入れた情報をそのまま保持するもので，そこにはいかなる解釈も符号化も行われないで，その情報は1秒以内で減衰してしまうが，新たな情報の入力によって置き換えられてしまう。

感覚登録器で情報が処理されるのは，注意によって情報選択を行ったり，特定の「特徴」を抽出したりするコントロール・プロセスが適切に作動するためである。それは，ほんのわずかな時間でも情報が保持されているならば，情報入力前後の文脈を多少なりとも考慮した情報処理が行えるようにするためといえよう。

短期貯蔵庫では，感覚登録器からの情報と，長期貯蔵庫からの情報を受け入れ，そこで意識を伴った情報処理が行われ，意味や特徴に符号化される。また，そこでは意識的な注意による「リハーサル」が行われているかぎり情報は保持されるが，注意が離れると15～30秒程度で減衰し，自然に消え去る。

短期記憶で貯蔵できる情報は1秒間に7～8項目である．リハーサルによって保持され，リハーサルの繰り返しで，情報が長期記憶に転写されると考えられた。

建築や都市の空間構造を研究する場合，上記のような人間の記憶現象そのものを研究対象とするよりは，それらの記憶現象を利用して，より心理的な空間構造を解明しようとする場合が多い。したがって，その実験方法も，記憶の正確なメカニズムを対象とするのではなく，その内答がどのような構造をもつのか，あるいはそれらが空間の物理的特性とどう関わるかにその中心が移ることになる。

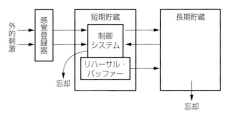

図-1 アトキンソンとシフリンの記憶モデル

4 場所性

notion of place

　場所の概念を単なる物理的属性から説明するだけでなく，ひとつの心理学的な概念として正面から取り上げたのは，D.カンターである。

　場所の定義をモデルとして示す図は，行動，概念，物理的属性の三者の関連の結果として場所が生まれることを示している。

　①ある地点には，どのような行動が結びつき，どのような行動が予想されるか。

　②その状況における物理的変数は何か。

　③その物理環境における行動について，人はどのような解釈をし，どのような概念を抱くか。

　人間は「場所」からの単なる刺激の受容器ではなく，あるいは心理的にまったく独立したものでもなく，「場所」との対話的な緊張感，あるいは「場所」を作りながら，「場所」によって作られるという関係にある。

　「場所」は物的には無限の刺激源を，ばらばらの刺激として知覚するが，これらの統合体としての全体性が「場所」を形成する。さらにひとつの社会的システムを根底としないような「場所」は存在しない。

　我われは社会的存在としての役割と無関係に「場所」と関わることはない。「場所」はイメージのセットとして認知される。「場所」に対する選択的でユニークな概念によって，その「場所」の利用や行動のしかた，あるいは感じ方が変わってくる。そして「場所」は象徴的価値をもっている。

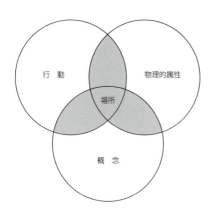

このモデルが示すもうひとつの重要性は，どの要素から出発しても，場所の特定は進められることである。多くの場合，ある特定グループの行動形態から，特定の場所の概念を形成し，この概念形成から特定の物理的構造に関する提案が生まれるのである。この概念は，はっきりした定量的指標をもつものではないが，行動心理的パターンと場所の物理的属性とを結びつける，より公共的に定着したイメージを形成することになる。

図-1 場所の性質を喩える視覚的モデル

空間意識

space consciousness

我われは日々の生活を通じて，建築や都市空間と密接に関係して，楽しいとか美しいとか，逆に不快だったり窮屈な思いをしたり，さまざまな空間の雰囲気を体験している。

人間と環境との関係からみると，建築や都市空間という物理的構成・環境から人間がおもに視知覚を通じて得られた情報を思慮した主観的な反応が空間意識といえる。

どのように人間が空間を意識しているかを知ることは，建築計画や都市計画において，人間主体の空間計画を考えるうえで極めて有用なことといえる。特にこれら空間意識を定量的に把握することができれば，建築や都市空間を具体的に構成するさまざまな要素・要因との関係性を理解することに数理的なデータとして大きな意味をもつ。

空間意識を定量的に捉える方法の代表的なものが「SD法」であり，「良い－悪い」のような両極となる形容詞句対を用いて空間意識を心理的な評価構造として，網羅的に評価を数値として捉えるものである。

また，空間の中で直接的・意識的に空間を特徴的に印象づけているエレメントと，印象の強さの度合いを定量的に捉える方法に「指摘法」がある。さらに空間意識の中で記憶に残る印象深いエレメントを定量的に捉える「エレメント想起法」などがある。

広い意味で空間意識の範疇から一部の情報を理解し把握しようとするものに認知地図や人間行動，経路探索などの方法がある。

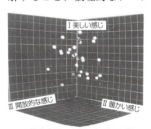

図-1 街路空間の主要3心理因子軸による立体模型

図-2 アマルフィ（イタリア）

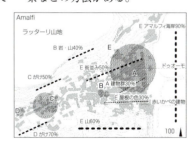

図-3 アマルフィの指摘ドットマップ

空間の意味

semantic space

　意味には外延的意味と内包的意味がある。外延的意味は記号が表す指示対象を便宜的，経験的に汎化して「タテモノ」，「イヌ」などのカテゴリーに分類したものであり，参照的意味，指定的意味，辞書的意味と呼ばれている。内包的意味は連想的意味と情緒的意味に分けることができる。連想的意味とは，蓮の花を見て「仏像」を連想する，あるいは「蓮根」を連想するなどである。一方，蓮の花を「美しい」，「清らか」，「大きい」と感じることが情緒的意味である。連想的意味と情緒的意味は独立したものではなく，連想した「仏像」から「美しい」，「清らか」などが，「蓮根」から「大きい」などが感じられることもあり，多くの場合，連想的意味から情緒的意味への反映が大きい。内包的意味は，過去の経験，文化的背景，現在の心理状態などによって影響されることが多く「意味」が流動的である。

　J.B.ワトソン，C.W.モリス，C.E.オスグッドなどが内包的意味に対する探求を「意味の科学」へと発展させたが，その中でもオスグッドの貢献が特に大きい。ワトソンの生理学的連合説が「意味の効果」の多様性を十分には説明できず，モリスが「行動素因」という考え方を導入した。この「意味」としての行動素因の厳密な説明のひとつにオスグッドの「表象・媒介過程」モデルであり，これがSD法に代表される「意味の測定」の基となった。

　SD法は言語学，心理学から教育学，社会学，建築学など応用分野が多岐にわたり，また測定対象も情緒的意味（意識）から対人的・対物的イメージ，コミュニケーション効果，行動（態度）まで多様である。

　建築あるいは空間の研究で扱われる「意味」は物（空間）と人間との関わりの中で扱われており，行動科学の主要な分野である心理学に属している。一方，建築論などで扱われる空間の意味はコンテクスト（文脈）の中で語られることが多く，言語の意味論に近い。

　オスグッドによれば，意味空間は評価，力量，活動の三つの意味次元を主軸とし，そのうち評価次元が最も重要な次元であると仮定している。しかし，その後の研究によって感覚概念（個人の内包的あるいは情緒的意味）に特有な「意味空間」の構造は，オスグッドのいう言語概念の「意味空間」の構造と一致するとは限らないことが明らかとなった。すなわち，同じ単語（記号）でも個人差，異なる言語・文化をもつ集団で情緒的意味が必ずしも同じではなく，差異こそが共通の現象である。

空間計画研究
studies of spatial planing & design

建築計画は，人間の行動・行為の有り様の中から普遍的かつ社会や時代の要請・背景を通して，人々の共通したコンセンサスが得られた事象を計画者や設計者などが都市や建築について再構築し，具体的な形として，具現化するための基礎的かつ基本的な知見を示すものといえる。

建築計画については，50年以上の歴史の中で培われた研究成果が特に平面計画として示されている。現代においてもこの中で不変的な計画の基本というべき知見が多数ある。こうした知見を理解して，次世代を担う新たな発展的デザインを創出していく。

しかし，現代の建築や都市においては，従前の平面計画的な視点のみならず，さまざまな空間の雰囲気をもった三次元の空間として，そこに生活する主体である人間の評価，すなわち機能的な利便性のみならず，居心地の良さや快適性，さらに魅力や美しさといった人間が感じる空間意識や心理的な評価を見据えた視点での空間計画が重要である。

空間計画研究とは，上述のように人間主体のより良い空間の創造に立脚した人間の意識，イメージ，心理的評価と具体的な空間の有り様との相互の関係を，多変量解析など数理的な方法を用いて明らかにしようとする研究である。

先駆的な研究として，芦原義信の『外部空間の構成』やK.リンチの『都市のイメージ』，都市デザイン研究体による『日本の都市空間』などが後の空間計画研究に影響を与えた。

図-1 空間計画研究のフロー

5 実存的空間

existential space

　実存的空間とは，自己の身体を中心とし，体験や学習などに基づき主体の意識に形成された空間・環境のイメージを指す。意味を内包した空間で，主体に外在する実在的・客観的空間と対立した空間概念である。主体の成長過程での空間体験と密接不可分で，個人の性向・学習・行動・記憶などに深く依存した「生きられた空間」である。

　「実存」という概念は実存哲学の用語だが，建築・都市計画学で「実存的空間」の用語が用いられるときは，厳密な意味では上記の哲学用語には対応しない。C.N.シュルツの『実存・空間・建築』における実存的空間の意味で用いられることが多い。シュルツはこの本で，「実存的空間とは比較的安定した知覚的シェマの体系，つまり，環境のイメージである」と定義している。

　実存的空間の特質が主体の身体を中心に形成される空間という点では，J.J.ユキュスクルの「生物空間」やE.T.ホールの「距離空間」と関連する。また，「環境のイメージ」という点ではK.リンチの「都市のイメージ」の研究と関連する。

　しかし，シュルツの実存的空間は，主体ないし生物的個体がもつ固有の空間や環境のイメージにとどまらない。イメージの共同性，普遍性が前提とされている。J.ピアジェの「シェマ」の概念等を援用し空間の普遍性を認めている点など，相互主観的ないし構造主義的概念を包含した立場でこの用語を用いていると考えられる。

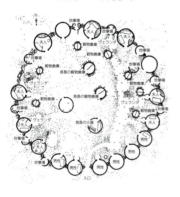

図-1 守りの形の原型（マッサ族の住居群）

図-2
さまざまな守りの形
（左上：開平の望楼住居，
右上：イエメンのロックパレス，
左：客家の土楼群）

空間論

theory of space

空間論という用語は曖昧で，広義には空間概念の歴史的解釈等，狭義には建築・都市空間論，設計方法論，空間研究等，多岐にわたる。狭義の意味は，「空間計画研究」「空間意識」等の用語を参照いただき，ここでは広義の意味について述べる。

空間論の系譜は大別して二つある。一つは，主体の外にある客観的・均質空間の系譜，もう一つは主体を中心とする相互主観的・意味空間の系譜である。この二つの系は，人間が世界を捉える際の構え・様態に関連すると思われる。一つは精神・意識，もう一つは肉体・身体である。二つの系は時代により「図」あるいは「地」として交互に出現する。

古代では原子論者のデモクリトス（前460-370）が前者の例である。彼は物の元素としてアトマ（atoma）を考え，アトマが運動できるのはケノン（kenon）と呼ぶ空虚があるからだと考えた。プラトン（前427-347）の空間論もこの系譜に属する。空間は真実在の世界（idea）とその模写である現実の世界と異なり，永遠不変の空なる第三の概念と考えた。後者の例にアリストテレス（前384-322）の場所論がある。事物はある場所を占めるが事物が場所を離れれば事物の形をした空なる場所が残る。この場所の総和が空間である。場所は単なる空虚でなく固有の力・意味をもつと考えられた。

中世では，空間＝神と神学的に解釈された。神と空間を同一視する考えはキリスト教に受け継がれ，意味に満ちた求心的空間概念となる。

近世における空間概念は，中世の影響を受けながらも近代の均質空間の概念につながる考えがでてくる。カンパネラ（1568-1639）は空間を神の属性としつつも，均質で差がなく非物体的と考えた。同じくデカルト（1596-1650）は空間＝物＝延長として，空間を心・意味とは独立した対極のものとして近代の均質空間につながる概念を提示した。

近代の空間論で注目すべきは，ニュートン（1643-1727）の絶対空間である。彼の空間はあらゆる事物に先だって存在する永久不動で無限の空虚である。カント（1724-1804）は空間を先験的な知の形式の一つと考え，生物の種により環境が異なるように，空間も人間という存在に規定されると考えた。この考えは今日の「空間図式」と類似した側面をもつが，図式＝形式が経験・学習等と関係なく先駆的に人間の感性に初めからあるとされる点が異なる。現代では実存的空間，身体的空間等，近代の均質空間後に再び意味空間の系譜が「図」として登場しつつある。

6 認知地図

cogntive map

アメリカの新行動主義心理学者のE.C.トールマンによって導かれた用語・概念である。人々は，日常生活の建物内部や地域の移動行動において，馴染みのある場所では自分のいる位置や目的地への方向・経路を正確に把握し，誤りなく移動している。これは，繰り返された経験の蓄積によって空間構成の知識が修得されているためであり，この知識が認知地図である。

トールマンは，ネズミの探餌行動によってこの概念を導いた。右方向に餌のある装置で訓練したネズミを，その道をふさぎ，180度にわたって分岐した経路をもった装置に入れると，初めの餌のあった右方向の道がかなりの頻度で選択された。これは，ネズミが餌までの具体的経路のみを記憶しているのではなく，出発点と餌の位置との空間関係を学習していることを意味し，これを認知地図と命名したのである。

人間にもこうした能力は備わっているが，行動の場である建築・都市空間はネズミの実験装置より複雑・広大である。そうした場所のわかりやすさ，想起のしやすさをK.リンチは『都市のイメージ』において分析した。その後，この分野の研究は，被験者に種々の地図－ルートマップ，イメージマップ，メンタルマップ－を描かせることによって大きく発展した（例えば図-1）。こうした認知地図研究は，デザイナーにわかりやすく，イメージしやすい建物，複合建築，近隣，都市を創造する方法についての理解を与えてくれる。

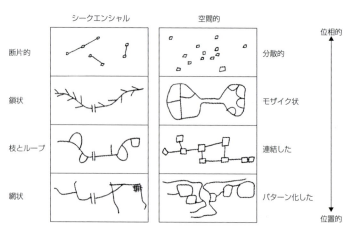

図-1 認知地図の形式の個人的差異（アプルヤード）

認知領域

cogntive area

　生活場面のなかで人々が認知している場所や事物の地理的な広がりを認知領域と呼ぶ。領域という概念には，単なる地理的広がりという意味の他に，より個人の行動に密着した縄張り，生活圏という意味が含まれており，小林秀樹の『集住のなわばり学』において「ある個人や集団が，自分あるいは自分たちのものという意識をもち，そこを支配するところの一定の空間である」と定義される「生活領域」がよく知られている。

　このように，所有，支配，責任という空間との関係をもつ生活領域に対して，認知領域は「知っている」場所や事物（行ったことのないものを含めて）の地理的な広がりを意味している。ある地域の住民が「我がまち」と認知している領域を地図上に囲ったり，地域内の施設，公園などの指定対象を知っているか，いないかで答えたりすることから，認知領域を考察する研究がある（図-1）。

　こうした地理的広がりという物理的環境だけでなく，社会文化的環境，環境の質の認知までを含んだ概念にまで拡張する必要がある。公私（パブリック，プライベート），接近可否（アクセシビリティー），領域分化（テリトリアル・ディファレンシエーション）などの認知も生活に欠くことはできない。これらは，人々の発達過程で，ある文化における固有の仕組みとして学習される。

　認知領域の形成は，日常生活における移動（ナビゲーション）によって学習される。このナビゲーション記憶による認知領域は，地図によって記憶された地図記憶とは異なると言われている。

S：海の範囲
M：山の範囲
T：我がまちの範囲

図-1 御宿の認知領域図

表-1 地図記憶・ナビゲーション記憶のそれぞれをもとに距離評定を行う場合の処理過程のモデル
（Thorndyke & Hayes-Roth, 1982）

経験のタイプ	評定のタイプ	
	直線距離	道のり
地　図	地図を視覚化する 目標点の位置を判断する 距離を測る 反応を生成する	地図を視覚化する 目標点の位置を判断する 道の距離を測る 距離を合計する 反応を生成する
ナビゲーション	心的に経路をシミュレートする 道の距離を評定する 曲り角の角度を評定する 概算を行う 反応を生成する	心的に経路をシミュレートする 道の距離を評定する 距離を合計する 反応を生成する

6 認知距離

cognitive distance

　物と物との位置関係を表すためにさまざまな距離があるが、人間と環境との関係を表すためには感覚や知覚、認知に基づいた距離がある。

　人間を中心としてそこからの距離範囲ということになると、広がりをもった領域になる。生命体の防御範囲や人間の支配範囲を意味するテリトリーや縄張りという言葉がある。縄張りは、場合によっては行動圏（ホームレンジ）を意味する。

　よく知っている場所やその範囲を示す言葉として、認知領域、認知距離がある。子どもが、その成長過程において自分の生活領域を徐々に広げていく場合には、認知距離は拡大される。一方、大人は子どもと比較して行動範囲は大きく、認知距離も大きいことが推察される。しかし、近隣の状況については子どものように詳しいとは限らない。結局、近隣に対しては子どもの時に形成された認知領域が、大人になってもそのままということもありうる。

　この認知距離を知る方法に近隣の地図を描かせる方法（イメージマップ）や、町の中のエレメントを思い浮かべてもらう方法がある。想起距離という言葉もあるが、これは認知距離のひとつである。

　下の図は、人々が自身の生活環境の中で思い浮かべることのできる施設や場所について調査して、自宅から施設までの想起距離を集計したものである。この結果によると、年齢や都市の規模による差は少なく、想起距離は自宅からせいぜい700～800m程の範囲までである。

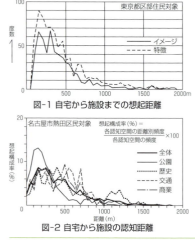

図-1 自宅から施設までの想起距離

図-2 自宅から施設の認知距離

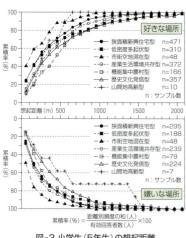

図-3 小学生（5年生）の想起距離

認知スタイル

cogntive style

　認知スタイルは，認知型あるいは認知様式という用語が使われているが，外界への反応に関する個人差を扱う認知心理学の分野で使われることばである。つまり，「広い意味での情報の体制化と処理に関して個人が一貫して示す様式を指す。(中略)認知型は，刺激と反応をつなぐ個体内部の認知的な媒介過程を説明するために構成された，個人差に関する仮説的な概念である」(新版心理学事典)と定義されている。

　この場合，内部の認知過程には，知覚・記憶・思考のみならず，動機づけ・態度などの人格過程も関与してくる。その結果，環境に対して個人の独自的・心理的意味が付与され，行動に一貫性が生じるのである。

　認知スタイルの考え方を建築・都市空間の認知の分析に導入したのは，土肥博至の一連の研究である。ここでは，認知スタイルの概念を集団へと拡張したもので，集団種別における認知の差異，具体的には同じ環境(ある地域)に対する接触様態の異なる二つの集団(居住者と訪問者)の認知スタイルの差異，それぞれが利用する物理的環境のなかの情報の違いを明らかにしている。

　一方で，各集団内の個人の認知スタイルも個人差があると推量でき，各集団のタイムスパンの長い追跡が必要であろう。つまり，個人の認知スタイルにおける社会的感受性の強弱など変動とする場依存性―場独立性，あるいは認知における熟慮性―衝動性などの次元を導入し，行動における人々の個人的行動特性の分析が求められる。

* 数値は％のレベル
　(例 0：0〜9％，1：10％から，10：100％)
**認知度95％以上の地区

図-1 認知度分布図(居住者)

* 数値は％のレベル
　(例 0：0〜9％，1：10％から，10：100％)
**認知度60％以上の地区

図-2 認知度分布図(訪問者)

6 選好態度

空間の認知・評価

preference attitude

選好とは「選り好み——多くのものの中から好みのものだけを選びとること」を音読みした造語である。

視知覚発達の研究方法として，R.L.ファンツが行ったpreference methodの訳語が選好法（偏好法とも訳されている）である（新版心理学事典）。乳児に刺激パターンを見せて注視時間を測定すると，特定パターンを好んで見るという結果を得たのである。刺激パターンは，直径6インチの図式的顔，同心円状模様，印刷文字，白・黄・赤の反復提示の6種であったが，顔の注視時間が全体の30％と最も長かったという。母親の顔が記憶に刷り込まれていたからであろう。

建築・都市空間内の事物，場所あるいは空間自体に対する個人や集団の選好態度（好嫌感情）は，空間の認知・評価のなかで重要な位置を占めている。幼児の顔注視のように，各人が慣れ親しんだ場所の位置や事物とその配列は偏好的に学習され，新しい環境でその構成が変わったとき，違和感を感じ，以前学習した構成への固執が持続する。

こうした環境に対する選好態度は，人生の発達過程において，帰属する物理的・社会文化的環境構造に規定される。時間をかけて形成された選好態度が安定・不動のものであるか，変化するものであるかと問うたとき，そのいずれもの可能性があるという厄介な代物である。

ある計画や入居後の選好態度に関する調査研究は広く行われているが，人々の環境・行動に対して単純な決定論ではなく，相互浸透的見地に立つことが求められる。

図-1 茨城県営つくば松代アパート全景
（設計：大野秀敏他）

表-1 松代アパートに住んだ感想のダイジェスト

【住民A：4階住民】
住みやすい。囲み型に関してはよいと思う。上の道は評価しているが，日影をつくってほしい。集会室などの屋根にのり移れるのは困る（昨年夏に柵ができた）。上の通の鵞は，ばい菌が入る心配があり子供にとってはよくない。プレイロットの木の遊具はとげが刺さるのでよくない（県に伝えた）。プレイロットに時計を置いて欲しい（全体的満足：やや満足）

【住民B：4階住民】
建物が変わっている。中庭は子供がいないので駐車場をもっと多くとって，1戸に2台ずつ欲しい。実家は4人で4台ある。買い物は車，近所には買い物がよい場所がない（全体的満足：やや満足）

【住民C：1階住民】
近所つきあいが大変。（駐車場の問題など）いろいろとうるさい。囲み型に関しては干渉されているような気がする。実家近くの民間賃貸住宅は作りが悪かったので，県営住宅はよいと思う（全体的満足：やや満足）

＊（　）内はアンケートで聞いた満足の項目の回答。

個人差

individual difference

環境の知覚や評価には個人によって違いがある。例えば，キャンドルライトで照らされたレストランは，若いカップルにとっては雰囲気のある望ましい空間でも，高齢の夫婦にはメニューの読めない暗すぎる空間となる。白で統一された病院のインテリアは，医療従事者にとっては清潔で仕事に適した空間かもしれないが，患者にとっては無機質で冷たい空間と捉えられる。

P.シールは，環境からの情報の受け取り方の個人差を，人間側の3段階の差異（知覚フィルター）によって説明している（図-1）。

「生理的特性」は，体の大きさや感覚器官の感度といった，年齢や障害の有無などによって異なる環境に対する身体的能力の差異，「情報選択特性」は，教育程度，知識，職業，文化，ライフスタイルや立場による違い，「心理的構え」は，その時点での欲求状況や覚醒状態によって異なるものである。上記の例で，前者は「生理的特性」による，後者は「情報選択特性」による違いと考えられる。

近年では，個人が環境に求める質が多様化している。したがって，研究者は，標準的な人間モデルや平均的な評価値を示すだけでは不十分であり，個人の多様性を系統的に整理したうえで，そのような違いを生じさせる背景について科学的な意味づけを与える必要がある。

また，デザイナーも，研究的知見を参照することにより個々人の特性を正しく理解し，それぞれのニーズに的確に対応したデザインをすることが求められている。

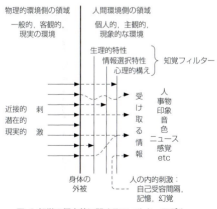

図-1 知覚の個人差に関するフィルターモデル

6 空間把握

appreciation of space

　空間の認識,理解,解釈を意味する包括的用語である。O. H. ボルノウの『人間と空間』において,「生活は空間のなかで営まれるといってそれでもなお的確でない表現である。(中略) 生活は根源的に空間とのかかわりあいにおいて成立し,たとえ思考のなかであっても空間から解き放されることはできないものである」と表現されている空間を,人々は意識的・無意識的にどのように把握しているかに光を当てることは,空間研究の根幹を成すものである。

　空間把握は,研究の場面で種々の次元から分析されている。建築・都市に存在する空間の物理的次元の測定,記述,図となる物的要素抽出と,それらが人々に与える心理的効果の分析がある。

　測定の次元では,空間の距離・容積の推定にはじまり,人々との生理・心理的自我領域(見えない空間)の計測がある(図-1)。空間の記述としては,体験される空間シークエンスの言語的,視覚量としての記述の試みがある。さらには,より概念的な次元として建築形態の表層についての記号論的解読研究がある。

　また,人々が日常体験している建物の空間構成についての記憶像やイメージなど,記憶の再生を抽出,解読する種々の方法が,イメージマップ,サインマップ,エレメント想起,パズルマップなどと呼ばれる空間再生法であり,人々の空間記憶の様相を解明するものである(図-2)。これらによって建築・都市空間のわかりやすさ,人々が認識している意味などに光を当てることができる。設計の場面では,専門家と非専門家の空間把握の差異を知る必要がある。

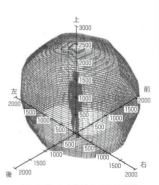

図-1 「コレ」領域の三次元形状

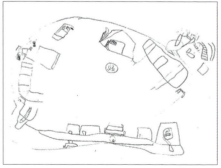

保育園を紹介するために描いた絵は,庭園の中心から見た展開図のように描かれている。

図-2 和光保育園におけるイメージマップ

空間評価

appraisal of architectural space

空間評価には二つの側面がある。第一は，空間を都市・建築環境の物理的属性として捉え，広義に構築環境の果たすべき目的の充足度を評価するものである。建築の目的には古来より諸説があるが，ヴィトルヴィウスの用・強・美が出発点である。この三つの要件は，近代主義運動ではグロピウスによって機能・技術・表現と言い換えられたが，「美」に関しては槇文彦も主張するように，17世紀イギリスの詩人ウォットン卿が掲げた，用（commoditie），強（firmnes），喜びあるいは楽しみ（delight）のほうが建築の役割を適切に表しているとの見方がある。L.B.アルベルティも『建築書』のなかで，「美とは，一つの心が他の心を楽しませるのに最も必要な条件である」と述べている（傍点筆者）。

第二は，都市・建築総体を離れ，人々の日常生活を含む容器としての空間に焦点を当て，各場面での空間の物理的属性（サイズ，形態，色彩）や社会・文化的意味，状況に対する生理・行動的影響としての評価を問うものである。この種の評価には，物理的環境の情緒的意味を言語によって評価するSD法（室内の色彩調和の評価に適用されてから広く使われるようになった）が著名である。

計画，設計行為の結果としての，空間に対するより行動に焦点を当てた評価に，POE（post-occupancy evaluation）── 使用後評価があり，住居，オフィスをはじめ各種建築に適用されている。評価には，解析的分析以外にも参与観察，文章分析（小説・随筆），深層面接（depth interview）なども必要である。

毎日，それなりに建物の性能を評価している

POEでは利用者のニーズに焦点を当てる

POEでは評価基準にのっとり建物を評価する

POEで得られた情報は将来に活用される

建物等を利用する人々の視点から，建物の性能・問題点を評価する。

図-1 POEの考え方

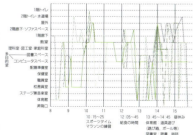

授業・休み時間に伴う棲み分けにより，利用者の行動や機能性が検証できる。

図-2 小規模小学校における個人の居場所

6 評価構造

mechanism of appraisal

　人々が建築・都市などの構築環境の良し悪しを評価するとき，その判断の仕組み，内的構造を評価構造と呼ぶ。その評価の心理的次元に関する「実際に空間を利用する人々がその空間を評価する際，どんな基準にどのような優先順位を与えるかを明らかにすることを目的とする研究」の重要性が指摘されている。こうした接近は，空間計画・形成における目標設定に関わる知識の蓄積が環境計画・設計に欠くことができないという認識に基づいている。

　この問題解決のための研究手法であるSD法について，①形容詞対で提示される質問事項が，「さまざまな価値観をもつ人々の空間評価の観点をすべて網羅しているとは考えにくい」，②「個人の価値観によって，空間の評価のしかたが大きく異なっている」にもかかわらず，個人差への考慮が少ない，③評価の優先順位，階層性が把握できない，などの問題点が指摘されている。

　これを解決するため，讃井純一郎による「レパートリー・グリッド発展手法」が提案され，1997年「評価グリッド法」として改称された。G.ケリーのパーソナル・コンストラクト理論（経験を通して各人に固有な認知構造が形成される）を発展させたものであり，居間の評価構造と個人差との関係が解明されている。

　評価においては，個人のもつ心理的類型への考慮も必要であり，決定の次元で論理的な思考型と個人の考えを強調する感情型があることにも留意しなければならない。

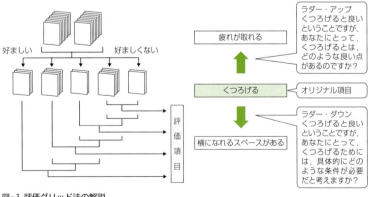

図-1 評価グリッド法の解説
　（讃井純一郎・乾正雄「レパートリー・グリッド発展手法による住環境評価構造の抽出─認知心理学に基づく住環境評価に関する研究(1)」日本建築学会計画系論文報告集 No.367，1986 をもとに作成）

POE

post occupancy evaluation

　POEとは，設計された環境を占居する利用者にとっての有効性の検証とされる。一般的には，建物入居後評価や居住後評価とも言われ，完成後の建物が計画段階でのテーマや要求などに対して，満足できるものになっているかということを確認する環境評価を指す。

　近年，環境心理学の分野で多く取り上げられているが，このような環境評価は一般的にアンケート調査といった定量的な分析を用いるものが多い。だがこれに定性的評価を同時に実施することで，より説得性のある分析が可能となる。そのような定量的＋定性的調査手法として，Eカード法が知られており，電力会社支店ビルの設計効果を計るといった報告がなされている。

　環境評価という言葉は，今日よく聞かれるようになったが，半世紀ほど前には"建築の性能評価"と言い，物的環境のみを数値で評価することをおもな目的にしており，生活者の要求といった人間側の視点がほとんど考慮されていなかった。その反省から，今日の環境評価には人間側の視点が不可欠とされている。

　またPOEの手法の整備を目的とし，オフィス環境の総合的な居住後評価システムとしてPOEM-O（Post Occupancy Evaluation Method-Office：ポエム・オー）が開発され，さらに住宅を対象としたPOEM-H（Post Occupancy Evaluation Method-Housing：ポエム・エイチ）が開発されるなど，今日のPOEは広がりを見せている。

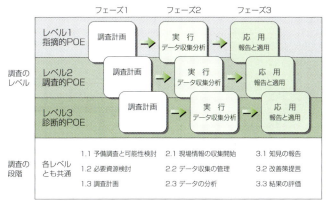

図-1 POEのプロセス

7 軌跡・動線

locus/traffic line

軌跡とは，本来「車のわだちの跡」のことであるが，建築学の分野では，人間や自動車等の行動観察対象の移動経路，またはそれを平面図に正確に記録した線図形を指す。一般に，移動主体は物理的痕跡を残さないため，軌跡を知るためには移動主体を撮影した画像処理により軌跡を読み取り，図面化する必要がある。

一方，動線は「建築空間における人，物などの運動の軌跡，つまり運動量，方向や時間の変化などを示した線」(建築大辞典)と定義されるが，軌跡と動線の区別は必ずしも厳密ではない。あえて言えば，軌跡は形状を正確に記録することが重要であり，動線は始点と終点の位置関係，長さ，通過回数，交錯状況により重点を置いた概念といえよう。したがって，動線を通過回数に比例した幅で示して「太い動線」「細い動線」と呼ぶこともある。

動線の考え方を最も意識的に平面解析の手段として利用したのは，ベルリンの建築家アレキサンダー・クラインが最初である（1928）。クラインは「動線と通行経路の検討」「活動面積の集中」「平面要素の幾何学的相似」の3点を測定し，小住宅平面の計画で大切な条件を客観的に描き出そうとした。

クラインの動線は棚橋諒，川喜田煉七郎らが日本に紹介したが，西山夘三はクラインの考察に対し批判的提言を行い，動線に重みをつけて係数を算定するなど，より厳密に比較検討を行った。

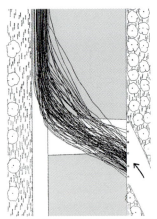

図-1 横断歩道における歩行軌跡の集積図

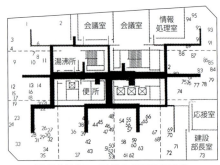

図-2 あるオフィスビルにおける日常動線
（太さは通過頻度に比例）

経路探索

wayfinding

　経路選択は，広義には移動行動における歩行者の空間的位置変化を主体による選択とみなす場合をいい，狭義には現在地から目的地にいたる経路が複数あり，それらの空間的関係が歩行主体に把握され，かつ比較されて行われる行動をいう。このうち，特に環境情報が不足している，あるいは歩行主体の学習水準が低く，現在地と目的地との空間関係が把握されていない場合（道に迷う，逆戻りする，往復を繰り返すなど）を経路探索として区別する。経路探索は，環境認知の程度や内容がただちに探索行動に反映されると同時に，探索行動にともない，それらが変容するという動的な側面をもつ。

　ところで，都市空間や建築の内部空間において，しばしば選択性に富む迷路性のある経路が好んで使われることがある。だが，過度に複雑な空間は，おもしろさを超えて不安やストレスの一因となる。『都市のイメージ』の中で，K.リンチが環境の中の神秘・迷路・意外さに価値を認める条件として「そこから脱け出せなくなってしまう危険性があってはならない」，「つきつめて調べればやがて理解できるような形態をそなえていなければならない」の2つを挙げているように，迷路性には経路の選択性が確保されると同時に，初めて訪れた人にも空間構造を理解する手掛かりが用意されていなければならない。このことは，デパートや地下街などの不特定多数が利用する施設において，災害時の避難安全性確保の観点からも重要である。

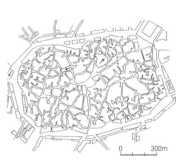

図-1 探索の楽しみと迷いの不安が交錯する町
（Martina Franca）

図-2 地図に向かって正面方向が上になるように描いてある梅田地域案内図（斜め左下が北方向）

7 群集流動

pedestrian flow

多数の人が歩行して移動する際に，個人の特徴が消し去られ，あたかもまとまった人の流れのように見える現象。移動を目的とする交通機関の駅や大規模集客施設であるスタジアム，特定のときに人々が集中するイベントや初詣などで見られる。

一方向に向かう群集流動には，流動係数 N（人/ms）＝密度 ρ（人/m^2）× 速度 V（m/s）の関係があり，流動の効率の評価や建築の避難計算等に用いられる。流動係数や密度の程度によって，群集の水平路，階段の歩行状態を説明した歩行者サービス水準は，A～Fの6段階で表され，動線計画を行ううえで参考になる。

水平路の一方向流では，密度が増加すると歩行速度が下がる。密度0.5人/m^{2}程度未満では自由に追い越しができ，好みの速度で歩行できる自由歩行状態である。歩行速度は1.4m/s程度である。1.0人/m^{2}を超えると追い抜きが困難になる。4.0人/m^{2}以上になると，すり足になりしばしば停止する滞留状態となる。

群集流動は，流れの数と動線の交差の数で大きく分類される。一つの方向に進む一方向流，二つの流れが向かい合う対向流，二つの流れが角度をもって交差する交差流，対向しながらお互いの間を層になってすり抜ける層流等が特徴的なものである。

群集流動では，集団の力によって個人が自分の動きをコントロールできなくなる場合があり，群集事故が発生する。未然の事故防止のためには，多人数を集中させない，異なる方向に向かう群集の動線を分離する，ボトルネック（通路幅員の狭いところ）をつくらない，経路，待ち時間などの情報を正確に伝える等，事前の計画が重要である。

図-1 群集流動の分類

図-2 水平路一方向流の密度と流速

① ——— $v = 1.272\rho^{-0.7954}$
② —·—·— $v = 1.5/\rho$
③ - - - - - $v = 1.48 - 0.28\rho$
④ ········· $v = -0.26 + \sqrt{2.4/\rho - 0.13}$
⑤ —··—··— $v = 1.365 - 0.341\rho$

滞留行動

staying behavior

人がある場所で，歩みを緩め，止まり，そして，たまる行動をいう。滞留行動には，待合せや休憩，井戸端会議のような人の自由な意志によるものと，駅のラッシュ時など，混雑で移動が困難になるような人の意志によらないものがある。

人の意志による滞留行動は，広場や，辻，界隈といった場所と場所，時間と時間をつなぐ自由な利用を誘発する空間で起こりやすい。このような滞留行動は，あらかじめ滞留を目的として計画された空間だけで起こるわけではない。階段やちょっとした段差，場所を区切る柵に寄り掛かったり，腰掛けたりしながら，街中の空間で過ごす行動が見られる。いわゆるたまり場もこの滞留行動が起こる場所であろう。

人が滞留すると，その周りに場が生まれる。知り合う数人が集まると，グループのテリトリーができる。また，このような他の人が先にいる場所と一定の個体距離を保つことで，また別の場が形成される。このような滞留行動では，人は体の向きと位置の関係で場のつくり方をコントロールしているのである。

これに対して，意志によらない滞留行動は，通路空間や行列など，決められた利用を誘導する空間で起こる。このような空間での滞留は，不快感や場合によっては危険を伴うため，なるべく避けるように計画することが望ましい。ただし，遊園地の行列など，滞留して待つことで期待感を高める施設などでは，待ちながら楽しませるために，途中にアトラクションを設けるなどの工夫も有効になる。

図-1 都市における滞留行動（立ち話）

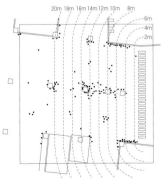

図-2 改札口からの距離と滞留分布

7 回遊行動

空間行動

behavior of circularity

　駅などの目的地が決まっている空間では，最短経路をとる行動が多く見られる。一方，遊園地や博覧会などでは，目的地を最初から決めていない場合が多く，とりあえず会場を散策し回遊するという回遊行動が観察される。この回遊行動には一見共通性などないように思えるが，空間や属性によってパターンがあることが明らかになっている。

　1990年に大阪で開催された「国際花と緑の博覧会」を例とし，回遊パターンを示す。会場は広大な敷地をもち，中心に湖のある回遊式プランである。4つのエリアに分けられ，それぞれが異なった性格をもっている。当時，約1,000人分の会場内の行動を調査し，回遊行動を6つにパターン化した。

　性別や年齢，また会場の特性から，パターンの特徴を探ることができる。例えば性別では，男性のほうが行動範囲の広い回遊を行い，女性は比較的行動範囲の狭い回遊を行っている。また年齢別では，大人は会場を歩き回る人が多いが，年配者は行動範囲が狭いことなどがわかる。

　次に，施設が立ち並ぶ「街のエリア」と，緑豊かな「山のエリア」を中心に回遊するパターンごとに，年齢別の割合を積み上げてみる。すると，街中心は年齢が上がるに連れて減り，逆に山中心は増えるという特徴がみられた。

　このように，属性による回遊行動の偏りが生じることで，観客を会場内にうまく分散させたり，集中させて賑わいを演出するなど，会場計画にフィードバックすることができる。

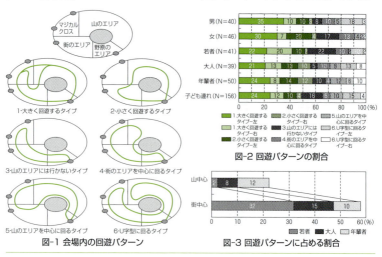

図-1 会場内の回遊パターン

図-2 回遊パターンの割合

図-3 回遊パターンに占める割合

避難行動

7

空間行動

emergency movement

災害や火災時に，危険な場所から安全な場所へ至る移動行動。建築火災時に避難経路を選択する行動には特性があり，入ってきた経路を戻ろうとする帰巣性，他の人が逃げる方向について行く追従性，明るい方，開かれた方へ向かう向光性，向開放性などが指摘されている。

また，緊急時に出口等に人々が殺到するなど一定の条件下ではパニックが起こることがある。パニックは，不特定多数が空間を共有し，不安な状態にあるときに，競争が起こり，群集が自己防衛にはしる状態である。よって，この中のいくつかの条件を回避するような対策を行うことでこれを防げるといえる。

火災時の煙は，視界を遮り，有害で，熱をもつことから，在館者が煙にさらされず避難を行えるように計画する必要がある。建築設計では，避難計画によって避難安全性の担保を図っている。ここで求められるのは，避難経路の適正な配置として明快な経路，二方向避難の確保やバランスのよい階段の配置，避難経路の容量の確保として扉，通路，階段等の幅員の確保，避難経路の安全の保証として防火区画で避難経路を火や煙から守る，一定時間以上建物を倒壊させないということである。

避難計画を評価するための一つの手法として避難計算があるが，危険が波及する時間までに，建築物の在館者の避難が完了することを計算によって確認するものである。避難安全性を確保するためには，火災の進展を考慮して，避難行動特性に適応した建築計画を行うことが重要である。

図-1 避難時間と危険波及時間

表-1 避難時の行動特性

特性が顕著となる場合	避難行動特性	行動内容
建物に慣れていない人	回帰性（帰巣性）	入ってきた経路を逆に戻ろうとする傾向で，特に初めて入った建物で，内部を知らない場合に多く現れる。
	追従性	先行する避難者や，他の人が逃げる方向についていく。
建物に慣れている人	日常動線志向性	日頃から使い慣れている経路や階段を使って逃げようとする。
	安全志向性	認識している安全な避難階段等の経路，あるいは，自分が安全と考えた経路に向かう。
建築空間の特徴に応じて	至近距離選択性	一番近くの階段や経路を選択する。
	易視経路選択性	目につきやすい避難口や階段に向かう，あるいは，目についた誘導標識の方向に向かう。
	直進性	見通しのきく真っ直ぐな経路を逃げる，あるいは突き当たるまで直進する。
危険が迫った場合	危険回避性	煙が漂っている階段を避けるなど，危険を回避する。
	付和雷同性	多くの人々が逃げる方向を追いかけ，人の声や指示に従う。
	向光性向開放性	煙の充満している中で，明るい方向，開かれた感じの方向に向かう。

7 行動シミュレーション

human behavior simulation

さまざまな現象をモデル化し，複雑さを整理，単純化することで，現象の予測・評価を行う手法をシミュレーションという。このうち，空間での人間行動を対象とするものを行動シミュレーションという。大がかりな実験や予測が困難な多数の人間の移動を検討するものが多い。

例えば，鉄道駅，遊園地，イベント会場，スタジアム等の大規模集客施設における人の流れの予測や建築火災，都市災害における避難の検討，評価などである。目的に応じて，人間および空間をどのようにモデル化（抽象化）するかが大きな問題になる。人の扱い（個体型，流体型），空間の扱い（ネットワーク型，メッシュ型），行動の扱い（待ち行列型，配分型，自立型）などを組み合わせて，モデルを決定する。

計算結果の精度向上のためには，入力データの精度を上げる必要がある。利用者人数，移動速度などは，実測調査や都市の世帯数データなどから算出する。

経路の選択方法は，数理モデルを用いるほかに，対象空間での調査から求めた実測値を用いる方法もある。シミュレーションを実条件で用いる前に，確認可能な現象での計算値と調査結果を比較するなど妥当性の検討（バリデーション）が必要である。

行動シミュレーションでは，評価指標として，歩行速度，群集密度，避難時間，滞留時間，滞留人数などが用いられる。計算結果の精度は，モデルおよび入力データの精度に依存していることから，その適用範囲や信頼性についての配慮が必要である。

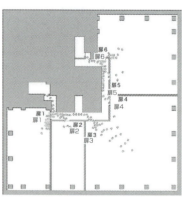

図-1 行動シミュレーションによる建築火災避難の検討

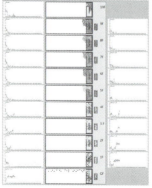

図-2 高層建築物の避難階段での合流・滞留状況の検討

ナビゲーション

navigation

　ナビゲーションとは，広い意味として飛行機，船，自動車などを目的地まで導くことを指すが，空間行動では，歩行者を目的地まで道を案内することを指す。道の案内手法として，最も歴史が古く現在でも使い続けるのは，手持ちの地図および方位磁針によるものである。

　現在では，都市・建築空間でよく使われるナビゲーションが四種ある。一つ目は，目的地への方向を案内するサインが点的に表記されるものである（図-1）。二つ目は，目的地まで線的に道が表記されるもので，強い誘導機能をもち，来訪者を迅速に目的地まで案内するような交通施設，病院，大型展示施設などではよく使われる（図-2）。三つ目は，目的地のエリアを面的に表記するもので，文字などのサインの補助として使われる（図-3）。しかし，上記三種の案内機能はその場の視覚状況に頼っているもので，目的地までの道の全体像が見えない。四つ目は，従来からある，方角を含めた全体的にイメージさせる案内地図である（図-4）。情報の量が多くなるにつれ，電子式に発達したものがあり，タッチ式で検索機能が付いているものもある（図-5）。そのほか，スタッフによる案内所はほかの案内の補助として使われる（図-6）。

　近年，GPS技術の発達により，歩行者の場所測位ができ，移動に伴う動的なシミュレーション上の案内アプリケーションの使用が携帯電話の普及によって流行となっており，ナビゲーションは四次元時代を迎えた。

図-1 案内サインは多言語による表記が増加

図-2 目的地まで線で道を表記

図-3 同じ施設の部分を同じ色で表記

図-4 案内地図は情報量が多くなっている

図-5 タッチ式地図は個人検索が可能

図-6 案内所は他の案内の補助となる

7 サイン計画

空間行動

sign systems

サインは，位置サイン，誘導サイン，案内サイン（地図）に大別される。サイン計画において，位置サインは，場所の意味（名称）を表すロケーション情報，誘導サインは，特定の場所への方角を矢印で表示するオリエンテーション情報，案内サインは，経路を選択するのに必要な情報を提供するナビゲーション情報として，それぞれが位置づけられる。この他にも，説明サインや規制サインと呼ばれる種類があり，これらは人々に行動の方法や規制に関する情報を提供する。

サインの設置については，利用者の移動の流れと視認性を分析して，効果的な配置を考えなければならない。設置の種類としては，天井からの吊下げ型，壁付き方，壁面などからの突出型，床面に設置する自立型がある。

サインシステムを必要としないわかりやすい空間構成の設計が重要である，という考え方がある一方で，空間構成，サインがともにわかりづらく利用者が戸惑う施設も多くある。大規模で不特定多数の人々が利用する施設では，設計の初期段階で，空間構成とサインシステムをトータルに計画するウェイファインディング（経路探索）・デザインを行うことが望まれる。

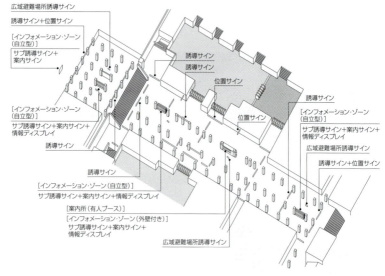

図-1 鉄道駅のコンコースにおけるサイン計画の典型例

アフォーダンス

affordance

　アフォーダンスは，英語で「ある行動を可能にする」といった意味のアフォード（afford）から，J.ギブソンがつくった造語である。環境のあり方は，特定の動物の特定の行動をアフォードする。例えば，水平で滑らない固い表面は人が立ったり歩いたりすることをアフォードする。水面は人間の歩行はアフォードしないが，アメンボウに対してはアフォードする。つまり，あるアフォーダンスは，動物それぞれに対して，環境が備えている行動的ポテンシャルといえる。

　アフォーダンスは，人が対象のあり方を主観的にそうであると見なしたり解釈したりする現象的なものではなく，環境そのものが備えている属性である。しかし，また一方でどういった状況でも変わらない純粋に物理的な属性でもない。ある動物を想定してその特性から初めて考えられる概念である。

　生態学では，ある動物の生存に適した生息環境のあり方をニッチと呼ぶが，ギブソンはそれをアフォーダンスのセットと考えた。我々の日常生活におけるさまざまな行動は，環境のさまざまなレベルのアフォーダンスによって支えられている。人間は環境が自分たちの行動をうまくアフォードしてくれるように手を加え改変して，ニッチを形成してきたことになる。

　この意味で建築や都市における環境デザインは，空間のユーザーとしての人間がそこで展開するさまざまな行動を支える豊かなアフォーダンスを創造する行為だということになる。

図-2 ドアノブのデザイン
握る，回す，つかむ，引く，という行為のアフォーダンスがドアを開けるために必要な動作を示唆している。またノブの形状によっては，握力の弱い高齢者には回してドアを開けることをアフォードしないものもある。

図-1 柵のない牧場の入口（左上，左下）
人間の歩行はアフォードするが，羊の歩行はアフォードしない鉄製の荒いグレイジング。

7 ビヘイビアセッティング

behavior setting

私たちは日常,非日常に多様な種類の行動を行っているが,時間的・空間的に状況を限定すると,そこでの行動はいたって定型的なものである場合が多い。例えば,授業中の教室,営業中のパン屋,試合中のサッカー場といった場面で見られる人々の行動は,それぞれ一定の決まったパターンのものである。

このように,特定の時間と空間において一定の行動が繰り返し行われる場合の社会的・物理的状況を,生態心理学者R.バーカーはビヘイビアセッティング(行動場面)と定義した。

ビヘイビアセッティングは以下の4要素からなる。①a standing pattern of behavior(定型的行動),②physical milieu(物理的環境のある特定のレイアウト),③synomorphy(行動と環境の一致した関係),④特定の時間帯。

つまり,ビヘイビアセッティングは場所と行動との安定した組合せであり,単なる物理的空間を指すのではなく,その中で行動する人々を含む状況を意味する。物理的環境が同じであっても,時間帯によって異なるタイプの行動が見られるのであれば,それらは別のビヘイビアセッティングとなる。逆に異なる場所であっても,同じ時間帯には同じタイプの行動が見られる場合もある。

生態心理学は,実験心理学とは異なり,現実の場面における人々のありのままの行動を記述することに焦点を当てる。ビヘイビアセッティングを用いた研究の成果は,環境―行動関係の社会的側面を含めた理解や評価,例えば,学校の規模の妥当性やオープンスクールの有効性の検証などに活かされている。

休日のお祭りの際にはステージと観客席になり(左),平日の夕方には子どもたちの遊び場となる(右)。
図-1 階段状の広場のビヘイビアセッティング

次元

dimension

　次元は，空間の広がり方の度合いを表す指標の一つと言え，特に空間表現において意識的に扱われることが多い。

　普段我々が空間を体験するときは，意識せずに空間を総合的に捉えることが多い。それに対し，空間に次元の概念を導入することによって空間にはあるベクトルをもった広がりが存在するように考えることができる。例えば，1軸（x）方向の一次元，2軸（xy）方向の二次元，3軸（xyz）方向の三次元，それに時間軸（xyzt）の概念を加えた四次元，さらには，視覚では捉えることができない要素である温度や音，風や人の流れなどを軸として置き換え，n次元の抽象化された次元を用いて空間を捉え，表現することも可能である。

　また，次元は時には対象とする視点によって捉え方が変化する場合も存在する。例えば，地球上に立っている我われの視点からは，緯度・経度の2軸によって地面は二次元の面として捉えられる。しかし，宇宙から見た地球は面ではなく，球となり三次元の立体として捉えることができる。このように次元は，設定する軸や視点によって空間の広がりが変化するものである。

　実際の空間はn次元の広がりであるが，視覚的に捉えるうえでは，直行するXYZの3軸を基準とする三次元として扱うことが一般的である。

　空間の表現としては，二次元の平面図・立面図や三次元パース・CG・模型等，表現対象に応じて意識的に使い分けられる。さらにはその空間におけるさまざまなシミュレーションや，植栽等の将来の姿まで想像した時間の概念も含めた四次元的な空間の計画もまた，重要な視点である。

図-1 空間の二次元表現

図-2 空間の三次元表現

図-3 時間軸による空間の変化

8 スケール

scale

空間の単位・次元・比率

　スケールは，規模・大きさ，縮尺，目盛り・尺度，物差し，などを意味する。空間は身の周りの家具から都市空間まで，さまざまな大きさのスケールを扱うものであり，ここではおもに「規模・大きさ」と「縮尺」の意味と捉える。

　アメリカの建築家チャールズ・イームズは，レイ・イームズと共同で1977年に「Powers of Ten」と題した短編映画を発表し，核細胞から人間の生活するスケール，さらに宇宙空間までのスケールの横断をシークエンシャルに表現した。

　表現として，シカゴの公園で寝転がる人間の姿を真上から1m×1mの範囲で捉え，10秒ごとに10倍ずつ範囲を広げていく。すると1分後には地球全体を捉え，4分後には100万光年×100万光年の範囲で宇宙の果てを捉える。つまり，人間の生活するスケールから広大な宇宙までのスケールを短時間に体験させてくれる。次に広大な宇宙から逆に元の人間の見える1m×1mの範囲に戻っていく。そして10秒ごとに10分の1ずつスケールを上げてゆき，30秒後は人間の皮膚の表面，1分後にはDNAの螺旋構造が見え，2分30秒で陽子へ到達する。

　実際に建築・都市の計画で扱う範囲のスケールはこれほどまでレンジの広いものではないが，さまざまなスケールのもと，スケールを横断しながら空間を捉える必要性を示唆している。

　空間において，人間的尺度（ヒューマンスケール）が最もスケールを理解しやすい尺度と言えるが，対象空間の範囲や表現方法によっては，図面や地図・模型など，適切な縮尺を用いて表されることが多い。ただし，さまざまな縮尺で表現された空間を我われはイメージの中で変換し，自身の生活の中での体験と結びつけ，自由にスケールを横断しながら空間をイメージ・体験できる能力を備えることができる。これをスケール感とも言い，建築・都市を捉える重要な感覚の一つである。

図-1　1m×1m

図-2　1,000m×1,000m

図-3　1千万m×1千万m

モデュール

module

モデュール（module）という用語は，古代ギリシャの建築術用語（ラテン語）であったモドゥルス（modulus）に起源を発する。古代ギリシャ建築では，柱身下部の直径を1モドゥルスとして，その整数倍，または分数倍でその他の寸法を表し，多数の建築部材間に備わる寸法のシステムの基礎とした。類似する概念として，わが国には柱の断面寸法を基準として部材寸法や柱間の比例関係を体系づけた「木割り」がある。モデュールに則して建築を構成すれば，美しいプロポーションを構成できるという考えに基づいている。

一方，現在の建築界におけるモデュールは，建築生産の合理化と建設費の引き下げを目的とした「量産可能な建築構成材のための寸法規格」という意味合いで使われることが多い。特に，建築構成部材の寸法関係をモデュールで調整することをモデュラー・コーディネーション（modular coordination）と呼んでいる。その他にも，畳の大きさや煉瓦の小口の長さをひとつの単位として平面や部材の寸法を決定するベーシック・モデュールと呼ばれる考え方がある。

一方では，建築を構成する際に建築部材の大小に応じた寸法単位が必要であることから，等差数列，等比数列，フィボナッチ数列などを組み合わせた新たなモデュールが提案されてきた。ル・コルビュジエは，人体寸法を基準として黄金比によって等比数列に展開し，赤と青の二つの等比数列（ル・モデュロール）を提案した。

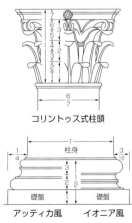

図-1 古代ギリシャ建築のモドゥルスの例

図-2 ル・コルビュジエのモデュロール

赤	青
6	
9	11
15	18
24	30
39	48
63	78
102	126
165	204
267	330
432	534
698	863
1130	1397
1829	2260
2959	3658
4788	5918
7747	9576
12535	15494

8 空間の単位・次元・比率

8 動作空間

human dimension and clearances

　現代の建築は，求められる機能が多様化し，さまざまな用途の施設が複合して計画されることが多い。しかし一方で，異なる種類の施設であっても目的の類似する部分も多く，この部分を類型化することが可能である。日本建築学会の編集による『建築設計資料集成』では，構築環境における人間の行動を場面として捉え，その場面と容器＝室空間との対応関係をさまざまな観点から詳述している。これらは，平面計画における構成要素の基礎となり，環境・設備計画，構法・材料計画などにも関わっている。

　室空間において重要な観点の一つは，機能ごとに求められる大きさ（寸法計画）であり，その基礎となるのが動作空間の概念である。動作空間は生活行為を分類し，そのおのおのについて"人体寸法または動作寸法"＋"ものの寸法"＋"ゆとり寸法"を計算することで求められる。例えば，いすに腰掛けたりする場合には立ち上がりに必要な寸法を含む。また，複数の動作が同時に行われるときの室空間は，複合動作空間と呼ばれ，両者の干渉を考える必要がある。単位空間はこのような複合動作空間から構成される。

　動作空間には，日常生活の基礎的働きをもった空間（便所，浴室，洗面化粧室など），多くの建築において構成主体となる空間（事務，集会・会議，教室など），主体となる空間を支え，その働きを保証する空間（出入口，カウンター，廊下・階段など）などの種類がある。

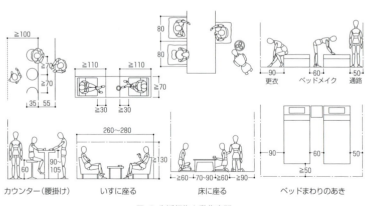

図-1 生活行為と動作空間

プロポーション

proportion

建築において,「プロポーション」は美しさや安定感と密接に関係している。そのため,古代ギリシャにおいては柱身下部の直径を基準とした「モドゥルス(modulus)」が,また,わが国においては,柱の断面寸法を基準とした「木割り」が用いられ,プロポーション(比例,比率)が建築構成原理の基礎をなしていた。

具体的な比例関係としては,古代ギリシャ建築や中世ゴシック建築などに見られる「整数比」に基づくプロポーションがある。ルネサンス時代には,人体寸法に美の根源と整数比の関係を見出し,比例こそが美と調和を創造するための基本原理であると考えられていた。

一方,ヨーロッパでは古くから「黄金比」が用いられてきた。これは1:$(\sqrt{5}\pm1)/2$の比率であり,数学的にはフィボナッチ(Fibonacci)数列と関係が深い。黄金比で縦横の比率を構成した長方形(黄金比長方形)は最も美しいプロポーションとされ,パルテノン神殿や多くの歴史的建造物で多用されているという。

また,それ以外のプロポーションとして,$\sqrt{2}$の比率がある。世界最古の木造建築物である法隆寺の五重塔の五層と一層,そして,金堂の二層と一層の屋根幅の比率に$\sqrt{2}$の比率が用いられているという。この$\sqrt{2}$のプロポーションは,建築以外にもJIS規格の用紙サイズ(A,B系列)や書籍の縦横比にも用いられており,二つ折りにしても縦横比は不変であることから,美しいと同時に機能的なプロポーションでもある。

図-1 整数比の例(ギリシャ:Poseidon)

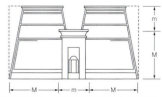

図-2 黄金比(m:M)の例(エジプト:Edfu)

図-3 ガルシュのシュタイン邸/
ル・コルビュジエ,P.ジャンヌレ

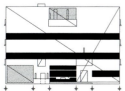

図-4 補助線の部分に黄金比長方形が使われている

ウエーバー・フェヒナー則

weber-fechner's law

生理・心理学では，人間がおもに感覚器官を通して外界から受ける光，熱，音などを総称して「刺激（stimulus）」と言い，それに対する人間の感じ方を「反応（response）」と呼ぶ。そして，その間の関係，つまり刺激―反応（S-R）関係を定量的に求める分野を精神物理学と呼ぶ。

古くからさまざまな感覚について，刺激の物理量と人間の感覚量との関数関係が多くの実験によって求められているが，基本的な法則としてウエーバー・フェヒナー則がある。

E.ウエーバーは，わずかに重さの違う2つの物の違いを判断させる実験で，重さの違いがやっと知覚される刺激の物理量（弁別閾）を調べて，比較している重さ（S）とその弁別閾（ΔS）の比が一定であることを明らかにした。例えば，100gからわずかに重くして気づく重さの増分と比べて，その10倍重い物，1,000gの場合はその10倍の差が必要である。これを式で書くと，$\Delta S/S = K$（一定）となる。

これをG.フェヒナーは積分して，感覚量（R）は刺激（S）の対数に比例する関係（$R = K \cdot \log S$）を見出した。

さらに，J.スティーブンスは弁別閾による間接的な方法ではなく，マグニチュード推定法によって直接数量的な関係をさまざまな感覚について求め，この法則を一般化した関係として，次式のべき関数の法則を導いている。$R = k \cdot S^n$

物理的凹凸と触覚的なあらさ感，音や光のエネルギーと音の大きさや明るさ感覚など，いずれもこの法則に従っている。

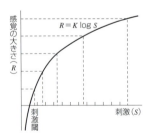

図-1 ウエーバー・フェヒナー則

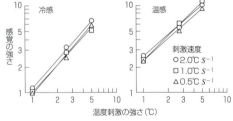

図-2 スティーブンスの法則に従う温冷感覚
（Molinari, Greenspan, & Kenshalo, 1977）

モデル

model

森羅万象は複雑・多様で相互に関連した有機的総体である。これらの現象や事象について理解を深めるためには，多くのことを調べたり考えたりしなければならない。しかし，現象や事象のすべてを把握し説明することは不可能である。そこで，これらを簡潔・明快に説明する道具として考え出されたのがモデルである。

ヘラクレスによれば，「万物は流転」し，火は変化して水に，水は土に，また土は水に，水は火に帰るという。これは万物を火・水・土の三要素からなる動的モデルとして捉えたものと考えられる。

モデルは多種多様であるが，種々のモデルにも共通した形式，特徴などがある。これらを整理すると表-1のような分類もできる。これらの中で，モデル分析でおもに用いられるのが数学（数理）モデルである。代表的なモデルを表-2にまとめた。

モデルの構成では，現実の現象や事象を簡潔・明快に説明するために，注目する特定の性質，要素を抽出する。このとき，対象とならない部分は捨象する。抽出するものが多いほど，モデルは現実を多く反映するが，複雑となり明快さに欠けることとなる。また，捨象するものを多くすると，簡潔・明快となるが，現実から遊離した抽象的なモデルとなる。この抽出と捨象のバランスがモデル構成のポイントである。

実用的なモデルとは，明快でわかりやすく，また，現実をよく反映していると同時に，一般性，検証可能性をもっていなければならない。

表-1 モデルの種類

数学（数理）モデル ＊詳細は表-2		
物理モデル	シミュレータモデル	風洞実験用模型
		視覚測定実験用模型
	アナログモデル	水流による群集モデル
		光線による音響モデル
図式モデル	概念図モデル	動線図，機能図
	図表モデル	設計図，グラフ
言語	述語論理モデル，議論モデル，学説	

表-2 数学（数理）モデル

線形	変数間の関係が1次式で表せる
非線形	変数間の関係が1次式以外
確率的	変数に確率的要素の変動を含む
確定的	変数に確率的要素の変動を含まない
動的	変数に時間的要素の変動を含む
静的	変数に時間的要素の変動を含まない
定量的	変数が数値・量と対応した連続量
定性的	変数が集合・順位と対応した離散量
関数	変数間の関数関係を対象としたもの
構造	変数間の構造を対象としたもの
相関	変数間の関係が相関係数で定義される
関連	変数間の関係が関連係数で定義される

9 シミュレーション

simulation

シミュレーションとは，物理的あるいは抽象的なシステムをモデルで表現し，そのモデルを使って実験を行うことであり，模擬実験とも言われる。

シミュレーションを行うことで，実際に再現できない事柄を再現したり，将来を予測したり，入力データと結果の関係からそのメカニズムを明らかにすることができる。

シミュレーションには，模型など実際のものを用いて行うものと，コンピュータ上で状況を再現するコンピュータシミュレーションがある。初期のコンピュータシミュレーションでは情報処理能力が不足していたため，モデルを単純化し概要を明らかにするものが主流であったが，近年，情報技術の発達により，大量のデータを処理するコンピュータシミュレーションが可能になった。これにより，対象の全部や多数を対象とした計算を行う例が増えている。

建築，都市計画の分野では，火災時，地震時など災害時の避難行動シミュレーションや駅，スタジアムなどの多人数が利用する施設における退出行動などを検討するものが見られる。これらの検討を通して，施設の中で群集が滞留し危険な場所などを検討したり，人の流れを制御する施設の運営・計画，都市における施設立地の評価などに用いられる。また，携帯端末などから得られる人の行動のビッグデータを用いてシミュレーションを実施・検証を繰り返し行うことで，予測精度を上げたり，ごく近い将来の行動を正確に予測する手法などが見られる。

また，建築設計・施工においてもシミュレーション手法が多く用いられている。BIM（Building Information Modeling）といった建築図面情報を三次元CADで作成・共有することで，これをベースとした建築デザイン，日影，エネルギー，空調，照明・採光，構造，防災計画など，さまざまな分野でのシミュレーションが実施され，実務に適用されている。

図-1
劇場における避難シミュレーション
（避難開始直後，最短出口へ向かう様子）

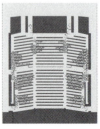

図-2
劇場における避難シミュレーション
（避難中盤，出口前および座席通路に滞留する様子）

可視化

visualization

　可視化とは，直接見ることができない事象・情報・関係などを図表・画像などで見ることができる形にすることである。

　かつては，流体解析の技術として，実写による実測が行われた。そこでは，流体の変化を把握するために，トレーサーが用いられた。液体であれば液体と同密度の粒体，気体であれば煙などである。流体自体は観測できない場合にトレーサーの観測により，流体の動きを観測する方法である。

　近年，情報技術の発達により，目で見ることのできない周波数帯の光や音，熱などの状況を可視化することも可能になっている。数値データによる理解が可能なものでも，可視化することで一瞥して理解できるという利点がある。

　超音波や電磁波を用いた可視化は，ものや身体の内部を捉えることができ，医療分野においては脳や内臓などの状態を断面や立体データで理解でき，検査や治療などに用いられる。また，内部を検査する技術は建築・土木構造部材内部の状態の検査にも用いられ，鉄筋やコンクリートの劣化等の検査などにも用いられている。

　近年，センサー技術の精緻化，高度化により，データの収集能力が高まり，ビッグデータと呼ばれる多数の対象に対する大量のデータが取り扱われるようになってきた。大量のデータはそのままでは理解が難しいため，データの縮約および可視化を行う必要がある。ビッグデータには時間の要素を含むものが多く，目に見えない時間をどのように扱うかが重要である。静止画だけではなく，動画を用いて時間による変化を表すものなどもある。

　さらに，近年の情報提示技術の高度化により，CGなどの可視化した情報をHMD（ヘッドマウントディスプレイ）を用いたシステムで三次元的に提示することで，精緻なデータを理解する手法も現れてきている。これらはスマートフォンのモニタと簡易な装着で実装できるなど，安価での利用が可能となり，展開が期待されている。

　建築，都市においては，地図上にデータを階層的に付記して実態や変化を示す手法も用いられている。さらに進めて，データを直感的に理解しやすいように，データが示すものを模式化してグラフ内で表現するなど，図的に表現するインフォグラフィックという手法も進展している。単にデータを目に見える形に変えることから，わかりやすい表現や一瞥してわかる表現としての可視化が求められている。

9 VR

virtual reality

軍事技術から発展したVR：バーチャルリアリティ（Virtual Reality）は仮想現実感などと訳されるが，コンピュータによって人の感覚器官に生成された，実際には存在しない仮想現実世界のことである。この技術に名前がつけられたのは1980年代末のことであるが，現在では計算機科学の分野にとどまらず幅広い応用が期待されている。

VRに求められる要素として，次の3つが挙げられる。

①自分が周囲に形成された仮想現実世界の中にいるという感覚を与えてくれる臨場感（Presence）。

②その世界を眺めるだけでなく歩き回ってドアを開けるなどの行為を可能とする対話性（Interaction）。

③手に持ったコップを放せば床に落ちて割れるといった自律性（Autonomy）。

一般的にはVRの実現手段として，ゴーグルのようなHMD（Head Mount Display）やデータグローブ，データスーツなどの入出力機器が利用され，これらを身に付けた人がVR空間を体験することになる。アミューズメントパークなどで体験できるロールプレイングゲーム形式のVRがこれにあたるが，紙製のゴーグルにスマートフォンをセットして装着する簡易なシステムなど，現在も新たな形式が開発されている。

VRの要素技術はまさに人間の五感に対する働きかけであるが，視覚，聴覚，力覚などについて研究が進められている。VRの応用としては，複雑なシステムの制御のために，制御システム空間ともいうべき電脳空間に入り込むものや，高度な科学技術データをわかりやすい形式で可視化するもの，さらには自律性の究極である人工生命などがある。

建築への応用事例として，HMDを付けて仮想の調理器具を利用することを通して行うシステムキッチンの寸法調整や，高層マンションのモデルルームに，窓からの眺めを表示する任意の住戸からの景観予測などがあり，施工現場での仮想工事としての応用や施主へのプレゼンテーションが考えられている。

また，遠隔地に自分がいるような感覚を与えるテレプレゼンス（Tele Presence）の応用として，人が近づけない環境にブルドーザーや施工機械などを送り込み，視覚情報と力覚フィードバックを利用して操作するものや，設計の段階でのグループウエア（協調作業支援）に導入して，遠隔地の設計者どうしが同一の建物モデルを操作しあうシステムなどが開発されている。

映像空間

imaginary space

　二次元平面への投影画像でありながら，三次元的奥行を豊かに感じさせ，ストーリーに引き込まれる映画の技法は，建築空間の演出技法としても示唆に富んだものである。また，知覚や認知，空間評価の実験においても，映像空間が被験者への刺激として多く用いられる。

　写真やスライドといった静止画，映画やCGアニメーションの動画などさまざまな映像メディアを通して，人々は空間を体験することができる。映像イメージは明確に分節されない言語であり，そこから与えられるメッセージは言語と同様に意味を伴うという考えのもとに，フランスの記号論理学者R.バルトは広告や写真，映画の映像を対象とした分析を展開している。

　現在，映像表現のツールとして最も活用されているものがCGであり，画像合成による静止画のシミュレーションやCGアニメーションによる動画像のシミュレーション，さまざまな映画の特殊効果の道具として今日では多く用いられている。また，コンピュータネットワーク上で動映像やCGアニメーションを共有するためのシステム開発など，コミュニケーションメディアとしての映像の活用が図られている。

　図-1に，風力発電施設の景観検討のために作成したCG画像を示す。これは，サイトを実写した画像にCGで作成した風車を合成したものであり，実際の検討には風車のブレードを回転させるアニメーションを作成して検討を進めた。

図-1 風力発電施設の景観検討CG

9 メタバース

空間の記述・表現

metaverse

　自己の生身の人間が活動する，実体を伴う三次元空間が現実空間である一方で，インターネット上のウェブやゲームなどの情報技術の中に，プログラミングという現実空間での記述言語によって構築することで生成された，実体を伴わない三次元空間が仮想空間である。現実空間での有限な地球上の土地と異なり，仮想空間では，ユーザーの誰かがサーバー内に土地や国をプログラミングすることで，その仮想空間内に新しい土地や国を自身で追加生成することが可能となる。また，現実空間と異なり，重力をはじめとする建築構造による制約を受けにくいことは，仮想空間に多大な自由さを与えている。

　そして，現実世界に身をおく複数のユーザーが，自己の意志を反映する仮想空間内の複数の分身（アバター）を介して，現実世界と同様に人々が互いに交流し，他者と共有する社会における相互作用によって自由な意志形成が進行する仮想世界をメタバースという。

　メタバースは，インターネットにおいて，まだ離れた他者と仮想空間を共有することが一般的ではなかった1992年にニール・スティーブンソンが記したSF小説『スノウ・クラッシュ』に初めて登場した概念である。現実世界でピザ屋を解雇された主人公のヒロが，その空間をメタバースに移すことで，仮想空間内の社会や経済や遺伝子や感情など，それら自体のコードを自在にプログラミングによって書きかえるアバターと関係しながら，メタバースだからこその物語を繰り広げる。

　その後，現実世界の世界中の情報がインターネット上のリアルタイムな映像で伝わってくる時勢の中で，2003年にインターネット上の仮想空間共有サービス「セカンドライフ」が登場し，長く一世を風靡している。プログラミングによって世界中の誰もが自由に生成できるもう一つの世界観は，メタバースが現実社会と同期するように，ユーザー間の通貨の交換市場が成立し，土地の所有権や創作物の著作権が確立され，その結果，メタバースを介して現実世界に財をなしたユーザーも登場した。

　ちなみに，視界の先の地平線の向こう側へも広がりをみせる仮想空間と仮想世界に対しては，世界中のユーザーの中でも，どちらかというと日本人は奥手と評されることが多い。未知な世界を目標に荒洋を突き進む大航海時代のコロンブスやバスコ・ダ・ガマなどの精神性とは対象的な，移ろう四季や日本独自の文化にそもそも恵まれた島国ならではの国民性も関係するともいわれている。

BIM

building information modeling

BIMは建築の設計,施工から運用,維持管理までライフサイクルにわたり,デジタル化された建物情報を活用する手法である。BIMにより発注者・設計者・施工者・管理者など建築関係者間における情報の共有や流通が円滑になり,建築性能の向上や発注者・利用者の満足度の上昇,ライフサイクルコストの削減が可能になる。

BIMを実施するための最も重要な要素であるデジタル化された建物情報のことをBIMモデルという。BIMモデルは,形状を表す三次元形状情報と性質・性能を表す属性情報で構成され,建築空間のデジタル表現の一つといえる。最大の特徴は,目的に応じて必要な情報を取り出すことができ,取り出された情報間で整合性が保たれていることである。

BIMモデルを水平面で切断すれば平面図となり,鉛直面で切断すれば断面図となる。内・外観パースも同じBIMモデルから作成できる。図面とパースで扉や窓の位置,大きさが異なるということは起こりえない。同様に構造部材の情報を取り出せば構造計算のデータとなり,内外装の面積や仕様,素材の情報は温熱環境シミュレーションのデータとなる。計画案が法規や規格,基準を満たしているかを検証するソフトウェアもある。

BIMモデルの標準規格IFC*は,ISO 16739として国際標準化されている。国内外の多種多様なソフトウェアが対応し,設計や施工だけでなく施設運用でも利用されている。施設利用者への情報提供からもBIMの重要性が認識されている。

図-1 BIMモデルの概念図
(出典・作成:IAI日本技術統合委員会)

図-2 BIMモデルの実例 図-3 BIMモデルから生成した平面図

*IFC(Industry Foundation Classes):コンピュータシステムにおけるBIMモデルの構成や表現の仕様を定めている国際的な標準規格。仕様が公開されているので,さまざまなソフトウェア間で同じBIMモデルが利用できる。

9 アルゴリズミック・デザイン

algorithmic design

　アルゴリズムとは，ある目的の実現のために記述された手順のことを指す。アルゴリズミック・デザインとは，設計において課された要求条件を解決あるいは実現するための手順（アルゴリズム）を用いて，その解として形態や構成を生成するための仕組みや設計手法のことをいう。

　どんな設計でも，その解を出すためには何かしらの手順はある。多くの場合は与えられた条件に対して目的を達成して要件を満たしているか否かは示せるものの，その程度を示すことは困難である。アルゴリズミック・デザインでは，形態・構成を生成する手順が「言語」によって記述されているため，その目的の達成度を順を追って検証することが可能である。

　アルゴリズムはあくまで問題を解くための数学的・論理的な手順であり，必ずしもコンピュータに依存した概念ではない。コンピュータを利用することで，与えられた手順に基づいて高速かつ正確に解の生成が可能なため，プログラミング言語を用いてアルゴリズムが記述され，コンピュータに読み込み処理される。

　図-1のARKHITECTOMEは，「建築」を遺伝子情報として捉え，生命の遺伝の原理を用いて「父建築」と「母建築」を選び交配することで，おのおのの遺伝子を継承した「子建築」を生成するためのアルゴリズムを示した，さまざまな建築の特徴が継承された新たな建築の生成のためのアルゴリズミック・デザインの原理モデルとして提案された。

　現在では，数理化できる課題に限定して解となる形態や構成を網羅的に生成し，その中から人間の感性，あるいは与条件を満たすものを検索するなどの方法により良案を選択する場合が多い。今後，感性工学分野の研究が一般化すると，アルゴリズムに人間の感性を取り込むことも可能である。

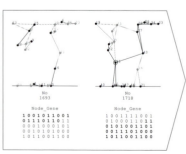

建築を遺伝子情報として捉え，父建築と母建築を選び交配することで各遺伝子を継承した子建築を生成するアルゴリズム。

図-1
ARKHITEKTOME
アルゴリズミックデザイン原理モデル
（慶應義塾大学SFC
松川昌平研究室）

CG

computer graphics

　CGはComputer Graphics（コンピュータグラフィックス）の略称で，コンピュータを用いて図形処理をすることや，それによって作成された画像や映像を指す。建築や工業デザインなどの分野で専門化したソフトウエアが使用され，パース（透視図）や建物の内外を移動するウォークスルー・アニメーションなどが制作される。コンピュータの性能向上によって，よりリアルな表現が可能となっている。

　建築・都市空間の設計段階では，プレゼンテーションやコミュニケーション手段として用いられる。建築模型は容積感や質感などの建築らしさを把握しやすいのに対し，CGは空間の構成や色合いや陰影を把握しやすく，大きな変更に容易に対応できる特徴をもつ。CGでは必ずしも細部にわたる表現を必要とするのではなく，例えば建物のボリュームを確認する場合などは，ワイヤーフレームだけの簡易な表現で十分である。一方，建築家がクライアントにプレゼンテーションする場合は，現実により近い情景をリアルに作成することが求められる。市民参加のまちづくりにおいては，情報の共有や合意形成のためのツールとしても用いられる。

　CGは，表現ツールとしてだけでなく，事前に景観や眺望への影響を確認したり，空間の体験や行動に与える影響をシミュレーションしたりするなど，建築・都市空間の効果を予測・分析・研究するツールでもある。

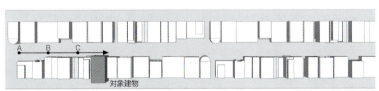

街路の配置図

A地点　　　　　　　　　B地点　　　　　　　　　C地点

図-1 街路景観シミュレーション（連続性の評価実験）

9 シェイプ・グラマー

shape grammar

シェイプ・グラマー（形態文法）とは，形の構成構造を生み出すルールを示す。具体的には，形を構成する要素どうしの関係性を記述したものである。要素とは，壁や柱といった機能を付帯するエレメントを意味する場合と，点線面といった幾何学的要素を示すことがある。これとスキーマ・グラマー（図式文法）を組み合わせることで，ジェネレーティブ・スペシフィケーション（形の生成指示書）が完成する。

ここで言うスキーマ・グラマーとは，先に定義された形が全体としてどのように「ふるまうか」を記述したものである。例えば，図-1，2は葉のイメージを定義した形態文法と，その葉のふるまい方を記述した図式文法によって生成されたモデルである。

シェイプ・グラマーという言葉は，1972年にG.スタイニーとJ.ジップスによって，数学的視点から絵画や彫刻の美しさを解いた論文の中で定義されている。彼らは言語学者であるチョムスキーが唱えた句構造文法を応用し，文章が言葉と文法によって組み立てられるように，形も文法で構成できるのではないか，とする理論を展開した。

その後，先進建築学の権威W.J.ミッチェルが，コンピュータによって生成された要素の組合せによる形の樹形図に対し，要素どうしの相互関係性の情報を追記することで，建築言語を成立させようと試みた。

近年，シェイプ・グラマーの思考は，コンピュテーションの進化により，動的な形態生成の理論として飛躍的な進化を遂げている。今後，建築空間の生成原理においても大きな可能性を導くと期待されている。

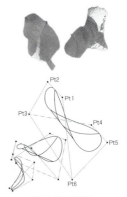

図-1 形の文法化

表層的に形態を描き出すのではなく，要素どうしの関係性とそのルールを構築し，さまざまな制約条件を満たしながら，多様な形状を導いてゆく形態生成の手法。

図-2 シェイプ・グラマーによる生成モデル

パタン・ランゲージ

pattern language

建築や都市の関係性が複雑化・高度化し，関わる人も多くなる中，建築や都市の形態などに繰り返し現れてくる法則がある。それをパタンとし，言語化し，共有化することにより，誰でもデザインの場に参加することを可能にするための理論がC.アレグザンダーによるパタン・ランゲージである。長年の研究から町，建物，施工に関する253のパタンの原型を示している。個々の計画ではパタンの内容が変わる。

パタン・ランゲージには，おもに2つの考えがある。人々は家を含む環境やコミュニティまでも自ら設計すべきであるという考えで，それのもとになっているものは，美しい街や居心地の良いすまいには共通の普遍なるルールや暗黙のルールがある。それをQuality Without A Name（名づけえぬ質）と名づけ，重要視している。もう一つは，環境を設計する際，ある種の言語と文法によって伝達できるという考えである。

パタン・ランゲージは，一般言語のしくみで説明できる。言語には2つの役割があり，過去の体験（言語）を蓄積する役割と，体験（言語）を再構築（文法）して新たな概念（文章）をつくり出せる役割である。パタンは言語で，パタン・ランゲージは文法であり，建築は文章としている。

『都市はツリーではない』では，パタン・ランゲージは網の目のように相互に作用しあうネットワーク構造の形を取る「セミラティス」であると指摘している。アレグザンダーは，1967年に環境構造センターを設立してパタン・ランゲージを用いたフィールドワークなどを実践し，日本では，盈進学園東野高校の事例がある。

図-1 盈進学園東野高校（撮影：松浦健治郎）

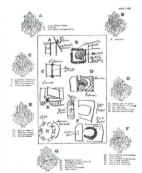

図-2 マルチ・サービス・センターの例

9 空間譜・ノーテーション

urban score of space image/notation

空間を記述し相手に伝える方法としては，地図や図面が一般的であるが，空間のもつ雰囲気や情感，移動にともなう連続的な変化を伝えることができないという欠点がある。一方，絵画，写真，映画などは，空間情報を忠実に伝達する有力な手段であるが，空間の意味情報を解析的に伝達することは困難である。

空間譜は，両者の空隙を埋めるものとして，五感を通して感じられる空間の分節の程度，魅力，雰囲気などを記号化し，あたかも五線譜に音符を記入するように譜（score）として空間の意味情報や構造を記録する試みである。空間譜はまた，新しい空間創造の手段を模索することも意図しているが，いまだ普遍的な方法となりえていない。

一方，ノーテーション（記譜法，記号法）は，空間のシークエンスを理解し操作するために，主体（すなわち観察者）がある経路を移動するときに経験する空間や環境のイメージを諸要素に分け，それらを記号化して継起連続的（sequential）に記述（note）する空間記録の技法の一つであり，P.シール，L.ハルプリン，G.カレン，D.アップルヤード，K.リンチ，R.マイヤーらが，それぞれ独自の方法を試みているが，楽譜を用いて作曲するかのように活用するには，相当の熟練を必要とする。

ノーテーションは，人間が空間を継起連続的に知覚することを明確に指摘した点に，より大きな意義があるといえよう。

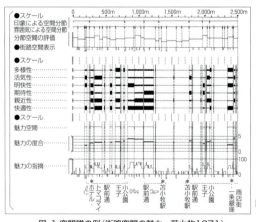

図-1 空間譜の例（街路空間の魅力，苫小牧1971）

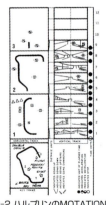

図-2 ハルプリンのMOTATION（MOVEMENT NOTATION）
サンフランシスコ・フリーウェーの例

遠近法・透視図

perspective-drawing

　日常的な空間において見える対象物が同じ大きさだったとき，それが近くにある場合は，遠くにある場合に比べて，体感的に大きくはっきり見え，遠くのものは小さくぼんやり見える。遠近法・透視図はそれら立体的な対象物を絵画・壁画などの二次元平面上に記述するため体系化されてきた。

　初めて体系的に説明したのは，15世紀ごろルネサンス初期のフィレンツェの建築家ブルネレスキによるとされている。また，図法としての最初の記述は，アルベルティの『絵画論』(1435) に表れる。その後，ピエロ・デラ・フランチェスカ(1416頃-92)やレオナルド・ダ・ヴィンチらによって図法として体系化されていった。現代の図学体系を完成させたのは，フランスの数学者ガスパール・モンジュ (1746-1818) である。

　遠近法は明解な幾何学に則り，対象・視点・画面の三要素の相対的な位置によって決定される。対象が設置されている地面などの基準となる面(基面)と画面が直交している場合と，それが斜光している場合の二種類に分類される。対象の主要面が画面と平行の場合は「平行透視図」と呼び，それが斜交する場合を「傾角透視図」と呼ぶ。他方，画面が基面に対して画面が上に傾いて斜交する場合は「仰観図」，画面が下に傾く場合は「俯瞰図」や「鳥瞰図」と呼ぶ。各図において描かれる線が収斂していく点を消失点と呼び，一つの画面に現れるその数によって，それぞれ「一点透視図」，「二点透視図」，「三点透視図」とも呼ばれる。

　おもに，一点透視図は室内空間の内観図，二点透視図は建築物などの外観図，三点透視図は家具などの製品や，超高層建物などを下から見上げた俯瞰図の場合や，上から見下ろした場合の鳥瞰図などそれぞれの描画・記述に用いられる。

　これらは幾何学的な図法に即して描画されているため，コンピュータ上での扱いが可能であり，コンピュータ・グラフィックスも同様の原理に基づいて記述されている。

図-1 ブルネレスキの透視装置の原理説明図

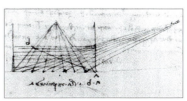

図-2 15世紀の作図法例／レオナルド・ダ・ヴィンチ

地図

map

　古来より，その時代ごとの世界観によってさまざまな地図が作られていた。今日のような正確なものが作られるようになったのは，16世紀頃の大航海時代に，航海の利便向上のためメルカトルが正角円筒図法を用いて作成した地図が初期だといわれている。現在は，衛星画像やレーザー測量など目的に応じた測量法の進歩により地物をより正確に計測する手法が確立，同時に地図の記述方法も日々進歩している。

　一般的な地図には，建物や道路，鉄道などの人工物，あるいは河川や湖沼，樹木や地形の起伏などの自然物といった空間に表れる地物や事象を一定の縮尺で縮め，その空間的な位置や形状を文字や記号を用いて簡略化して二次元平面上に記述されている。それによって各地物の形状や面積や角度，距離や密度などばらつきなどを俯瞰して見ることができる。

　地図には国土基本図や地形図などさまざまな地図の基本となる一般図と，土地利用図や植生図のような利用目的による特定の主題について詳細に描いた主題図に大別できる。利用目的に合った地図がない場合は，既存の地図の重ね合わせによって作成する。近年では，インターネット上の地図や地理情報システム（GIS）の普及により，地図の利用者が比較的容易かつ自由に必要な情報やデータを重ね合わせて地図を作成することができる。

　ほかにもイメージや人の認知などを記述したイメージマップや認知地図は，目に見えない事象の実態を俯瞰して見ることを可能にしている。また，地理空間の各地点間の移動にかかる時間を平面上の長さに置き換え記述した杉浦康平による「時間地図」など，物理的な距離だけではなく，時間など別の切り口で記述することで目に見えない空間の歪みを可視化し，潜在的な問題や課題を発見するデータマイニングツールにもなり得る。

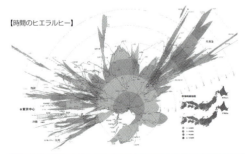

【時間のヒエラルヒー】

各地点からあらゆる目的地までの移動にかかる所用時間を距離に置き換え記述した地図である。各地点間の移動に使用する交通機関の種類やその利便性，アクセシビリティによって生じる空間の歪みを可視化している。

図-1「時間地図」（杉浦康平による）

GIS

geographic information system

9 空間の記述・表現

　建築・都市計画の分野では，元来，空間上の位置情報を伴ったデータ（空間データ，地理空間情報）を扱うことが多い．紙の媒体に描かれた地図もその一つであるが，近年の情報技術の進展にともない，電子化された空間データが広く用いられるようになった．

　GIS（Geographic Information System，地理情報システム）は，地図と属性の情報を一元的に管理し，空間的な情報の統合を行うものである．大量の空間データを取得してデータベース化し，効率的に保存，統合，解析，表示を行うことのできるコンピュータベースの技術といえる．

　歴史的にみれば，GISはおよそ半世紀前，国土計画や交通政策，統計調査などを目的とした開発に始まり，その後コンピュータ科学やリモートセンシングなどの発展とともに技術的進歩を遂げてきた．

　パソコンやソフトウェア，各種データが普及した今日，GISは行政，防災，物流，マーケティング，ナビゲーションなどさまざまな分野で活用されている．また，GISは単なるツールに留まらず，地理空間情報を扱う汎用的な方法を探求する学問分野（地理情報科学）を生み，空間分析の進展に大きく関わっている．

　図はある地域の空間的な特徴をGISにより可視化したものである．特定の主題の空間分布をコロプレス図やアイソプレス図でカラー表現している．このように，さまざまな切り口から地域の空間データをわかりやすく表示するとともに，空間データを重層的に取り扱うことができるのもGISの特徴といえる．

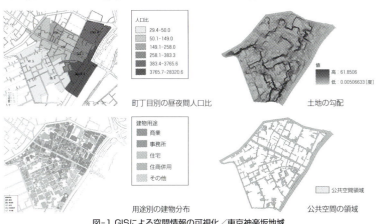

図-1　GISによる空間情報の可視化／東京神楽坂地域

9 ダイアグラム

空間の記述・表現

diagram

　情報に対する感受性そのものが多様化している今日，文字のみによるコミュニケーションでは，新鮮な感動や強いインパクトを与えることは難しくなってきている。ダイアグラムとは，文字で著すと複雑になる内容や事項の関係を，図形的なデザインの効果を借りてより直感的に把握しやすい「図」として視覚化する表現である。情報の伝達効率を増大させて，プレゼンテーションに説得力をもたせる役割をももつ。

　ダイアグラムは，距離や縮尺を正確に表現している図面や地図とは異なる次元で描かれることがある。E.ハワードの「田園都市の計画」では，思想と概念をモデル化して計画の全体像を明確に示している（図-1）。この図には，「Diagram only」，「敷地を決定するまで図面を描いてはならない」と注記されており，「作図は（中略）実際とは大いに異なるものであろう」と説明がある。

　空間分析で用いられるダイアグラムも，現実の空間を再現するのではなく，特定の情報に注視して記述されることが多い。情報の取捨選択をして差異と類似が簡潔に示されるため，空間の仕組みや構成要素の比較を行う際にも有効である。

　一般的にダイアグラムは平面に描かれるが，人の流れを観察する際にはアニメーションを活用して時間軸が導入される。ビッグデータなどの膨大な情報を用いて施設の利用人数を時間別に表示すると，空間の配置や規模等を検討する際にも役立つ。いずれも，ダイアグラムの表現がデータそのものの理解につながるように工夫することが必要である。

　市民参加のまちづくりや景観デザインの調整には，図面の読み取りに対する専門知識をもたない人が見ても理解できる有効な表現が求められる。ダイアグラムは計画を容易に伝達し，明確な意思疎通のための記述方法でもある。

環状鉄道に囲まれた町の外部は扇型で示された農地である。放射状の6本の太い直線は町の中心から周辺へ伸びている並木道を表し，農地内の文字は農業学寮や新しい森，乳牛牧場などの各種構成要素を示している。

図-1 E.ハワードの田園都市の計画（1902）

空間図式

spatial schema

I.カントによれば,「空間」(raum) は人間が知覚する外界の一切に与えられる関係の原理である。しかしそれは,物の姿に人間が喚起されることで初めて表象される。この空間の表象が,個々の事物の多様性を一般化し,その概念に形象を与える。

事物はそれが「何であるのか」と同時に「どこにあるのか」によって人間にとっての意味が異なる。建築・都市計画は,直接的には物をつくる仕事であるが,同時に物に囲われた場所が形成され,それらの位置関係が人間の生活の場をつくっている。

配置図や平面図において表現される建築・都市空間は,全体が同時に存在し,固有の形をもつ物の姿として表されるが,生活の場としての建築・都市空間は,人間の心理,身体や物の移動など,時間の流れの中で知覚されている。機能図,組織図,動線図などは,一人の人間が知覚できる範囲,あるいは生活上の機能で分節された要素や場所を再構成することで建築・都市空間を表現している。

「図式」の「図」は要素に分解されない全体としての姿形,「式」は分解された要素を記号化しその関係を表したものである。建築・都市空間は,この二面性において捉える必要があるといえる。

C.N.シュルツによれば,さまざまな建築・都市空間の普遍的種類としては,「中心と場所」,「方向と通路」,「区域と領域」の3つの図式がある。そして,これらは位相的空間概念における近接,連続,閉合の各関係に対応している。

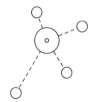
主体を中心とする場所と周辺の場所

出発点から目標への方向と途中で体験される要素を組織化する通路

要素となる場所の近接性や類似性によってイメージされる領域

図-1 建築・都市空間にみられる三つの図式(C.N.シュルツ)

10 空間概念

conception of space

空間図式

空間的関係を記述する幾何学は，当初は土地測量術としてエジプトに生まれた。その後，ギリシャ文化の中で理論化が行われ，ユークリッドは，その集大成としてストイケイア（幾何学原本）をまとめた。これは長い間，自明の真理から導かれる絶対的体系であるとみなされてきた。

しかし19世紀以降，それ以外の公理系によっても成り立つ非ユークリッド幾何学が生み出された。その結果幾何学は，公理と呼んでいる仮定から導かれる相対的な論理体系であると考えられるようになった。ルネサンス期の透視図法から発展した射影幾何学，一筆書きの研究などから発展した位相幾何学（トポロジー）なども，それぞれが独立した幾何学であり，異なった空間概念において成立しているのである。

一方，子ども一人ひとりの空間概念は，つかんだり探したりする外界に働きかける行為と，それを頭の中でイメージすることの繰り返しから次第に発達するとされている。J.ピアジェによれば，この獲得は幾何学の歴史と逆の順をたどり，最初は位相的空間概念の獲得段階（6〜7歳位）である。包含関係，近傍関係，順序関係などから物の属性や位置が抽象化される。

次に獲得されるのは射影的空間概念で（9〜10歳位），あるひとつの視点からの位置関係が把握され，視点の位置により前後，左右などの見え方が変化することが理解される。

最後はユークリッド的空間概念が獲得され（11歳前後），距離，角度などの量の概念とその保存，座標軸の使用などができるようになる。

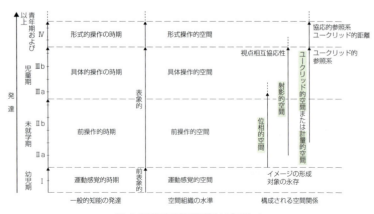

図-1 空間概念の発達段階（J.ピアジェ）

空間類型

type of space

　ある集まりにおいて、おのおのに共通するパターンが見出されるとき、典型例をもって分類・記述を行う研究を類型学（タイポロジー）という。

　F.チンによると、第一義的な形態は、円とそれに内接する正多角形、およびそれらを移動、回転することによって得られる立体である。それ以外の形態は、寸法による変形、引き算的な変形、足し算的な変形と考えることができる（図-1）。その中で足し算的な変形は、さらに5つの形態に分けられる（図-2）。

　求心的形態は支配的な中央の形態といくつかの二次的な形態から、線状形態は1列に並べられた形態から、放射状形態は中心の形態から外側に伸びる線状形態からそれぞれが成り立つ。クラスター形態は、お互いに近接する形態、もしくは同じ視覚的特徴を共有する形態によって成り立ち、グリッド形態は、相互関係が三次元グリッドで規定された形態である。

　また相貫と分節により、形態はさらに展開される。相貫は、異なる形態あるいは向きの異なる同じ形態が重なり合い、お互いがその形態の支配性を競い合う場合である。円と正方形の相貫、回転したグリッド形態どうしの相貫などがある。分節は、出隅と入隅の処理、表面のテクスチャーなどの違いから導かれる。

　チンは、以上の形態および空間が複数で構成される場合にも同様の類型化を行い、求心的構成、線状構成、放射状構成、クラスター構成、グリッド構成と呼んでいる。

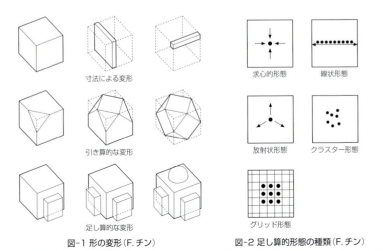

図-1 形の変形（F.チン）　　図-2 足し算的形態の種類（F.チン）

10 空間構成

ordering principles and structure

　構成の秩序は，要素の集積をこえた全体として自立機能を形成する。F.チンは，形態および空間の構成を秩序付ける6つの原理を挙げ，「多様性のない秩序は，単調でつまらないが，秩序のない多様性は混乱でしかない」と述べている。

　軸線は，2点によって形成される線であり，その周りに要素が配列される。シンメトリーは，軸線もしくは中心点のまわりに要素を同じバランスで配分する原理である。ヒエラルキーは，他の要素と大きさ，形，配置などに変化をつけることで，ひとつの要素を目立たせる原理であり，リズムと反復は，パターンの繰り返しとリズムによって，一連の同じ要素を構成する原理である。基準線は，線や面などによる連続性と規則性によって要素のパターンを構成する。変形は，一連の操作と変形によって保持され，強調され，構築される。

　一方，K.リンチによれば，都市イメージにおける重要なストラクチャーは，現実の都市空間との位相幾何学的な対応関係である。人々のイメージはゴム板に描かれた地図のようなもので，方向はねじまげられ，距離は引き伸ばされたり圧縮されたりしている場合がある。しかし，地図が引き裂かれ，違うところで縫い合わされるようなことはなく，シークエンスは正確である。環境イメージの重要な機能のひとつである経路探索の用を充たすためには，この連続性が重要である。

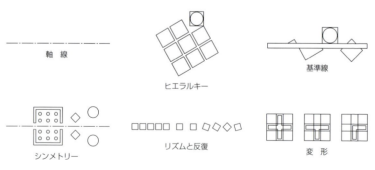

図-1 秩序の原理 (F.チン)

空間構成要素

space-constructing elements

P.シールは，人が経験する物的環境を記述するために，ある一地点からの視界を，SEEs（space-establishing elements）の形成する最小空間として図式化した。SEEsは，「対象」「表面」「スクリーン」の区別とその位置（上方，側方，下方）で分類される。

「対象」は，傘（上方），ポスト（側方），踏石（下方）などの三次元的な形をもつものを指す。これらは，最小空間より大きな空間においては，孤立して存在する物となる。「表面」は，天井（上方），壁（側方），じゅうたん（下方）などの二次元平面となる物を指す。これらは，最小空間より大きな空間においては，「対象」の一部となる。「スクリーン」は，「対象」と「表面」の中間で，狭い間隔で並ぶ「対象」や穴の開いた「表面」などである。空間を実際に確立している要素（SEEs）は，それを取り除くと空間が影響を受ける。逆に除去されても空間に影響しない要素は，SEEsではなく内装物（furnishings）と呼ばれる。

一方，K.リンチは，都市計画において重要なことは，単に物的環境を操作することではなく，その鮮明なイメージをつくり，人と外界との調和のとれた関係を確立することにあると考えた。リンチは住民の大多数が抱く都市の全体像—パブリック・イメージの内容を調べ，その形態的な特徴から都市のイメージが5つのエレメント（パス，エッジ，ディストリクト，ノード，ランドマーク）から構成されると考えた（「イメージアビリテイ」37頁参照）。

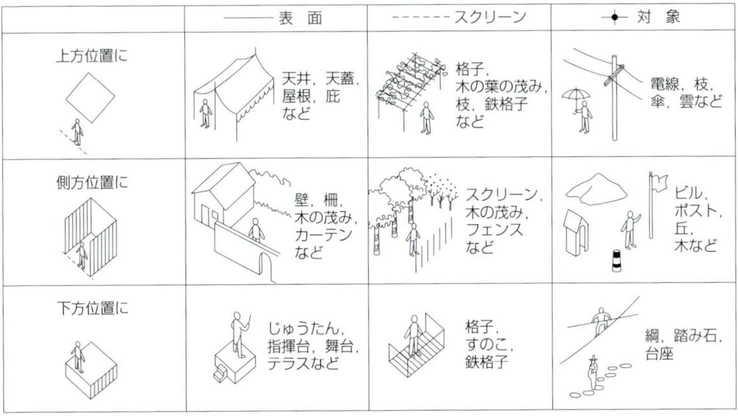

	表面	スクリーン	対象
上方位置に	天井，天蓋，屋根，庇など	格子，木の葉の茂み，枝，鉄格子など	電線，枝，傘，雲など
側方位置に	壁，柵，木の茂み，カーテンなど	スクリーン，木の茂み，フェンスなど	ビル，ポスト，丘，木など
下方位置に	じゅうたん，指揮台，舞台，テラスなど	格子，すのこ，鉄格子	綱，踏み石，台座

図-1 空間構成要素（P.シールによる）

ツリー構造

tree

　C.アレグザンダーによれば，デザインの最終目的は形であるが，伝統的な物のつくられ方とは異なり，現代デザインは，個人が直観的に解くには，その問題の量や複雑さが大きすぎる。

　デザイナーはそのためにプログラムを通じて問題を考える必要がある。プログラムとは，全体を部分問題に分解して，一歩ずつ解決へ導いていく方法である。これによって，無限にある要求を有限に縮小することができ，形とコンテクストから生まれる調和のとれた全体のアンサンブルをつくることができる。

　分析は，アンサンブルの秩序を妨害する不適合を見出すことから始まり，それを避けるための要求間の相互作用を数量化し，相関を測ることで行われる。これによって問題はサブシステムに分解され，ヒエラルキーを構成する。アレグザンダーはこれに集合論に基づいた定義を与えてツリーと呼んだ（「セミラチス」97項参照）。

　一方，プログラムの実現は，サブシステムに小さなダイアグラムを与え，徐々に合成して複雑なダイアグラムを得ることで達成される。ダイアグラムは，形の性質を説明する側面と矢印や人口密度図のように問題を記号化する側面を合わせもち，図式的で建設的なものでなければならない。

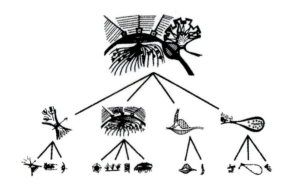

インド農村のためのダイアグラム。141項目の相互作用の分析から12の小さなダイアグラムをまとめ，それらを合成して全体を表現している。中間レベルでは，左から牛や燃料に関すること，農業生産や灌漑に関すること，共同生活に関すること，個人生活や住居に関することの4グループが表現されている。

図-1 建設的ダイアグラム（C.アレグザンダー）

セミラチス

semi-latice

C.アレグザンダーによれば，計画された都市はツリー構造をもつのに対して，長い年月にわたって形成された都市は，より複雑なセミラチスと呼ばれる構造をとっている。

ツリーを構成する集合の合併は，どの2つの集合をとっても，一方が他方の真部分集合であるか，互いに素であるのかのいずれかである。一方，セミラチスを構成する集合の合併は，共通部分をもつどの2つの集合をとっても，その共通部分がまたその合併に属する。

つまりセミラチスの構造をとる都市には，おのおののシステムに共通部分があり，それがまた都市の構成要素となっている。ところがツリーにおいては共通部分がない。多くの人々が，人工の都市に何か本質的なものが欠けていると感じるのはこのためである。

例えば，都市空間を分割する近隣住区は，同じ近隣住区の要素どうしは緊密に結びつくが，他の近隣住区の要素とは，それが属する上位レベル（近隣住区）を媒介としてはじめて結びつくと仮定している。

しかし実際の社会システムにおいて，青少年クラブ，成人クラブ，郵便局，中学校といった性質の異なるセンターは，個人が同時に必要とするシステムではない。したがって，その要素（会員，利用者，生徒）の空間的広がりは，互いに重なり合っている。また，これらのシステムは，ひとつの近隣住区（空間的広がり）の中に収まるとは限らない。

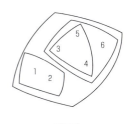

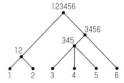

互いに共通部分をもたない要素の組合せで全体が成り立つ

図-1 ツリーの構造（C.アレグザンダー）

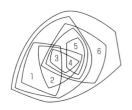

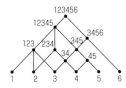

互いに共通部分をもつ要素の組合せで全体が成り立つ強靭な結びつき

図-2 セミラチスの構造（C.アレグザンダー）

10 定位・方位

orientation/direction

目的地へ移動するために，人間は自然物，構築物に関わらず環境の中から適切な参照物を抽出し，それによって，現在地と目的地を定位する座標系をつくる。この際，環境から読み取られる情報の種類は三つに分類できる。第一に，その場所がどのような意味をもっているのかに関するロケーション情報，第二に，ある場所から他の場所の方角に関するオリエンテーション情報，第三に，目的の方角に行くために，どのような経路を選んで行けばよいのかというナビゲーション情報である。

K.リンチがいうイメージの役割の一つは，この広域的な参照枠としてのはたらきであるが，U.ナイサーはイメージや地図といった静的な構造を意識させる用語ではなく，能動的で情報を探し求める構造として，定位図式（orienting schema）という用語を当てている。

定位と移動は，人間と環境の相互作用，つまり情報の抽出と図式の修正という知覚循環のなかで可能となる。したがって，それは抽象的な空間概念の獲得と同時に，環境自体の物的構造や人の生活様式にも影響を受ける。

吉田集而によれば，ある半島の東岸に住む漁民の言葉には，海と陸の方向を表す言葉と，この軸に直交する方向を表す言葉（上・下）で船団の位置を確認しあっていた。仮に西岸沖に出たとすれば，上下の向きは反転するが，彼らの生活圏は東岸域に限られており，不都合は起こらない。

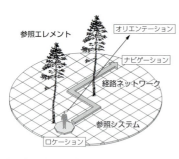

近くの木で自分の現在地を知り，遠くの木で目的地の方角を知る。そしてその方角に進む経路を探す。

図-1 経路探索モデル

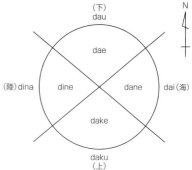

図-2 海と陸の方向でつくられる方位

空間要素

elements of space

　空間要素とは，対象空間を部分に分節し，記述・表現する単元を指す。

　一般に空間研究では，物理的空間と心理的空間とが区別される。特に物理的空間は記述・表現される目的・方法等により要素はいかようにも分節可能で多岐にわたる。

　ここでは，以下の項目で解説する要素である「場所」「中心・周縁」「境界・結界」「出入口」「通路」「ランドマーク」「アイストップ」「ビスタ」の関係について述べる。

　これらの用語の中で中心となる概念は「場所」である。「場所」は，「境界・結界」のあり方により広がりと輪郭とが規定される。また「境界・結界」の形態，スケール，材質等により「場所」の空間特性が規定される。逆に「場所」の固有の空間特性がそこにふさわしい「境界・結界」を要請する。

　「中心・周縁」は，「場所」内部およびその外側の特性を相互に関連づけて説明する際に有効な概念である。

　「出入口」は，「境界・結界」の切れ目につくられ「場所」を他の空間に開き活性化する要素である。しばしば「場所」の内部の空間特性を外部に象徴する要素となる。「出入口」は，「通路」に対しても「場所」と同様の役割を果たす。

　「場所」と「通路」の関係は密接である。住居内の諸室の関係でもわかるように，ある「場所」は他の場所との関係で意味をもつ。「通路」はこの「場所」間を連結し，場所を構造化する役割を果たす。

　「ランドマーク」「アイストップ」は，「場所」や「通路」を表徴する「しるし」の概念に統合してもよい用語で，空間の特異点に設けられる要素である。「ビスタ」は「通路」の様相の一つで，しばしば「ビスタ」のきいた通路の突き当りには「ランドマーク」や「アイストップ」が置かれる。

図-1 境界と通路：サンマルコ広場の列柱と回廊

図-2 場所：サンマルコ広場の中心

図-3 出入口：サンマルコ広場の2本の門柱

図-4 しるし：サンマルコ広場のランドマーク

11 場所

空間要素

place

　場所とは，中心をもち，内部として体験される面的な広がりをもつ要素。境界により特化された時空間であり，有限の広がりと中心性が特性で，基本形態は円形である。

　場所の意味は庇護性にある。外界から守られた存在の根拠となるところ，定位の原点，世界への出発点であり中心となる時空間である。住処としての家はその典型である。

　場所の獲得は，安全性とアイデンティティに密接な関係がある。人間が環境の中に場所を獲得する過程は，生物がなわばりをつくるのと同様に動的である。クモが巣を張るように，人間も同化と調節を行い，環境に意味づけし場所化する。種々の場所の経験が，より安定した快適な場所の獲得には重要となる。

　場所にはさまざまな種類，形態，大きさがある。スケール的に図式化すれば，身体・室内・建築・地区・地域・都市…へとヒエラルキーをもつ構成となる。

　場所は単独で存在しているのではなく，他の場所との関係で構造化されている。例えば，住居内部の諸室は相互に関連し住処としての家を形成し，家は山川など馴れ親しんだ記憶の場所群からなる故郷に属するといったように，場所はヒエラルキーとネットワークをもつ空間構造を形成している。

　また，場所は境界・出入口・通路等，他の要素とともに環境としての空間構造を構成している。これらの関係が，例えばサン・マルコ広場に見られるように場所の中心性を偏心させたり場所に方向性を与えるなど，場所のあり方に影響を与える。

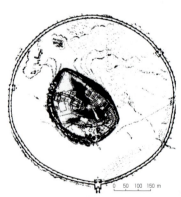

図-1 場所の原型が見えるサムアルの平面図

図-2 場所の中心性がアクティビティで表現された台北の円形市場

中心・周縁

center/periphery

　周囲や両端から等距離にある点とその周りの部分。中心はすべてのものがそこに集まりそこから出るというような働きをする場所で，周縁はその周り。

　中心と周縁は，ある文化現象などを主として空間的に説明する場合に，互いに対立する一対の概念として用いられる。その意味は，両者が対立しながらも不可分な一対の意味をもつ概念，例えば，コスモス―カオス，支配―非支配，集中―分散，図―地，意識―無意識，光―闇を表徴する。これら一対の概念に共通したイメージは，中心は一元的に秩序づけられた明確な価値体系をもち，光輝く舞台のように視線を集中させる焦点となるところ，周縁は曖昧で多様・多義的な価値が混在した状態，暗くて見通しが悪く離散的でアナーキーなところの意味内容をもつ。

　空間研究においては，中心は場所や領域の核の概念に，周縁は境界や周域の概念に対応する。しかし，中心と周縁との関係は必ずしも固定したものではない。

　例えば，空間的に中心を占めていた場所も時間の経過とともに周縁的となり得るし，その逆もある。ものの見方により中心と周縁が一気に逆転することもあり得る。人間の意識の志向性により空間のスケールが変化し，それに伴い空間のイメージや意味の動的変化を説明する際にも有効なツールとなる。もともとそのような生き生きとしたダイナミックな現象を説明する際に役立つように考えられた概念である。

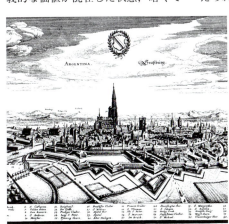

図-1 中心・周縁の関係が明確な中世都市（シュトラスブルグ）

図-2 江戸の中心と周縁
　　　シンボル分布で表現されている

11 境界・結界

boundary

　境界とは，境，区域の意。無限定な空間を区切り，空間を限定する要素。結界とは，結ばれた界（さかい）の意。界を結び閉じることにより空間を界の内・外の領域に限定する要素。内側が聖域，外側が俗域とされる。結界は，仏教用語の漢訳で，境界の一形式である。境界・結界とも空間を限定し特定の空間，すなわち場所化または領域化する要素で，ともに「遮断性」が特性である。

　実在する建築・都市空間の境界は多様で，建築的には遮断性の強い石壁から弱い障子まで，都市的には城壁から境界杭までヒエラルキーがあり多様である。

　また，坂，浜，山，川などの自然物が境界と見なされることもある。これらは古来から生活空間の境界に多く，物語性も豊かで多義的なイメージをもつがゆえに，「中心・周縁」の周縁的空間として民俗学などの関心の対象となってきた。

　境界は空間を場所化し領有化する際の基本要素であるゆえ，空間研究においても重要な概念である。特に建築・都市空間を人間がどのように身体化しイメージしているか，ある場所や領域がそこに住み利用している人々にとっていかなる意味をもち行動につながっているかなどの研究には，何らかの境界要素が関係してくる。例えば，E. T. ホールの身体距離，K. リンチの都市のイメージ，C. N. シュルツの実存的空間などは空間研究に大きな影響を与えた研究だが，これらの研究でも境界要素は重要な概念となっている。

図-1 メクネスの城壁

図-2 ジェラッシュの列柱

図-3 旧閑谷学校の石垣

図-4 注連（しめ）縄による結界

出入口

gate

　境界で区画された内部と外部，またはある場所・領域に出入りする開口部。空間に節目を与え，連続した空間を区切りながらつなぐ要素。分節性が特性である。

　出入口は，しばしば境界と一体的に存在しているために，境界の一形式と見なされてきた。また，そのように考えることも可能である。しかし，境界の本質は堅固な壁が象徴しているように，遮断性に特性がある。これに対し出入口は門や扉が象徴しているように，分節性に特性がある。したがって，両者は本質的に異なるとの考えが，認識論的にも計画論的にも有効である。

　境界では，時間と空間がそこで遮断されるのに対し，出入口では連続した時間と空間とが前提とされ，その連続した時間と空間に節目をつける役割を果たす。

　場所と出入口との関係は重要である。境界により閉じられた場所は，出入口により外部へと開かれ生気を与えられる。つまり，出入口を介して外部環境と交接する。このことから，しばしば出入口は場所の内部がどのような空間であるかを外部環境に表現する役割を果たす。すなわち，場所の意味を象徴する。

　出入口を入る・出る，くぐり抜けるという行為は，通過する人間に空間の質的転換・変換の意識をもたらす。したがって，空間演出にとっても重要な要素である。この要素は通路にも設けられ，目標に至る通路空間を分節しシークエンシャルな空間を演出する役割を果たす。

図-1 サーンチのゲート

図-2 東大寺・南大門

図-3 ドラビダ様式の塔門

11 通 路

path

　通路とは，線状に連続した人や物の通り道。一つの場所と他の場所・他の空間とを線的に連結し構造化する要素。連結性が特性である。

　通路により連結される場所や空間は，例えば聖なる空間が俗なる空間との関係で成立しているように，常にほかの場所との関係で意味をもつ。一般的に，これらの場所は均質ではなくヒエラルキーがある。この場所間のヒエラルキーが，通路に軸性や方向性を与え，メインストリート・サブストリート，上り・下りなどの概念を発生させる。

　通路は線状に連結した空間であることから，境界のような役割をすることがある。特に都市空間内の広い街路は，川が土地を此岸と彼岸に分離するようにエッジとなって街区を二分することがある。このとき通路は，分離と結合の両義性をもつ。

　通路の空間体験は継起的であり，時間性が重要な意味をもつ。時間の形式には直線的な時間と巡りくる円環の時間があり，前者は歴史的時間のように前方へと直線的に向かう時間，後者は神話的時間のように巡りくる時間に対応する。通路の形式には大別してこの二つの時間の形式に対応した空間がある。一つは出発点から前方の目標点に向かう直進的空間，もう一つは場所内あるいは周囲を巡る回遊的空間である。

　空間研究では，神社・仏閣への参道空間，諸施設へのアプローチ空間，街路空間など，通路は体験者のシークエンシャルな空間分析として重要なテーマの一つである。

図-1 ペルージアの街路

図-2 毛利家墓のアプローチ

図-3 吉備津神社の参道

ランドマーク

landmark

　ある地域や地区または場所を象徴する目印。標山，尖塔，歴史的建造物，記念碑など，空間の中で他の存在と区別されることにより，ある意味を表示あるいは象徴する要素。記号性が特性である。

　この用語は環境の中で目立つ物理的構成要素を指す概念だが，必ずしもスケールが大きい物とは限らない。例えば，低層の都市空間の中では高層建築がランドマークとなり，高層高密度の都市空間の中では逆に低層の教会などがランドマークとなる可能性が高い。また，ある歴史的事件の発生場所を記す小さな碑である場合もある。つまり，空間の中での特異点として認知・記憶される要素で，明瞭な形態，背景とのコントラスト，傑出した空間的配置など，他との差異性が重要で，「地」に対する「図」的存在が成立条件である。

　この要素は，空間の中での特異点として認知され，空間を図式化して理解することに役立つサイン機能と，物語性など特別な意味をもつ存在として記憶され，象徴的役目を果たすシンボル機能とがある。

　都市空間では目印となり，特定の場所に視点を集中させ空間を組織する役割を果たす。K.リンチの都市のイメージを構成する要素の一つであり，中心地区空間でのキーエレメント，景観研究での焦点・中心・目標となる要素でもある。人間が空間を認知・把握する際の重要な要素で，諸空間に共通して認められることから，空間・環境の「しるし」と総称できる要素である。

図-1 チベットのポタラ宮

図-2 バージュ・カリファ

図-3 トゥマディー広場の塔

図-4 ロックパレス

11 アイストップ

eye-stop

見通しの良い街路空間の正面または交差点，あるいは庭園のビスタの焦点となる場所などに配される造形要素。空間を分節し構造化するだけでなく，空間にアクセントをつけ，豊かな彩りとまとまりのある場所の感覚を与える役割を果たす。

アイストップは記念碑的建築物，オベリスク，噴水，彫刻など，視線を集中させ空間を場所化し構造化する点ではランドマークの概念と似ている。空間を分節して認識する際の空間認知のエレメントとしての類似性がある。

都市的スケールでのアイストップはランドマークであることも少なくないが，建築的スケールに対応したアイストップは，記念碑や彫刻など，知覚の対象として身体感覚的特性が強い。イメージに働きかけるランドマークより，知覚に働きかけるプレイスマーク的特性が強くなる。

アイストップの対象物が占める位置は，視線を集中させる場所や空間の奥，あるいは通路の特異点であることが多い。形態的には，他の形態との差異性が認められ，記号性が高い。特に，街路空間のシークエンシャルな分析，参道空間におけるアプローチ空間の分析，または庭園空間における通路や場所の特性を記述する際の概念として用いられる。

計画・設計においては，外部空間の構成要素として用いられる。アーバンデザインや庭園などの空間構成では古くから使用されている計画手法の一つで，魅力ある空間演出には欠かせない要素である。

図-1 スペイン広場正面

図-2 リアルト橋側面

図-3 ファティプール・シクリのの謁見殿

ビスタ

vista

　通景。見通し。特にある地点から対象に向かう視線の両側が建築壁面や並木などで形成された奥行の深い見通し風景の意。

　都市景観計画あるいは造園計画などにおいて，軸性の強いパースペクティブな空間構成を目的とし，主として西欧文化圏で発展した空間計画・設計手法の一つである。

　この手法の特徴は，視線を直線的にある方向に向かわせ，空間を構造化する点にある。単純明快に空間を構造化でき有効性が高いことから，今日でもアーバンデザインなどの計画手法の一つとして用いられる。

　具体的事例としては，都市内の目標となる重要な場所へのアプローチ道路や主要施設間を結ぶメインストリートなどにおいて，しばしばビスタをきかした街路景観構成が行われる。歴史的には，特に首都の権力を象徴する中心施設に至る街路空間構成ではこの手法が用いられた。

　例えば，16世紀後半から18世紀前半にかけてのバロック・ローマにおける街路空間構成では，都市内の主要地点をビスタのある直線的な道路で結び，軸線の到達点および軸線の交差場所にはアイストップとなるオベリクス，噴水，彫刻，またはランドマークとなる建築や塔を置き，都市空間を構造化した。エントランス広場であるポポロ広場からまっすぐ伸びた三本の街路，スペイン広場からテベレ川への軸線，テベレ川からサン・ピエトロ寺院へと続くアプローチ空間などは，今日に残る街路空間構成の事例である。

図-1 スペイン広場からのビュー　図-2 シニョーリア広場のビスタとランドマーク　図-3 難波パークスの街路

12 空間演出

space production

建築や都市の空間は，計画や設計の意図からさまざまな手法や方法が用いられ，固有で魅力的に空間を演出している。空間の構成によって醸し出される空間の雰囲気もまた，多様な印象を与えるものとなっている。

日本の伝統的な空間である神社の参道は，空間演出の多様な手法が巧みに用いられている好例である。

日光東照宮は，参道の始点として朱に塗られた神橋が日常の空間と非日常の空間を区切る境界となり，鎮守の森のうっそうとした木々の緑と〈対立〉的な配色で，自然景観の中でみごとに〈調和〉している。そして，樹木の間に参道空間を構成する塔頭の門などの要素が〈見え隠れ〉し，その場その場の景〈シーン〉をつくり，さまざまな視覚的変化を与えている。

参道空間の雰囲気は，連続しつつも明らかに異なった意識の転換がある4つの空間に〈分節〉されている。起伏や折れ曲がりなど構成要素の変化がありつつも，ひとつのアプローチ空間としての〈連続性〉を感じさせながら，本殿に向かう心理的高揚を演出している。目的である権現造りの本殿に至る手前に陽明門が姿を現し，拝殿・本殿の配置は，象徴としての真北（北極星の方向）を〈焦点〉とする〈軸線〉によってシンメトリーに構成されている。このような構成要素の変化や心理的な変化がシークエンシャルな空間体験を生んでいる。

計画や設計の意図，地形や方位，場所性といった周辺の状況や自然環境の中で，意図的で操作的に空間演出がされている。

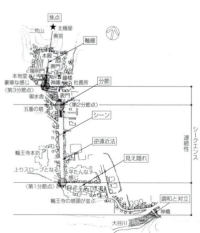

図-1 日光東照宮配置図

図-2 神橋（日常の空間との境界）

図-3 陽明門を望む（折れ曲がりによる分節点）

焦点・軸線

focus/axis

　建築や都市の空間で，パースペクティブに見える山々やパリのエッフェル塔，東京スカイツリーなどのシンボルやランドマークは，視線の集中する焦点として，方向性をもって象徴的な意味をもつ。

　円の焦点は中心であるが，円形の建築はその中心に向かって強い求心性や一体感をもつ。

　世界最大級のカソリックの総本山であるサン・ピエトロ大聖堂は，聖堂が焦点となり，アプローチはこの聖堂に向かってサン・ピエトロ広場を通して強い軸線の構成である。

　また軸線として，19世紀没ジョルジュ・オスマンによるパリのルーブル，コンコルド広場，シャンゼリゼを通って凱旋門のあるエトワール広場，さらにデファンスのアルシュまで一直線に北西の方角に結ばれる軸線の構成はみごとである。

　ラヴェンナのサンタポリナーレ・イン・クラッセ教会などのバシリカ式の教会では，アトリウムと本堂がシンメトリーの構成で，内陣に向かって強い方向性のある軸線があり，荘厳な雰囲気を醸し出している。

　焦点や軸線は，その地形や方位，さらに土地のもつ場所性や道路の形態，ランドマーク，シンボルなどによって，また建築の性格などによって操作的に決定される。これらを基準として，多様な要素の位置関係を決め，統一することにより空間を演出する。都市計画や建築計画における基本的な形態を規定する重要な構成手法である。一方で，桂離宮のように軸線がない，あるいは軸線を強調しない構成法もあり，有機的な空間のつながりを演出する。

図-1 サン・ピエトロ大聖堂から市街地を望む

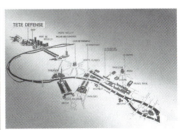

図-2 パリの軸線の構成

12 分節

空間演出

articulation

　金倉川に建つ大鳥居と大宮橋から本宮に至る〈金刀比羅宮〉の1,348段にもおよぶ1,700m強の参道（図-1）は，両側に土産屋と飲食店の並ぶ平たんな街並みから，天幕のかけられた店舗が階段に沿って並び，さらに大門を抜けると参道の両側は，木々の緑と燈籠が並ぶ静粛な空間と構成や雰囲気を変えてつくられている。

　参道の建築物・階段・緑・折れ曲がりの様子を図-2に示す。それぞれの要素が量的に増減し，変化していることがわかる。こうした物理的構成要素の変化や雰囲気の変化は，参道空間という神社に参拝する人々のアプローチ空間として連続性をもちつつ，8つの雰囲気の異なった空間（分節空間）が連結されて構成されている。関連しつつ，それぞれ異なった空間を分節空間という。

　空間を分節する（全体の関連をもちながら「区切る」）点を船越徹・積田洋は〈分節点〉と呼び，「空間の雰囲気を不連続に変化させるような区切りが存在する。これらの分節点の役割として重要なことは，単に空間を区切り前後の空間の質を変化させることが目的ではなく，それらの効果をもたせながら空間の連続性を確保し，変化を感じさせつつ次の分節空間へ誘う役割をもつ」とした。

　一つの単位空間と他の単位空間を分節する点・接点は，両者の空間を操作的に関連づけて「わける」「つなぐ」の両義的な意味をもち，そのデザインは重要である。

図-1 金刀比羅宮参道

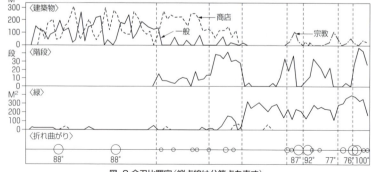

図-2 金刀比羅宮（縦点線は分節点を表す）

シーン

scene

シーンとは，光景，風景，映画，演劇などの一場面をいう。空間は，シーンの連続として視覚的に捉えられる。

建築家は，さまざまなスケッチを描き，建築のイメージを膨らませ，空間を創造する。こうしたスケッチも，建築を一つのシーンとして表現するものである。

その中には，単に建築の物理的構成を二次元の情報として表出するだけでなく，建築の全体像をイメージさせる多くの情報を含んでいる。

旅行雑誌などで紹介される街並みや風景の写真は，見る者に一つの切り取られたシーンでありながら，あたかもその街全体のイメージとして印象づけられる。しかし，シーンはこのようにイメージを膨らませるものであるものの，固定的視点から得られる断片的な情報であり，あるいは意図的に操作されたものであることに注意が必要である。

空間計画の研究において，空間の評価のために用いられるSD法などでは，対象とする空間の被験者に対する提示方法として，写真やスライド，最近ではCG画像などがしばしば用いられる。これも対象とする空間の一部を切りとった断片をシーンとして提示することである。

当然，実際の空間を被験者が体験して評価する場合とは，その評価構造が異なる点を認識しておく必要がある。図-1はイプサムの街でシークエンシャルに描いたスケッチである。

Serial Vision : a journey through a hypothetical city. Drawn for the first edition of Townscape, 1961

図-1 G.カレンによるイプサムのスケッチ

12 シークエンス

sequence

　参道や回遊式庭園などにおいて，アプローチに沿った移動にともなう景観の連続や変化，シーン展開の継起的なつながりをシークエンスという。

　パリのシャンゼリゼのように，同一の建築様式や形態の建築が並ぶホモジーニアスな構成の街並みでは，連続的で統一感の強い空間をつくっているが，一方で単調な雰囲気ともいえる（「焦点・軸線」109頁参照）。

　これに対して，参道空間などのシークエンシャルな空間では，構成要素が変化したり，その量が増減しながら構成され，空間全体として，神社の本社や本殿の目的に向かって意識の高揚を演出している。

　図-1は，いくつかの参道空間においてSD法を用いて評価したものである。シークエンシャルな雰囲気の変化を読み取ることができる。

〈威厳のある感じ—親しみのある感じ〉と〈期待感のある感じ—期待感のない感じ〉の評定尺度について，分節点（「分節」110項参照）の前後と中間に心理実験の地点を定めて評価したものである。

　威厳性では，神社の本殿・本社に向かって心理量が変化していく様子がわかるが，各地点において心理量が大きく変化するところと少ないところがあり，これらが巧みに構成され，全体としては威厳性や期待感が増していく。

　空間のこうした演出に，シークエンスのもつ意味がある。

　シークエンシャルな空間を対象として，P.シールは「運動事象（身体移動）」と「空間事象（視覚空間）」という概念から，具体的な空間を分解して表記する方法を提案している（「空間構成要素」95頁参照）。

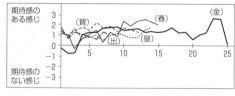

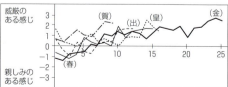

図-1 心理量シークエンス図（春日大社）

連続性

continuity

建築やこれを構成する要素，あるいは空間の相互の関係に何らかの脈絡があること。それらのつながりが関連をもって構成されていること。それらの関係には，形態的なもの，空間的なもの，ボリューム，さらには心理的，意識的なものがある。

例えば，F.L.ライトのモスバーグ邸に見られるようなエントリーから居間へのつながりは，微妙に位置をずらして配される壁柱によって，空間の方向性を演出しながら，いわゆる「有機的」空間構成の中に空間の「連続性」が感じられる（図-1）。

筆者らが行った繁華街や住宅街，さらに歴史的街並みなど27の街路空間で行ったSD法による心理評価実験の結果を基に，街路空間の心理評価構造を，因子分析を適用して，因子負荷量を求めて心理因子軸をまとめたものが表-1である。「連続性」を示す形容詞句対の「不連続な感じ—連続的な感じ」は第V心理因子軸となった。心理因子軸はそれぞれが直交座標（因子負荷量に大小はあるが）となっているため，他の心理因子軸とは無相関の関係にある。

すなわち，「連続性」は，ほかに関連する評価尺度がなく，独立した評価をされていることがわかる。都市的オープンスペースや神社の参道空間，内部空間での分析結果も同様の結果が示されており，意識のうえでは他の心理評価とは関連をもたない独自の評価構造をもっているといえる。

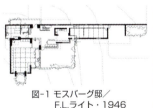

図-1 モスバーグ邸／F.L.ライト・1946

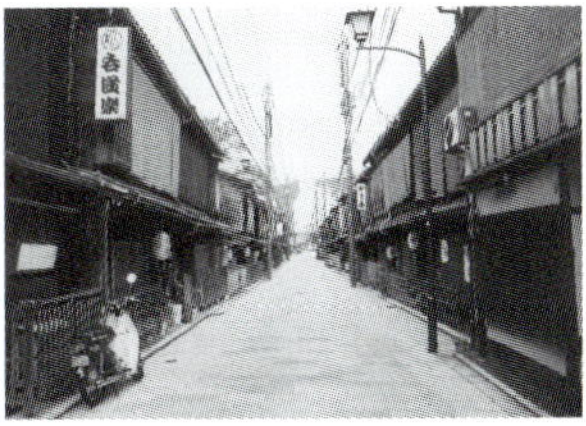

図-2 祇園新橋

表-1 因子負荷図（街路空間）

尺度＼因子番号		Ⅰ	Ⅱ	Ⅲ	Ⅳ	Ⅴ	Ⅵ	Ⅶ	Ⅷ	Ⅸ	Ⅹ
21	美しい感じ—醜い感じ	●									
8	質の悪い感じ—質の良い感じ	○									
9	野暮な感じ—洗練された感じ	○									
18	不潔な感じ—清潔な感じ	○									
20	うっとうしい感じ—さわやかな感じ	○									
25	豊かな感じ—貧しい感じ	△									
16	快適な感じ—不快な感じ	△									
27	すっきりした感じ—ごみごみした感じ	△									
19	ばらばらな感じ—統一感のある感じ	◎									
3	殺伐とした感じ—雰囲気のある感じ	□	□								
23	緑の少ない感じ—緑の多い感じ	□									
11	暖かい感じ—寒々しい感じ		○								
10	楽しい感じ—つまらない感じ		○								
5	陽気な感じ—陰気な感じ		○								
15	活気ある感じ—沈滞した感じ		△								
13	親しみのある感じ—よそよそしい感じ		△								
14	明るい感じ—暗い感じ		×								
26	平面的な感じ—立体感のある感じ		□								
1	狭い感じ—広い感じ			○							
24	開放的な感じ—圧迫的な感じ			△							
6	窮屈な感じ—伸び伸びした感じ	×		◎							
2	古い感じ—新しい感じ				●						
17	不連続な感じ—連続的な感じ					●					
22	特徴のある感じ—特徴のない感じ	□									
12	落ち着きのない感じ—落ち着きのある感じ	×						△			
7	複雑な感じ—単調な感じ		×						△		
4	騒々しい感じ—静かな感じ	×								◎	
因子寄与		8.39	4.69	1.93	1.31	1.14	0.86	0.82	0.70	0.56	0.42

●0.9以上　○0.8以上　△0.7以上　◎0.6以上　×0.5以上　□0.5未満で最大なもの

12 時間性

temporality

空間の時間的な現象と，これらと関係した性質。時刻，季節，天候にともなう変化や，逆に変化が感じられない状態などを指す。広義には，移動によるシークエンスの変化などを含む場合もある。基本的には，人間が時間を知覚し認知することそのものを表している。

空間演出としては，特に周囲との相対的な変化の差によって，対象物を意識させようとする意図や手法を指す。例えば，時刻や天候によって刻々と変化する陰影，風に揺れる樹木や水面，風や水の音，あるいは花の香りや新緑，紅葉など，またこれらと対比して何百年も変化しないと感じさせる建造物や彫刻などである。語彙がはっきり定義されて用いられることはまれで，抽象的な時間の流れに関係する演出手法と空間のイメージを表す言葉といえる。

異なる表情をもつ空間は，そこに接する人々に異なる時間感覚を与えるが，これが本来の時空間と人間の関係ともいえる。このような考え方は，ハイデッガー（1927）をはじめとしてその後の現象学研究の多くで用いられてきたもので，人間存在が時間的であること，すなわち人間が中心にある世界では，時間との関係が断ち切れないという考え方に基づいている。

多くの分野において時空間はすでに均一ではないが，空間学の分野ではこの時間性の意味の解明，デザイン理論と手法の開発はいまだ研究途上であり，実証的研究は今後の大きな課題といえる。

図-1 空間の年変化

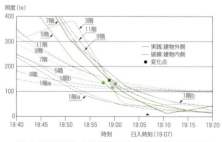

図-2 都市建築物内外（ガラス窓周辺）の明るさの変化

図-3 都市空間の時間変化

見え隠れ

視点の移動にともない，対象を見せたり隠したりすることにより，これらの要素を印象深く見せるための方法であり，空間をシークエンシャルにドラマチックに演出する。

神社の参道空間や回遊式庭園では，経路の折れ曲がりや高低差などで直接全体を見せない手法により，心理的変化を与えている。

例えば，稲妻型の登廊で有名な奈良・長谷寺の参道は，仁王門をくぐるとまっすぐに伸びた下廊に入る。列柱と勾配のある石段の薄暗い下廊からは，本堂の観音堂はまったく見ることができない。

下廊の庇の下に出ると，急な斜面を登る中廊と樹木越しに観音堂の屋根を見ることができ，興味がそそられる。さらに中廊に至ると，観音堂は清水寺と同じ懸造りの舞台の足組を常夜燈と木々の中に姿を現す。しかし観音堂そのものを見ることはできない。上廊に入ると，その舞台の足組が迫力をもって視界に迫ってくる。約400段の登廊の終点を左に曲がると本堂に入る。舞台からは山々の風景が劇的に視界に飛び込んでくる。

この登廊の構成は，本堂を見せたり隠したりする見え隠れの効果を意図して，参道のアプローチ空間を演出している。

厳島神社の大鳥居もこうした見え隠れによって，シーンの展開の中に見える方向を変え，側面，正面と鳥居の姿や大きさを変え，アイストップとして印象深く，象徴的に見せている。

また，西芳寺の池泉回遊式庭園などでは，庭木，灯籠，滝，亭などの特定の要素の全体を見せずに，その一部を「障り」と呼ばれる樹木などで隠すようにする伝統的な造園技法がある。

図-1 長谷寺参道

図-2 西芳寺(苔寺)池泉回遊式庭園(障り)

12 調和・対立

harmony/contrast

「調和」とは，要素と要素がうまく釣り合って，全体として整っている様子をいう。一方，「対立」とは，要素と要素がお互いに張り合って存在することである。したがって「調和」と「対立」は，互いに相反する概念である。

都市の景観を考えるとき，新たに計画される建築は，既存の街並みのもつ形態や雰囲気の中で，どのように周辺と関係をもたせるかは重要な課題であり，景観として「調和」が求められる。

京都のような歴史的街並みでは，京都という独自の文化をもつ都市のコンテクストの中で，現代建築が伝統的な様式やデザインといかに「調和」させ，雰囲気を保存していくかが重要である。景観条例やガイドラインにより，意匠や色彩などについて制限があるものの，図-1のように町家の中に建てられたマンションなどの現代建築は，歴史的街並みの中で「対立」して見える。

日本の伝統的な建築の空間構成では，法隆寺の金堂・五重塔・大講堂の伽藍配置の立面にみられるような，シンメトリーを崩す，いわゆるダイナミック・シンメトリーの構成が軸線に対して非対称であるが，全体として「調和」を生み出している好例がある。これは，日本的美意識による優れた「調和」の手法である。

R.ヴェンチューリは，対立性について「対立性は最も純正な構成にあってはみられない豊かさと緊張を有している」また「さまざまな要素は対立的であるにもかかわらず，複雑な統一を目指すことによって多様性が生まれる」と述べている。

図-1 田の字地区のマンション（京都）

図-2 母の家／R.ヴェンチューリ（撮影：鎌田光明）

ゆらぎ

fluctuation

ゆらぎとは，物理学ではある量が平均値の近くで変動している現象，またはその平均値からのずれをいう。

風に揺れる木々や水面に放たれた波紋など，揺れている様子は不規則であるが，見ていると心地良く感じる。

街並みをはじめとした空間でもゆらぎを感じる。京都の祇園新橋通りは，町家が整然と並んでいて統一的である。図-1は，街並みの写真をつなぎ立面にしたものである。注意深くみると，各建物の軒の高さ，格子の大きさや間口の幅など微妙にずれていることがわかる。また同じ木造の建物であるが，木の色やテクスチャーは，微妙に異なっている。これらゆらぎが，統一感の中に，美しく趣のある調和のとれた雰囲気を醸し出している要因の一つであると考えられる。

ゆらぎを解析してスペクトルを求めることを「スペクトル解析」といい，周波数に逆比例する「1/fスペクトル」について，武者利光は，心拍周期やニューロンやモーツアルトなどの音楽作品の分析から「1/fゆらぎが私たちに快適なリズムを与えるのは，私たちの体の中のリズムが1/fゆらぎを示すことからだと思います。この体のリズムと同じ性質のゆらぎを外部から刺激として受けると，"快適だ"と感じるのではないでしょうか」と述べている。

建築・都市空間の中にゆらぎの効果をもったさまざまな要素を演出することが，快適感を伴う豊かな空間をつくる可能性がある。

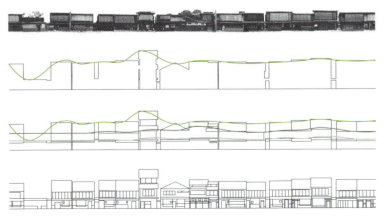

図-1 フォトエレベーションと線画による建築要素の変化（祇園新橋通り）

12 スカイライン

skyline

　スカイラインとは，山並みの稜線などの地形，建築や建築群がつくる輪郭と空を背景とした境界線をいう。

　都市や街並みのスカイラインは景観の特徴を表したり，乱雑性や複雑性・多様性といった評価を表す重要な要素といえる。

　芦原義信は，その特性として，「西欧の建築は伝統的に外観の輪郭線が都市の景観を決定している」とし，日本の都市では，「外郭線の周りに常に生成流転する中間領域としてのリダンダンシー（情報理論での「冗長度」）をもっているから，全体の形態としては極めて不安定であり，不明瞭である」と，西欧的形式重視の発想と日本の都市の目に見えない「隠れた秩序」を対比させている。

　ヨーロッパの伝統的街並みに見られるような棟が連続し高さがそろっている画一的なスカイラインと，マンハッタンや新宿副都心の超高層建築群に見られる高さや棟の間隔がばらばらなスカイラインとでは，形状や印象も著しく異なったものとなる。

　奥俊信らは線の複雑度を表す尺度として，フラクタル理論を用いて心理的評価（複雑性）とフラクタル次元の関係を分析し，両者に相関があることを示している。亀井栄治らはスペクトル分析を用いて，そのゆらぎの値がおおむね1/fゆらぎを示していて，快適性と相関が高いことを論じている。また船越徹・積田洋らは，建築の輪郭線について，ファサードの輪郭線によってその建築と識別されるものと特定できないものなど，4つに類型化し分析している。

図-1 新宿副都心の景観

図-2 線画による都市のスカイライン

ライトアップ

light up

　国民生活の多様化に伴って，夜間の生活時間も増加している。都会のナイトライフの一つの楽しみである夜景の演出手法の重要なものとして，ライトアップが近年盛んである。高層建築やタワー，橋梁，お城などの歴史的建造物，モニュメントなどがその対象である。

　都市における照明は，17世紀にパリで街灯が灯されたものが始まりとされている。その後，ガス灯から電球，LEDへと光源が変化し，人間の生活時間やライフスタイルの自由度を大幅に向上させた。また，都市のあかりは，アートやライトアップなど新しい都市空間の演出法として展開している。

　照明には，夜の都市空間において建築や土木構造物を照らすことで夜間の都市景観を演出し，環境の美化とアメニティの向上を目的とした景観照明と，夜間の行動の安全性の確保や誘導を目的とした機能照明がある。

　景観照明の計画に際して考慮するべき点として，次の3点が挙げられる。
①その街の文化や自然環境，歴史や風土といった個性を表現し，街のイメージを際立たせること。
②都市内の境界や都市軸といった都市構造を考慮して，わかりやすい街並みや都市空間を表現すること。
③季節感や一日の時間の変化など，生活のリズムを考慮した演出と分節を行うこと。

　ライトアップは近年，わが国でも各所に取り入れられているが，やはり欧米の先進事例に学ぶところが多い。日本の伝統としては，火祭りなどのイベントがあるが，日常生活のうえでは陰影による演出を好む国民性や，遊里，盛り場，界隈，縁日などでの歴史から，一種の猥雑さを伴っている側面もある。

　ライトアップの効果を予測し照明手法を検討するための，CG（コンピュータグラフィックス）を用いた照明シミュレーションがある。CGを用いることで，投光器の配置や種類，性能といったパラメータを変化させながら，対象施設に映ずる色合い，明暗，陰影状態などの演出効果を目で確認しながら計画を進めることができる。

図-1 街のシンボル熊本城のライトアップ

12 プロジェクションマッピング

projection mapping

空間演出

日本でのプロジェクションマッピングは，東京駅丸の内駅舎で行われた東京ミチテラス／TOKYO HIKARI VISION（2012年12月）が注目され，広く認識されるようになった。映像がフレームから解放され，平らな面だけでなく，建築物など凸凹のある立体面に投影される。丸の内駅舎のファサード36m×26mという巨大な投影画面に対して，複数のプロジェクタを用いたマルチ映像システムを組むことで，大規模施設壁面にダイナミックな映像ショーを実現可能なことが実証された。

海外での歴史は，1970年代のライトショーなどを経て，2000年代には専用ソフトウェアの発達により「ビデオマッピング」「3Dマッピング」などとして広まり，2008年の北京オリンピックでは大規模な光のショーが行われ世界に放映された。2010年代になると，プロジェクタ，無線ネットワークなど機器類の普及により学校，歴史的建造物などさまざまな地域のイベントに広く用いられるようになった。

このプロジェクションマッピングは，都市のパブリックスペースに私たちを誘い出す新たな試みの一つである。建築空間には，自然の営みによる四季の変化により，桜の風景，雪下の庭園とさまざまな空間場面が生まれる。プロジェクションマッピングでは，暗闇に建築を浮かび上がらせ，映像との共鳴による現代的な空間演出により，新たな空間体験の場を設えることができる。

図-1 TOKYO HIKARI VISION（©東京ミチテラス2012）

図-2 高台寺の夜間特別拝観（京都）

修辞

rhetoric

古代ローマにおいて効果的に演説をするための弁論術であったレトリック（修辞）は，やがて言葉の綾を駆使する技法ばかりの古くさい学問の代名詞になっていた。それが20世紀の後半以降，現実世界を再創造することとして再評価された。特に，レトリックの代表とされるメタファー（隠喩）は，「として見る」という人間の基本的な認識のしかたとして注目されている。

つくる場面では，「として見る」ことは基本である。日本の伝統に「見立て」という技法があるように，そもそも地形，気象，旅，植物，機械など，なんであれ文脈をこえて喩えることが，創造の原動力となる。

「引用」もそのような技法の一つで，ポストモダンが脚光を浴びた時代には，西洋の伝統的建築様式が引用され表現された。現在では，モダニズムも，日本の伝統建築も，巨匠のモチーフも，植物や地形の風景も引用され変換されるのである。

一方，設計者がどんな意図をもっていようと，人々が建築を「として見る」ことは逃れようもない。そのため，連想される姿から愛称をつけられ長く記憶されることもあれば，「学校らしさ」「正面入口らしさ」といった「らしさ」が求められることもある。

このように，建築をつくることは，用途を果たすだけの物体をつくることではなく，いろいろなスケールでいろいろな人々に「として見られる」存在を世の中に生み出すことと自覚しなくてなはらない。

図-2 仏教の源流をイメージさせる古代インド建築のモチーフが多用されている（築地本願寺／伊東忠太）

図-1 長方形断面の細い柱がランダムに並ぶように見え，林の中にいる印象を与える（神奈川工科大KAIT工房／石上純也）

13 公的空間

public space

住宅のように，閉じられた（私的）空間の中に居間のような開かれた（公的）空間が存在する一方，ホテルの客室のように，開かれた（公的）空間の中にも閉じられた（私的）空間が存在する。開かれた内部空間としては，公共性や商業性の高いオフィス・ターミナル施設・高齢者施設・スポーツ施設・学校・図書館・美術館・博物館，そして車両・船舶・航空機などの乗り物空間が挙げられる。

個人の生活行動を中心に公的空間を見ていくと，例えば通勤行動を組み立てている空間は，点の移動する細い線として捉えられる。その線が織りなす流動束空間は管状内部空間として都市をつなぎ，都市交通体系のネットワークを構成している。

乗り換えのターミナルはそれらの結節点であり，結節点の周辺にはさまざまな公的空間が自然発生的に増殖し，有機的な内部空間の複合体を形成している。ホームの吹抜けは真上にある商業施設の吹抜けとつながっており，公的空間がつながりをもって都市を囲いこむことで，さらに都市空間を内部化させている。道路を挟んで向かい合うアーケードのある商店街，建物に囲まれた都市の広場，ヨーロッパの古い都市にみられるガレリア，そして現代の地下街。これらはすべて都市の公的内部空間である。

広場は囲われることで，道はつなぎ連続させることで，公的空間を物理的に内部化させている。都市の魅力は，公的空間を人間の側から物理的，心理的に内部化させることによってつくり出されている。

図-1 スウェーデンの地下鉄空間

図-2 みなとみらい駅・断面図（1/2,000）

私的空間

private space

シェルターとしての内部空間の原点はねぐらとしての機能にあり，寝室や子ども室などの私的空間として現代の住宅に受け継がれている。

人は1日平均8時間，人生の約3分の1を寝室で過ごしている。私的空間は，快適な睡眠を得るための人間の生理的要求を満たす単位空間である。そして，自己の存在を自立したものと確認するための静かな閉じられた空間であり，広義のプライバシー機能が求められる。自我の確立のための行動や，情報の選択とコントロールなどの心理的要求を満たすための場所として重要な役割を果たしている。そこでは個性やアイデンティティを表現し主張できることが不可欠である。

日本の子ども部屋が勉強部屋として認識されているのに対して，アメリカをはじめとする個人主義文化圏では，子ども部屋は寝室であり，子どもの私的空間として位置づけられ使われている。

アメリカの屋根裏の子ども部屋（図-1）の斜めの天井や扉には，ポスターや写真などが一面に張り付けてあった。軍隊志願のアメリカの高校1年生の男子生徒がつくったベースメントの自室（図-2）には，軍隊の制服や関連する物が所狭しと並べられていた。ベルギーの15歳の女子高校生の部屋（図-3）には，たくさんの野球帽やぬいぐるみが並べられ，ドイツの5歳の子どもの屋根裏部屋の扉（図-4）にも子どものネーム飾りが付けられている。図-5は，玩具類の配置にこだわって，苦心して並べていたドイツの7歳の男の子の屋根裏部屋である。

図-1 天井までポスターや写真が貼ってある屋根裏の子ども部屋（アメリカ）

図-2 ベースメントに自分でつくった高校生の部屋（アメリカ）

図-3 高校生の子ども部屋（ベルギー）

図-4 扉に付けられている子どもの名前や飾り（ドイツ）

図-5 隅々まで配慮して使っている7歳の男の子の部屋（ドイツ）

13 象徴空間

symbol space

象徴空間とは，それ自身の固有な形象的価値のなかに全体的イメージを凝縮し具象化することで，その意味を表徴することを目的とする空間である。ステイタスや権威を表す空間や宗教建築では，天井の高さや垂直方向への伸びがそれらを表徴している。光と影の効果は象徴性を演出するうえで重要な要素で，善と悪，神と悪魔，生と死，徳と不信仰などと同一視されてきた。

教会建築（図-1）における光の取入れ方は，こうした空間の象徴性を表現している。空間構成や形象的な表現によって，特定のイメージや文化を想起させる空間も象徴空間といえる。

モロッコのメディナのフェズエルバリ入口の壁や街中で見かけた空間（図-2）は，権威を象徴しているのではないが，その国の文化そのものを具現化していた。

日本の玄関や床の間も歴史的に象徴空間として発生している。玄関は，駕籠（かご）をおろし武家が挨拶を交わす場である式台を前面に設けた，封建社会の格式を表す場所であった。大住宅では，客や主人の使う表玄関（図-3上）が家の権威や格式を象徴する空間であり，家族や使用人の内玄関と厳格に区別されていた。

床の間には2つの源流がある。畳床（図-3下）は，畳の敷きつめにともない，貴人の身分を明確に表すために上段の間を普遍化させたものである。板床は，障壁画に代わる掛軸形式の仏画鑑賞の興隆により，三具足を置くための押板が造付けになったものである。前者は，格式空間として権威や身分階層を象徴する空間，後者は，美的鑑賞空間として位置づけられている。

図-1 プラハ城の聖ビート教会

図-2 モロッコのメディナで見かけた空間

玄関土間から式台。舞良戸を開けると，奥に水屋を設えた畳廊下が見える。

主人室の畳床。床柱は杉絞丸太（太径5寸）。

図-3 庄屋屋敷（吹田市，西尾邸）

和の空間

space of japanese style

　和の空間の特質は，先史時代に出現した二つの住居様式，「竪穴式住居」や「高床式住居」などから始まり，すべて木造であった。さらに書院造りによって形式がきまり，その後，茶室，数寄屋などによって影響を受けた近世以降の住居形式が定着したのである。また，住まいの特徴としては「開放的」であるといわれている。実際には，これは支配階級のものについていえることで，庶民住宅は竪穴式住居以来，閉鎖的であった。

　しかし，その後，木造の柱と梁の軸組構造が出現し，一般の住宅では角材が用いられ，図-1に示すような切妻の屋根構造であった。そして，家屋には縁側があり，内と外との中間のスペースをつくり出し，その上には庇が張り出していて，雨のときには引き戸を開けておいても水の入る心配もなく，さらに強い日射しを防ぐ役割を果たしていた。

　また，外側の敷居には雨戸が付いており，その内側には網戸やガラス戸が付けられ，さらに，障子戸が付けられている。部屋内部については，床に畳が敷かれ，壁の一部は漆喰で塗られ，水平の木造の天井板が張られている。また部屋相互の仕切りは襖で，その上に欄間があり，奥の座敷には床の間がついている。

　このように，和の空間は開放性をもち，石造建築と比較してたいへん多様な建築として開放感にあふれ，生活の自由度を与えてくれるものである。

図-1 木造軸組の構成

図-2 桂離宮　松琴亭・内観

13 吹抜け空間

light well

　空間のスケール感覚は寸法が同じ場合，境界面の広がりと人間の近接性によって規定され，規模感覚，圧迫感覚，明瞭感覚と深く関係する。

　吹抜け空間は，圧迫感を除去するための有効な手法である。吹抜けには「家屋の柱間に壁，建具がなく外部に向かって開放されている状態。吹放ち」「各階の建築の内部に天井，床を設けず複数階を貫通して設けられた室またはスペース」の両義がある。空間に変化やゆとりをもたせたり，light wellの言葉どおり採光を得るために多用されている。

　オランダのアムステルダムのボルネオスポーレンブルグ地区の再開発では，小さな子どものいる家庭を都心に呼び戻すために，戸建のような魅力的な低層集合住宅が計画されている。1住戸が間口約4m，奥行20mで，約70～80m^{2}の三方が囲まれた悪条件の狭小な敷地に，吹抜け空間をうまく設計することによって，ライフスタイルに合わせた快適な現代版カナルハウスがつくられている。

　図-2は，デパートの地下4階まで切り込んだ逆円錐形の吹抜け空間である。円錐形のガラス表面がホログラフィ・フィルムで覆われているため，空間にさまざまな色彩が反射し，自然光と人工照明が光のシャワーを演出している。

　ライヒスターク（図-3, 4）は，東西ドイツの統合にともない，連邦議会新議事堂として改修された。先進のサスティナブルデザインを極めた巨大な空間として復活している。

　吹抜けは，非日常的な空間の豊かさや心理的ゆとり感をつくる有効な手段である。

図-1 狭小間口に吹抜け空間を駆使したカナルハウス（外観）

図-2 ラファイエットの逆円錐の吹抜け空間（パリ）

図-3 螺旋状のスロープを上っていくと議場の様子を見ることができる（ライヒスターク，ベルリン）

図-4 鏡のオブジェがある吹抜け空間（ライヒスターク，ベルリン）

土間空間

earth floor space

　土間とは，床を張っていない土やたたきなどの屋内の土足空間を指すが，現代の土間はコンクリートや石，タイル等が多用されている。

　洋式建築では玄関が独立しておらず，上足・下足空間の領域が曖昧である。洋式建築の普及で，現在ではパティオや植栽の置いてある玄関前アルコーブなどの半外部空間も土間として認識されている。

　伝統的な農家の土間はニワと呼ばれ，収穫や精米・藁仕事などの作業場であり，竈（かまど）や流し，地炉のある生活空間であった。土間にはさまざまな神が祀られ，安らぎと生産の神聖な空間である。土間は粘土に藁や籾を敷き混ぜ突き固めてつくったもので，特有の湿り気や弾力性と保温性を備えており，床材としての性能をほぼすべて満たしている。

　寒地では土間に地炉が設けられていた。図-1は入地（にゅうじ）台所で土間の上に籾糖を入れ，ムシロ・ウスベリを敷いている。図-2は土間ダイドコとオカッテからなる台所である。主屋の半分近くの広さを占める関東の広間型では土間境に建具がない。

　図-3の土間には曲線型の7つのオカマサンがある。右端の大竈は三宝荒神サンと呼ばれ神聖なものとして扱われている。煙返しの梁にしめ縄を張り，三宝荒神にもお供えをしている。竈が多く並ぶのが近畿地方の特徴である。7つの竈は餅・味噌豆・家畜の飼料・飯・湯・おかずとのおのおの使い分けられている。

　図-4は五右衛門風呂のある土間で，竹で編んだ簀子様のふたが天井の滑車に下げてあり，蒸し風呂として使用するようにつくられている。

図-1
入地になっている
ダイドコ土間
（滋賀県）

図-3
青木の祀られた
7つの竈のある
土間（京都府）

図-2
大きなダイドコ土間（群馬県）

図-4
風呂のある土間
（三重県）

13 アルコーブ

内部空間

alcove

洋式建築において壁の一部を入り込ませてつくった空間をいう。アラビア語のal-qobanでヴォールトを意味することから、部屋の壁面につくられたヴォールト・アーチ、ドーム状の窪みをもつ凹室、またはニッチ（niche、西洋建築で壁面の一部を窪めた部分）などを指す。現在では、床の一部を一段低くつくった凹部の空間なども含められている。日本の床の間もアルコーブの一種である。

アルコーブは、もともと石や煉瓦を積み上げた組積造の洋式建築の壁の単調さを破り、人がとりつきやすい空間にするために設けられたものである。木造の柱と梁で構成され壁よりも開口部の目立つ日本の建築では、そうした空間があまり重視されてこなかったため、日本の建築用語には適切な訳語が見当たらない。

何もない無の空間や、空白面の引き起こす心理的圧迫感や緊張感、不安定感は大きい。そのため、大空間のロビーやラウンジなどにアルコーブをつくることは、空間を落ち着いて居心地よくするための手法とも言える。オープンスクールの廊下などに設けられているDen（本来は動物の穴ぐらという意味）もその一例である。池の底に凹みをつくるのも、魚たちが安らぐ場所をつくるためである。アルコーブに身を置くと、並外れた大空間の中でもほどよいスケール感で包まれ、安堵感がある。

しかし、同じアルコーブでも、日本の床の間は空間の求心性を表すものであり、空間における身体の方向性を決定することによって、人を空間に位置づけ、心理的に安定感をもたらしている。

居間のアルコーブ。広い空間の一部に、落ち着きのあるスペースをつくり出している。

図-1 ヒルハウスの居間

図-3 ベッドの横の壁に設けられたニッチ

寝室のベッドの配された空間もアルコーブになっている。

図-2 ヒルハウスの寝室

図-4 茶の間の求心性を表す床の間

地下空間

underground space

内部空間

地下空間の利用は，採光や通気などの技術が開発され飛躍的に進歩したが，あいかわらず閉鎖的，高湿度，不健康といったイメージがつきまとう。地下空間は，採光，眺望，通気，音，振動などの外部刺激を遮断した感覚遮断空間として位置づけられ，方向感覚なども失われやすい。しかし，外部環境が遮断されているため，作業能率や心理的安定感が得られ，災害から身を守るシェルターとして有効である。

地下空間は，地表付近の浅深度地下と大深度地下に二分される。大深度地下は，①通常の地下室の建設が行われない地下40m以深，②建築物の基礎設置のために通常利用されない深さで，支持層から10m以深，このいずれか深い方と定義されている。

平成13年に大深度地下法が施行されたことにより，都市再生や都市機能の強化に対する空間利用の新たな選択肢が広がった。大都市では鉄道，電気，ガス，電気通信，上下水道などの地下利用は，建設が容易な浅い地下から利用されており，年々その深度は深くなってきている。東京の地下鉄・都営大江戸線は，地下50m近い深さを利用している。今後は道路や鉄道，河川，物流などの良質な社会資本の効率的・効果的整備とともに，地下空間を活用することで，地上の都市空間に緑や水を再生させるという観点が重要になってくる。

ちなみに，子どもを大切にするデンマークでは，保育園の地下空間に以前から核シェルターが設置されている（図-3）。

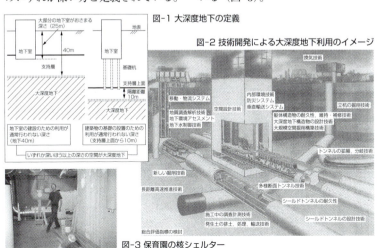

図-1 大深度地下の定義

図-2 技術開発による大深度地下利用のイメージ

図-3 保育園の核シェルター

13 宇宙の内部空間

interior space in outer space

宇宙で人が生きていくには，安全な内部空間が必要である。宇宙の環境は，高真空，極高低温，宇宙放射線などと過酷であるからだ。

宇宙でのおもな内部空間には，①地球周回中の国際宇宙ステーションISS，②月や火星へ移動中の空間，③月や火星での滞在空間，が挙げられる。

ISS外枠の大きさはサッカー場とほぼ同じ，船内の広さはジャンボジェット2機分ほどであり，6人が滞在する。ISSでは，空間の上下がわかりやすいよう，天井側が照明となっている。さらに，ISS「きぼう」日本実験棟では，床側を青色ペイントとしている。

無重量では，身体が変化する。背中が丸く肘と膝が折り曲がった中立姿勢となり，身長が2〜4cm伸びる。

身体の固定にはハンドレールを使う。移動時には，ハンドレールを使ったり，壁や天井もさわったり蹴ったりする。

無重量では，体が浮くため，高いところにも手が届く。月や火星でも地球より重力が少ない（月が地球の約1/6，火星が約1/3）ため，月や火星では地球より何倍も高いところまで手が届く。

人の空間感覚も地上とは異なり，無重量では，大きな空間と小さな空間がより質の近い空間として捉えられるようである。

そのほかにも，宇宙では孤独感に陥りやすいため，私的空間は最小限として，皆で集まる空間のデザインがより重要となるであろう。

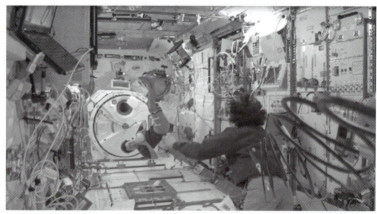

図-1 「宇宙でのびやかに暮らそうプロジェクト」ISSでの実験の様子
　　（写真：西出和彦／NASA／JAXA（実施））

働く空間

workplace

人々が働くための空間としてのオフィスは，時代とともに大きく変化している。1960から70年代において，オフィスの施設の効率化を目的として，ブルーカラー中心の工場から，ホワイトカラーが効率的に働ける場の提供へと変化してきた。このころ登場した机を向かい合せに組み合わせ端部に管理職を置く田の字型（島型対向式）オフィスは，現代のオフィスにおいても主流のレイアウトである。

1980から90年代においてはグローバル化により業務が情報化され，一人一台のPCをもつ座席レイアウトへと変化する。

2000年代からはオフィスでは定型業務だけではなく，知的創造を行う場所としての役割が求められるようになる。加えて，オフィスワーカーが自席をもたず，業務や気分に応じて自由に席を選択できるフリーアドレスオフィス（ノンテリトリアルオフィス）なども導入されてきている。そこでは，人が休憩したり，交流することを目的としたリフレッシュコーナーの充実や，予定した定例会議とは異なる突発的な打合せを誘発する打合せスペースなどが導入された。これらの空間は人を集める機能をもつことからマグネットスペースなどとも呼ばれる。

さらに，会社外のサテライトオフィスや自宅など自社と離れた場所で働くテレワークも行われている。会社からの外勤途中の空き時間利用者が，カフェやレンタルスペースなどで働く自宅，勤務先に続く第三の場所としてのサードプレイスでの働き方も広まっている。個人や小規模の会社が自前のオフィスをもたず，共同で利用することを前提としたシェアオフィスなどを利用する例も増加している。そこでのコミュニティスペースでは，飲食物を提供したり定期的なイベントを開催するなど，利用者の交流をはかる試みが行われる。

このように，ハードのみではなくソフトも含んだ働く空間のあり方について検討・実践が行われている。

図-1 オフィスランドスケープ

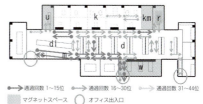

図-2 オフィスにおける出入口，マグネットスペースの配置と通路通過頻度の関係

13 インテリアデザイン

interior design

内部空間

　インテリアデザインの源流は，厚く固い壁をもつ西洋の組積造の住まいと，インテリアのみの洞窟住居にさかのぼる。

　石や煉瓦造りの厚い壁でつくられた開口部の小さな住居は，安全ではあるが暗く冷たく，肉体的にも精神的にも生活空間としての快適性は得られなかった。そこで，くまのプーさんに出てくるうさぎのように，床を毛皮や布で覆い，壁に物を飾る棚を取り付けることによって（図-1），生活空間としての美しさや快適性を求める作業がなされた。それがInner Decorationであり，Interior Designである。西洋では，伝統的にインテリアデザインが掃除や洗濯と同じように主婦の日常の家事作業として行われてきた所以である。

　インテリアデザインのもう一つの原型は，外観のない洞窟住居である。洞窟住居は風土に融合した純粋な内部だけの空間で，外部は自然の丘陵や崖でファサードだけの建築である（図-2）。そこでも開口部のない壁だけの室内（図-3, 4）を住みやすくするための設えが求められた。

　日本ではRC造の導入や建築の工業化，量産化によって建築の画一化が進んだ結果，個性化の手段として，インテリアデザインが必要とされるようになった。地球環境の悪化とともにリサイクルや省資源が求められ，リノベーション・コンバージョン時代に入り，さらにインテリアデザインの役割が注目され大きな意味をもつようになってきた。

　インテリアデザインとは，生活を目的とした人と空間との関連づけであり，空間の人間化の手段である。

図-1 穴から抜けられなくなったプーさんが見苦しいので，うさぎがしたインテリアデザイン

図-2 洞窟住居の外観（スペイン・グァディス）

図-3 洞窟住居の内部・台所

図-4 洞窟住居の内部・寝室

内部空間の外部化

exteriorized interior

　建築の内部でありながら外部のようにつくられた空間がある。外のような床仕上げで，トップライトから日が差し，風が抜け，植物が茂るような場所である。外のようにつくられているから，外にいるように運動，集会，作業などをすることもある。

　そのような空間の特徴は，内部の良い点を保って，疑似的な外部がつくられていることだろう。内部の良い点とは，雨に濡れない，風が吹きつけない，日差しが和らげられる，車の騒音や雑踏の喧騒が聞こえてこない，見ず知らずの人が入ってこない，無遠慮にのぞかれない，などが挙げられる。建築の外の，厳しく荒々しい世界を忘れて，別世界にいる気持ちになれる場所である。

　一方で，建築の外が荒々しくない環境なら対応は異なる。穏やかな天候と草花に満ちた環境が広がり屋根の下より快適ならば，建築の内部をその快適な外部と同じようにしたくなる。建具を開け放てば外の空気が通り抜ける日本の伝統的建築は，穏やかな外部空間との一体感をつくり出す仕掛けに富んでいる。しかし，外の環境は移ろいやすく，快適であり続けるわけではない。内部空間の安定性はやはり魅力的なのである。

　日本の居住空間でさらに興味深いのは，外と一体化する仕掛けに富む一方で，履物の脱ぎ履きが維持されていて，その点からすると内と外は明確に分けられることである。建築のつくられ方は，環境条件からのみ決まるのではなく，文化的習慣が強く関係するのである。

図-2 内部の大空間
　　（ストックホルム市庁舎／ラグナール・エストベリ）

図-1 ガラスの大空間
　　（東京フォーラム／ラファエル・ヴィニオリ）

13 外部空間の内部化

interiorized exterior

「内部空間の外部化」という言葉の裏返しの表現なのだが、「内部化」とは多様に解釈できる。屋根を掛けて雨が降り込まないようにすることだろうか。空気的にも切り離して、寒さや暑さも外とは異なる状態に制御することとも言える。

日除けを差し掛けて日差しを遮るだけでも、内部になったように感じられることもある。軒下で雨宿りをしても一息つける。パーゴラの下で風景を眺めたり、木立の下に布をひろげて腰を下ろすだけでも、あたかも家にいるようにくつろげることもある。デッキなどをつくって、テーブルと椅子を出してお茶を飲む、アウトドアリビングやアウトドアルームといわれる外部のもう一つの部屋をデザインすることもある。

内部化を広く捉えてリラックスした状態を実現することと考えれば、日除け、軒、パーゴラ、木立、デッキ、テーブルや椅子など、さまざまなデザイン的道具立てが寄与することがわかる。

もちろん、大きな建物の中庭にガラスの天井やテントを掛けて室内化したり、それらを可動にして好きなように外部にも内部にもする大仕掛けもある。ドームで都市全域を覆う提案もされているのである。

人は環境の状態や気分しだいで、建物の内部に守られていたいときもあるし、外に駆け出して行きたいときもある。空間をデザインするには、移り気な人の心理を予想しながら、さまざまなアイデアを提案することが求められている。

図-2 木立のある小広場にカフェが面し、落ち着いた雰囲気をつくり出す(代官山ヒルサイドテラス／槇文彦)

図-1 庭園の中の涼しげな東屋(左上・左下)
(岡山後楽園流店)

オープンスペース

open space

オープンスペースとは建築物の建っていない空地のことで、広義には鉄道や河川、自動車専用道路など通常人間が立ち入らない空間も含まれるが、本項では都市における人間の活動の場となる空間をとりあげる。

その機能は、市街地拡大防止、道路や鉄道の交通機能、ゴミ回収や物品配達のサービス空間機能、通風・採光や緑地空間の確保による自然保護機能、火災の延焼防止など防災機能、祭りやイベントに対応するレクリエーション用地機能、商店街や住宅地のコモンスペースなどのコミュニケーション空間機能などである。

ヴェネツィアではオープンスペースが段階的に設けられている。サン・マルコ広場はヴェネツィアで唯一ピアッツァ（広場）の名称をもつ中心空間である。カンポは小広場の意でパロッキア（教区）ごとの共用空間、路地の先にあるコルテ（中庭）は周囲の住人のための空間である。

ベルリンのハッケンシャー・ヘーフェは、もともとは職人たちの工房兼住居であった場所で、東西ドイツ統一後整備されたオープンスペースである。街区の内側に形成された連続する中庭に住宅と商業施設が設けられ、8つの中庭がそれぞれ個性的な空間となっている。

また、現代の都市空間においては総合設計制度を利用した公開空地もオープンスペースの一つである。丸の内ブリックスクエアは、高いビルに囲まれた都市的空間の東京駅前丸の内界隈において、緑豊かな憩いの場を提供している。

図-1 サン・マルコ広場（ヴェネツィア）

図-3 ハッケンシャー・ヘーフェ（ベルリン）

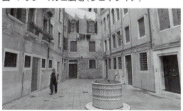

図-2 周囲の住民のためのコルテ（ヴェネツィア）

図-4 丸の内ブリックスクエア（東京）

14 広場空間

plaza, square

　広場とは元来，都市に設けられる公共の空地であり，集会・祝祭・交通・人々の憩いの場である。歴史的には革命や権力の誇示のための空間として象徴的に扱われた広場もある。

　ヨーロッパでは古くはアゴラ（古代ギリシャ）やフォールム（古代ローマ），そして中世には王宮や市庁舎を伴う政治的な広場，イタリアのドゥオーモ広場に代表される教会前の宗教的な広場，ドイツ語圏のマルクトに代表される交易のための市場広場などが設けられていった。これらは独立した都市の空地として，あるいはいくつかの広場が連携して都市の中心機能を担う。また広場は過密な都市空間の空隙として，陽光や新鮮な空気を供給する機能も果たしている。地区ごとに設けられた小広場はそうした機能を担っている。そしてルネサンス以降には整然とした大広場，バロック期には楕円の平面形など単純な形を避ける広場が設けられた。ヨーロッパの都市ではこうした都市広場は現在でもさまざまな機能を担い人々の生活を支えている。

　一方，日本では伝統的にヨーロッパ的な形態の広場はないとされてきた。しかし，先に挙げた広場の機能を満たす空間は存在する。寺社の境内，水場まわり，みちの辻でコミュニケーションをとり，道路を利用して祭りが行われる。現代では，ビルの公開空地，商業施設などの敷地内に積極的に広場空間がデザインされている。過密な都市部で立体的土地利用を行い建築物の屋上空間を利用した広場もある。

図-1 ドゥオーモ（大聖堂）広場（ミラノ）

図-2 ベルニーニ設計のサン・ピエトロ広場。バロック期の広場である（ローマ）

図-3 立体道路制度を利用して建設された虎ノ門ヒルズのオーバル広場（東京）

街路空間

street in urban area

　道路には，安全・確実・快適に目的地まで通行できる交通機能と，防災・ライフライン収容・街並みや文化の形成・コミュニケーションのための空間機能がある。街路とは道路の中で市街地にあるものを指す。

　街路に要求される機能は，車両と歩行者の双方から考える必要がある。郵便や宅配便の配達などのサービス，緊急車両の進入，自転車が安全に走行できることなどは車両空間としての要求である。一方，歩行者の空間としては安全性はもちろん，生活空間・ふれあい空間としてのアメニティが要求される。舗装，街路樹，街灯，周辺建築物，ストリートファニチャー，これらのデザインや配置が適切であることは重要である。

　街路空間における車両と歩行者の関係では，歩者共存あるいは歩者分離という方法がある。前者はボンネルフ道路に代表される。車両の速度を極力落とさせる仕掛けを設けることで，歩行者と同一空間に共存させようというものである。後者は，歩行者の空間を分離独立させることで安全を確保しようとしたものである。

　ヨーロッパでは，車両の進入を規制し，中心部を歩行者専用の空間とする都市が数多く見られる。J.ゲールは，その著書『建物のあいだのアクティビティ』においてコペンハーゲンのストロイエを取り上げている。ストロイエは，広場空間と歩行者用の通りからなる。買い物を楽しむ観光客や大道芸を楽しむ人々で賑わっている。1960年代に歩行者の街路空間として確保された。

図-1 コペンハーゲンのストロイエ（デンマーク）

図-2 ストロイエ中程にある広場

図-3 行き交う人，休む人，さまざまな交流が生じる

14 路地空間

alley

　路地は露地や露路とも書き，屋根などの覆いがない土地，建物の間の狭い道，門内や庭先の通路といった意味がある。茶道においては，千利休が茶庭を露地と呼んだ。

　都市における路地空間は，しばしば街区（道路や鉄道，河川など恒久的な施設によって囲まれた一区画）内の歩行者の空間として確保される。その成因は抜け道としての利用や街区中央部の土地有効利用である。形成された路地空間には家屋が並んだり勝手口へのサービス動線が形成されたり，歓楽街が形成されたりする。

　東京都武蔵野市吉祥寺駅前のハーモニカ横丁は戦後の闇市が起源とされる商店街で，狭い路地空間にハーモニカのように小さな店舗が並ぶことからその名が付いたという。

　京都の辻子（づし）は，街区中央部の休閑地利用のために通された細街路空間である。この手法自体は平安時代（12世紀初期）から存在したが，安土桃山時代には豊臣秀吉による都市計画によって土地の高度利用がなされた。辻子には家々が密度高く並び，街区の抜け道空間であると同時に，その周囲の人々のコミュニケーションの空間でもある。

　ミューズとは厩の意味である。それはロンドンの中心部に分布する路地空間で，もともとは家の裏口側に設けられた馬をつなぐためのスペースと使用人の住居が並ぶサービス空間であった。交通手段が車両へと代わった現代では，馬小屋をガレージや部屋に改装し，閑静な住宅街となっている。

図-1 吉祥寺のハーモニカ横丁。5つの通りに100軒ほどの小さな店舗がひしめく（東京都）

図-3 現在は住宅街となっているロンドンのミューズ

図-2 京都の辻子

図-4 ミューズは周囲の住民の共用空間である

アプローチ空間

approach space

ある特定の地点へと導く経路。単なる通路としての機能に留まらず，先の地点に向かう人々の心理的な変化を促すという重要な役割を担っている。

アプローチ空間の代表例である神社の参道空間では，非日常性や威厳性といった心理量が本殿へ近づくにしたがって徐々に増していくことが実験的に明らかにされている。また，住宅のアプローチ空間では，パブリックな空間からプライベートな空間へのバッファゾーンとして，親しみや落ち着きが感じられるよう意図的に設計された事例が多く見られる。

このように，アプローチ空間に求められる心理的効果の内容は，先にある建築物などの用途によって異なるものの，共通してその効果を演出しているのは，そこでのシークエンシャルな空間体験である。つまり，移動に伴ってアプローチの空間構成要素が連続しながらさまざまに変化，増減することによって，心理的変化が誘発されるのである。

参道空間を例に見ると，経路の折れ曲がりや幅員，高低，周辺の樹木量といった「地」となる空間構成要素が連続的に変化し，これに，鳥居や門，灯籠などの象徴的な「図」となる要素が組み合わされることで，独特なシークエンスが生み出され，本殿へ向けて人の意識を高めている。また，視覚的要素に加え，高低差や路面の仕上げの変化などによる運動感覚への刺激も意識の高揚に少なからず影響している。

アプローチ空間はその決まった長さの中で，さまざまな空間構成要素が一体となって巧みに人間の諸感覚を刺激し，独特の心理体験を演出している興味深い空間である。

図-1 神社の参道空間（伊勢神宮）

14 回遊空間

circular space

　回遊するには，少なくとも一つのつながりをもつ空間でなくてはならない。出発地点から，いくつかの場所を巡り，最後にもとの出発地点へと戻ってくる行為を回遊するという。例えば，ショッピング，旅行，社寺の巡礼，一年の周期で羊たちの牧草を探し求めながら移動する遊牧民の生活も，「回遊」といえる。

　回遊には，点在した場所を結ぶ主ルートのほかに，寄り道や回り道，近道などが用意されていて，人は状況に応じてルートを選択することができる。このような空間を「回遊空間」と呼ぶ。商業施設（図-1）や，遊園地，公園，広場などは，その時の場面や状況に応じて自分自身で回遊する順路を自由に選択できる空間である。

　それに対して，順路が定まっている場合もある。屋内空間では展示された美術品や学術資料などを巡るミュージアム，屋外ではイギリスの自然風景式庭園や日本の回遊式庭園（図-2）が挙げられる。いずれの庭園も中心に大きな池を置き，その周囲にいくつか配された建物から建物へ巡る形式をとっている。

　回遊式の庭園では，湖畔，築山の間，山の傾斜に沿った苑路や，中島に架かった橋を渡るなどして，池の周りを一周する。そこでは，枯山水などで代表される座観式の庭園と違い，どの地点からでも観賞でき，しかも順路に沿った視点の移動に伴って，変化のある景を見せるように演出が施された回遊空間を体験することができる。

図-1 ホートン・プラザ・センター

図-2 江戸時代中期に作庭された回遊式庭園「六義園」

親水空間

intimate water space

　親水空間は，川や池や海などの水に触れたり接したりして，河川などとの親しみを深める空間である。海上にある厳島神社は代表的な親水空間といえる。

　水が蒸発するときの気化熱による空気の冷却や，陸と水との熱容量の差から生じる海や河風によって，夏季のヒートアイランドを緩和する働きもある。夏に設けられる京都貴船の川床などの親水空間は，冷却された風による清涼感だけなく，川面のきらめきやさざ波，せせらぎなどを五感で感じることができる。

　ソウルの中心部を流れる清渓川はかつて暗渠化され高速道路が通されていたが，道路を撤去し河川を復元する工事が行われ，人が賑わう親水空間となった。このように暗渠化された川や下水の流れるドブ川を，再び街の中に親水空間としてよみがえらせようとする試みが多く見られる。古川親水公園は悪臭を発していた川を河川整備で清流へと改修することで，水遊びや滞在できる場となった。

　越谷レイクタウンの中心にある河川調整池は洪水対策だけなく，周辺への温熱緩和効果と，水辺の快適な生活スタイルも提供している。ビオトープ，遊歩道や公園，ヨットなど水上スポーツの場も水辺に配され，さまざまな人々の交流も促している。

　親水空間は豪雨などの水害も受けやすいため，治水を行うなど，安心して安全に過ごせる配慮したデザインも必要である。

図-1 厳島神社

図-3 古川親水公園

図-2 清渓川（左：飛石づたいに対岸へ渡れる，右：川辺に座って涼む）

14 緑空間

green space

　緑空間は，自然の緑を有する空間のことで，公園，緑道，樹林や草地などの緑地，緑化された個人の空間も都市の緑空間を構成する。

　緑の効果として，空気の浄化だけでなく，鳥や昆虫などの生育域の提供，さらには水源のかん養や雨水の浸透による河川の氾濫や洪水の水害を防止する。屋上や壁面緑化は建物の温度上昇を抑制し，街路樹や生垣は日射調節，延焼防止，風・音低減などにより快適な生活環境にする効果もある。

　緑は四季のうつろいを実感でき，人々の安らぎの空間となる緑陰や，魅力のある景観をつくり出す。パリ12区にある全長4.5kmの高架廃線跡はニューヨークのハイライン等と同じく治安悪化が問題となっていたが，緑豊かな遊歩道（プロムナード・プランテ）へと整備された。併走する大通りの喧騒も感じられない高架上の遊歩道は緑につつまれた穏やかな空間が広がり，高架下にはアトリエなどが並ぶ。ここはジョギングや散歩，ベンチで読書，大きな芝生広場では寝転がってくつろぐこともでき，スポーツやレクリエーションの場や自然と触れ合う機会も提供する。

　このような空間は，住民に憩いの場や安らぎの場などとして活用されるだけでなく，緑空間のデザインによって周辺環境の治安向上や地域価値の上昇にもつながる場合もある。

図-1 緑道

図-2 屋上緑化

図-3 プロムナード・プランテ（左：高架上の遊歩道，右：高架下に連なるショップ）

囲み空間

enclosed space

　囲み空間には，都市の主要な建築が取り囲んで，誰もが出入りできる広場のようにパブリックなものもあれば，よりプライベートな空間としての中庭もある。

　壁や塀などで囲まれた中庭は，古今東西を問わず見られる。古代ローマの都市住宅は，アトリウムとペリスティリウムという公私2つの中庭をもっていた。イスラム都市の住宅にも中庭があるし，中国の民家では院子や天井という中庭がある。日本でも町家には坪庭がとられていた。

　都市住宅に限らず，宗教的空間にも中庭は頻繁に見られる。イスラム教のモスクには美しい中庭がある。キリスト教の修道院にも，大きな仏教寺院にも回廊で囲われた中庭がある。また，一つの建物の中だけでなく，街区の中にあって複数の建物に囲われた中庭もある。江戸時代まで日本の都市では，そのような場所は会所地という共有地であった。

　中庭は，整形であったり，不整形であったり，植物が生い茂っていたり，美しい水面があることも，逆に乾いた空間のこともある。取り囲むものは，建築物の壁に限らず，樹木や草花で柔らかく囲われていることもある。

　このような囲われた空間に共通する特徴とは，荒々しい外から守られた外部空間ということだろう。守られてはいても，建築内部ではなく，あくまでも穏やかにされたもう一つの外部である。外であって外でないような，中間的な性格が興味深い点である。

図-2 関東大震災の復興小学校の一つ。校舎が校庭を取り囲む（常盤小学校（東京））

図-1 大正期に建てられた建築の中庭が親密な印象を与える（船場ビルディング（大阪））

14 キャンパス空間

campus

　12世紀末，それまで学問を独占していた修道会附属学校に替わり，パリやボローニャに私立学校が現れる。教師や学生はしだいに組合「ウニヴェルシタス」を結成し，13世紀初頭，パリ，ボローニャ，オックスフォードに最初の大学が誕生した。

　当初は都市のオープンスペースで講義が行われたとされるが，しだいに街路沿いに大学独自の空間が形成された。その空間の起原が「都市空間」の中にある点は重要である。

　中世の大学空間の典型が，中庭型の「クワドラングル」である。北欧，南欧，それぞれに形式は異なるが，中庭を囲みつつ，都市との関係をつくり出す形式である（図-1）。

　一方，広大なオープンスペースに建物が展開する「キャンパス」という空間形式はアメリカで誕生した。開かれた中庭と，それを囲い込む建築が反復する「オープン・クワッド・タイプ」（図-2），軸線に沿って広場と建築が展開する「モール・タイプ」（図-3）などいくつかの類型に整理されるが，いずれもオープンスペースを背景に，囲みと軸による成長を内在させるシステムである。

　学生・大学数の増加を背景に，キャンパス空間は郊外化などによる都市との関係喪失，高密化によるオープンスペースの喪失といった課題を抱えた。成長の時代から安定と持続の時代へ推移する今後のキャンパスは，余白を埋めていく計画から持続的に描き変えていく「マネジメント」へのシフトが必要となる。都市との関わりを再構築し，新たな知を求める多様な人が集う開かれた場として魅力の創出が期待される。

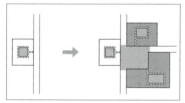

図-1 クワドラングル　モデル図

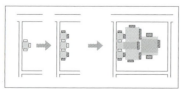

図-2 オープン・クワッド・タイプ　モデル図

図-3 モール・タイプ　モデル図

図-4 都市と大学の共存（ボローニャ）
　　（撮影：小松尚）

公共空間

public space

公共空間は、建築・都市計画における一般的な用法に照らして考えると、次の2つ意味が考えられる。第一に、道路、広場や公園など、「官公庁により管理されサービスが提供される公的な空間」(official)である。第二に、駅や商業施設など、「誰に対しても開かれている空間」(open)である。

都市の本質は集積・交換とともに人々との交流にあり、都市空間において後者の「開かれている」公共性は重要である。古代ギリシャの都市国家（ポリス）では、政治経済活動の中心としてアゴラ（広場）が存在し、市民の対話や集会が行われた。アゴラは市民社会を実現する空間であり、公共空間の原点である。現代にあっては、人々が行き交い、滞留し、交流する都市的アクティビティを創出するのが公共空間といえるだろう。また、個々の建築が「外面の現れ」、すなわち都市と接続する場をもつことにより保持される「公共性」についての議論も重要である。

一方、公共性は英語でpublicと訳され、建築計画においてパブリックpublicはプライベートprivateを対語とし、領域の開かれ方に用いられる。例えば住宅にあって、居間のように開かれた（open）空間がパブリック、寝室のように閉ざされた（closed）私的な領域がプライベートである。また、パブリックが不特定多数を指すのに対し、集合住宅の中庭など、特定の人々に対して開かれる状態をコモンcommonという。

前者の「官公庁により」提供される公共性に関し、近年、法学や社会学、そしてまちづくりにおいて公共の担い手に関する議論が行われている。これまでの官による「旧い公共」に対し、市民、NPO、企業、そして行政を含めた諸主体による「新しい公共」が注目されている。さらに、「住み開き」など、私的領域を周囲に開くことも、新しい公共空間のあり方を示唆するものである。

図-1 歩行者天国：公的な空間（official）　　図-2 京都駅：開かれた空間（open）

14 居場所

whereabouts, one's place

今となっては日常の一般の人々の会話でも多用されるようになった居場所という表現は，少なくとも1990年代までの建築学の分野でも，「人がいるところ」や「人のいどころ」といった，空間内に人が存在することで生じる物理的な場所そのものという側面でのみに用いられてきた。

そうしたなか，2000年代に入って以降，特に社会学の分野で，それまでとは異なる表現で用いられるようになっていく。自分の存在の成立を確認するには，その自分の外的要因としての社会が必要不可欠であり，その外的要因が欠落することで，自分の存在を認めにくくなるという論考が盛んとなる。物理的空間の側面としての居場所が存在していても，自分のまわりに社会や他の人と異なる自分ならではの場所が認められない場合，そこには社会的環境の側面としての居場所がない，といった表現が多用される。

さらに，心理学の分野では，物理的空間での自分の場所が存在していない状況でも，気兼ねなく落ち着ける心理的感覚として居場所が多用されていく。極めて不特定の他者との社会性を広め深めることも可能なウェブ上の交流の場に，本音を伝えられるもう一つの自分の居場所を見出す人も少なくない。

現代では，建築学の分野でも，以上のような，物理的空間における居場所の意味，社会的環境における居場所の意味，心理的感覚における居場所の意味を重層させていくことで，建築空間における人々の介在の仕方をより巧みに計画した内外空間を有する建築設計の工夫が増えている。

特に，学校施設や地域の公共施設のような，小さいながらも社会性を有し，多様な日常生活が介在する建築空間の計画においては，人と人との関係や空間への人の認識を考慮することは欠かせない。

図-1 屋外の広々した居場所を活かした授業（土岐市立泉小学校／東畑建築事務所）

図-2 地域の眺望を活かした小さな居場所（長久手市青少年児童センター／東畑建築事務所）

ポケットパーク

pocket park

　ポケットパークは，おもに都市部に挿入された小さな公園のことを意味する言葉である。

　ポケットパークという言葉は，1967年，ニューヨークのマンハッタン5番街近くで高層ビルの谷間にオープンしたペイリーパークという小さな公園が始まりと言われている。この公園は13m×30m程度の小さなもので，洋服のベスト（チョッキ）に付いている小さなポケットのような公園ということで，ベストポケットパーク（vest pocket park）と呼ばれている。

　ペイリーパークは，高層ビルが立ち並ぶ都市部において，小さなオアシスとしての空間を提供している。空間の構成としては，三方をビルで囲まれ街路に面した一方をオープンとしたスクエアな平面構成の中で，街路から突き当たりの最も奥まった一面には滝が配され，流れ落ちる水を目と耳を通して感じられる。オフィスからのアクセスも良く，都会の雑踏の中にあるが，ビルの谷間に挿入され，囲まれた収斂性のある空間構成と滝の有機的な表情により，都会の人々の一時の安らぎの場となっている。

　その後，各地で類似したさまざまな公園が計画され，ポケットパークという言葉は拡大解釈されて広がった。しかし単に面積規模の小さな公園ではなく，前述のような囲まれた空間構成の特徴を備えたものこそが本来のポケットパークと解釈できる。

　防災や管理の問題をクリアする必要があるが，機能的にも変化に富んだ空間として利用者が自由に佇んだり，自由に休憩したり，自由に語り合う空間となる可能性を潜在的にもっている。

図-1 ペイリーパークから道を臨む（ニューヨーク）

図-2 囲まれた空間

14 モール

mall

歩行者専用または優先的に歩行可能な街路であり，歩道，ストリートファニチャー，街路に面した建物が一体的に整備された，歩行者のための空間である。歩行しながら買物を楽しみ，休憩したり，時にはイベントを楽しんだりすることができる。

空間の構成として，木陰をつくる樹木，素材や色彩を考慮した舗装，ベンチなどが配置されており，街路全体が屋根で覆われたものも見られる。モールという言葉は，もともと木陰に満ちた散歩道を意味し，緑，空間，楽しさという意味をもっているという。ロンドンのセントジェームス公園のモールがプロトタイプであるが，近年ではモールといえばショッピングモールを指すことが多い。

都市型のモールとしては，ミネアポリス市に1975年にできたニコレットモールが代表例である。車道を制御し，広い歩道にストリートファニチャーが配された快適な歩行の空間となっている。わが国の初期の代表例では，1972年にできた旭川平和通り買物公園，横浜市のイセザキモールが挙げられる。

モールの空間形態として，青空の下のオープンモール，軒や庇を設けたセミクローズドモール，室内型のエンクローズドモールが挙げられる。交通形態では，車の進入を禁止したペデストリアンモール，原則公共交通機関のみ進入可とするトランジットモールが挙げられる。

近年は，郊外に大規模なエンクローズドのショッピングモールや，セミクローズドのアウトレットモールなどが多くオープンしている。歩行者のためのペデストリアンモールとし，空間の連続性や賑わいの創出により新たな都市の核施設として機能している。その他，敷地規模は大小さまざまだが，歩行者のための中心市街地のモール化の計画が各都市で見られるようになっている。

図-2 ペデストリアンモール（代官山）
図-1 エンクローズドモール（アメリカ，プロビデンス）

屋上

roof balcony

　屋上は建築物の屋根を床面としたもので，多くは陸屋根であるが，ここでは建築物の覆いが空間化したものとして考え，テラスやバルコニーも含めた形式を取り上げる。

　階段状の構成を持つ建築物，例えば，メソポタミアの神殿や城郭，メキシコのピラミッド等の古代の建築物をみると，台形の建築に上部へ登る階段が備えられ，周囲から望めるより高い位置として，内部の室に劣らず屋上部分が重要な空間的意味をもっていることがわかる。これらの屋上空間は，神や権力といった象徴的意味合いや，防衛の目的が見られ，上部と下部の見る・見られる関係があるといえる。さらに，現代において大規模な屋上は，広場的な空間としての役目をもつといえ，例えば，ミラノ大聖堂の屋上に上がると，聖堂の前面に広がる広場を見下ろすことができる。

　今日的なバルコニーは，20世紀初め，パリの街並みの中に現れた上層階ほど外壁面が後退する建築物にみることができる。ソヴァージュやマレ＝ステヴァンといった建築家は，アパルトマンの上層階それぞれに外部空間を提供し，街並みに緑をもち込む方法としてバルコニーを階段状に配した構成を生み出している。さらには，コルビュジエによる五原則にみられるように屋上庭園は近代建築の重要な構成要素の一つとなっていく。近代における屋上は密度を増す都市空間の中に緑を持ち込む要素として，居住空間としての意味合いを強めていったといえる。

図-1 屋上に備えられたプールと幼稚園（ユニテ・ダビタシオン，フランス・マルセイユ）

図-2 階段状のテラス（マレステヴァン通りのアパート，フランス・パリ）

図-3 地上から続く階段状の屋上庭園（京都駅／原廣司，京都市）

14 庭園

garden

人工的につくられた自然環境としての庭園は，小住宅に付随した小規模なものから，城郭やヴィッラを取り巻く大規模なものまでさまざまである。数々の庭園の特徴を把握するためには，構成法，要素，素材などの把握から，世界観の理解，さらには景観・体験としての記述が必要である。また，外部空間としての理解ばかりではなく，観察点として景観をフレーミングする空間，あるいは四阿などの庭園の一要素として建築物を理解することも重要である。

さまざまな形式のうち，例えばイギリス式庭園は自然の造形を生かし，風景としての庭園をつくることに特徴がある。これに対して幾何学的な造形を特徴とするフランス式庭園は，花壇や園路を直線や曲線を組み合わせることで人工的な美意識のもとに空間をつくり，軸線やパースペクティブを効果的に表現する空間的特長をもつ。日本庭園では，建築物から望む景観として必要な要素を選別し，それらを構成する方法に特徴があり，いわゆる借景によって敷地内の手前の要素と背後にある敷地外の要素の関係で景観を構成する。枯山水では，水の流れや山を岩と砂によって表現され，最小限の要素によって象徴化された空間をつくり出している。

体験の記述によって庭園を捉える場合，例えば中国の蘇州園林のような回遊式庭園では，庭園内に張り巡らされた園路（廊）と結節点としての門（洞門），建屋の亭を通して体験する庭園の動的なシークエンスの特徴を見出すことができる。

図-1 山と一体となった庭園
（ヴィッラ・デステ，イタリア・コモ）

図-3 手前の庭，建物と借景
（南禅寺方丈の庭園，京都市）

図-2 樹木の幾何学的な配置
（パレ・ロワイヤル，フランス・パリ）

図-4 回遊式庭園の園路
（摂政園，中国・蘇州）

緩衝空間

buffer space

緩衝空間は，異なる性質をもつ2つの空間の対立や影響を和らげる中間領域である。緩衝空間のデザインとしては，両方の性質が交じるようにして緩やかに連続させたり，できる限り遮へいすることによって両者を分離させたりすることなどがある。

屋外から建物内部へのアプローチ空間では，日射や騒音，降雨などの影響を和らげる。民家の縁側は代表的な緩衝空間といえる。回遊式庭園では，経路に沿って視環境が大きく変わる。桂離宮では明るい洲浜の飛石道を足元に気づかいながら汀に沿って進むと，右手に松琴亭前の白川橋が見えてくる。その橋は，洲浜の明るい雰囲気と松琴亭前の開放的な雰囲気をそれぞれ保ちながらつなぐ緩衝空間的役割を担っている。

高速道路や大規模工場では，施設に沿って設けられた緑地や工作物の緩衝帯によって周辺環境から分離される。騒音，振動，排出ガスなどの影響を緩和して周辺環境の保全の役割を果たしている。

対立する国や地域どうしの国境にも緩衝空間が設けられることが少なくない。鉄のカーテンと呼ばれた東西冷戦時代の分断を象徴するものとしてベルリンの壁がある。東ベルリンを囲むように幅100mの無人地帯をはさんで二重に設置された壁は，1990年の東西ドイツ統一までベルリン市民の交流を閉ざしていた。今はその緩衝空間では壁を一部残した公園や記念館などが設置され，逆に人々の交流を促すような場として活用されている。

図-1 桂離宮（京都）

図-2 ベルリンの壁（ドイツ）

15 遷移空間

中間領域

transitional space

　遷移空間とは，そこでつくり出される状態が別の状態へと移り変わる空間のことである。本来，その空間に対して予期された機能とは異なる機能がみられる場合に用いることが多い。時代の状況に応じて一方向的に遷移していく場合と，定期的に同じ状態が繰り返される場合がある。

　前者の例では，イスタンブールのアヤソフィアが，キリスト教聖堂→モスク→博物館などと変わってきた。

　後者では，車道を通行止めにして歩行者天国とする例などがある。また，セーヌ川沿いの歩道には3km余り連なるブキニストと呼ばれる古本屋の青空市がある。日中は古本店が並ぶ風景が見られるが，夕暮れには店がたたまれて川沿いの遊歩道へともどる。定期的に開かれる朝市や屋台などでも同じような空間体験ができる。

　定期的に遷移する場合でも，ルールを設けて特定の時間や場所で用途を変えるものだけでなく，自然発生的に遷移するものがある。

　日本の家で茶の間が食事や接客空間になったり，寝室になったりするのも小さな遷移空間である。別の状態に移り変わるためには，その空間自体に魅力があることと，多様な活動を許容したり誘発したりする土台があることが条件だろう。

図-1 アヤソフィア（トルコ）

図-3 ブキニスト（パリ）

図-2 歩行者天国（銀座）

図-4 屋台（福岡）

間

ma, interval, space

間とは，物と物とのあいだの空間である。建築空間では，建物と建物のすき間，縁側，柱と柱の余白などが該当する。

間には，はっきりした境界がないことが通常であるが，物の位置関係によって何かしらの形状が感じられることがある。図-1上図の三角形のように，実際は線分として存在しない輪郭を図形として知覚することをゲシュタルト心理学では主観的輪郭という。余白をまとまりのある「図」として知覚すると，描かれた部分が「地」となり，図と地が反転する。

絵画，庭園，音楽，演劇などでは，物や音や動作のあいだに何もない部分を組み込むことがリズムや区切りをつくるために重要であり，間の芸術とも呼ばれる。京都にある龍安寺石庭の石配置は，眺める位置によって視認される石の数が異なることから，間が伸縮して無限の想像力を抱かせる。

剣道や柔道の試合でも互いに間合いをとるが，これは相手と自分との空間的・時間的・心理的に適度な距離感を保つためである。人と人との間には，バスや電車を待つ，座席を選択する，会話をする場合などあらゆる状況で見られ，ちょうど良い間をとることを人は無意識のうちに行っている。

カニッツァの三角形（Kanizsa triangle）
輪郭は線分として存在しないが，白い三角形が中央に浮かび上がって見える。

図-1 完全に囲まれていなくても知覚される

図-2 龍安寺の石庭（京都）

図-3 人と人との間（立ち話）

15 辻

crossroad

辻は，路が十字に交差している場所である。異なる方向から人々が到来し，再び離れていく空間ではさまざまな交流活動が行われる。かつての日本では，道標として辻堂や辻社が置かれた。また，この空間を往来する人々を対象として，路面に並べた商品を売る辻商い，辻説法，辻芸などによる賑わいを見せた。ただし，これらの辻は必ずしも十字路を指すのではなく「道ばた」を表すことも多い。

都市の中で主要な道路がぶつかる辻では，立体交差やロータリー交差点などのスムーズな移動を促す形態があるほか，逆に人々の滞留を促す広場などがつくられ，さまざまなイベントやインスタレーションが行われる。

街路の結節点（ノード）でもある辻には，視覚的なランドマークが付随してその場所を明示していることも多い。辻を認知することで，空間的な位置関係がわかりやすくなり，道に迷いにくくなる。

辻付近の歩道を拡張して，まちかど庭園や辻公園などと呼ばれる小広場が設けられることもある。座面やファニチャー，木陰などがあり，街を散歩する中で気軽に休憩できる場所である。人々が気ままに滞留し，自然と交流が生まれる場は，古くからの辻の使われ方を継承しているものといえる。

図-1 渋谷

図-3 独立広場（エクアドル）

図-2 凱旋門（パリ）

図-4 まちかど庭園（東京）

界隈

activity space

　界隈は，ある辺り一帯や付近のことで，特に境界は定かではないが，何らかの共通性やまとまりのある範囲を示す。銀座界隈，六本木界隈，大阪ミナミ界隈など，比較的狭い範囲で使われることが多い。界隈について，伊藤ていじは建物などの物理的な要因によって規定される空間ではなく，人間の活動によって規定される空間（activity space）としている。ぶらぶらと散歩できたり，共通の活動によって同じ雰囲気をつくり出すようなエリアが界隈を形成する。

　界隈は，人それぞれがもつ印象や経験，情報が重なり合って生まれる。例えば日本橋界隈というと，日本橋川に架かる日本橋は共通しているものの，百貨店や老舗の小売店が集まるエリアをイメージする者や，オフィスビルや新しい大型商業施設が展開する一帯をイメージする者がいる。

　また同じ界隈でも，時代や社会・経済の状況によってイメージする対象が異なり，エリアの伸縮が見られることもある。

　都市の中で行われる大規模な再開発は，その界隈がもっていた雰囲気を壊すことが少なくない。一方で，建物などの物理的な環境がほとんど変わらなくても，避難地域に指定されて，住民が出ていったり人の活動が変動したような場所では，界隈もまたなくなってしまうのである。

図-1 日本橋界隈

15 アジール

asil

アジールは，ギリシャ語を語源とする言葉で，神聖な場所や平和な領域を意味する。宗教的なエレメントを備えた森，ローマやギリシャ時代の神殿，複数の権力が入り混じる自由領域や交易場所の市場などがそれに当たる。

旧約聖書では「逃れの町」として記述されており，過失により罪を犯した者がその領域に入った場合は，いずれの権力も侵すことができないものであった。フランスの小説家V.ユーゴーは，「ノートルダム・ド・パリ」や「レ・ミゼラブル」で罪を犯したものが教会に逃れて保護される場面を描いており，社会においてアジールが必要とされていたことがうかがえる（図-1）。

日本のアジールは，コミュニティの周縁にある神聖な山や寺社などが該当していた。聖域と俗域を橋渡しする空間であり，地縁血縁や権力などの人間関係から解き放たれた領域である。江戸時代に厳密なアジールはなくなるが，今もその名残が「駆け込み寺」（図-2）や「どろぼう橋」（図-3），「無縁坂」など名称として残る。

現代のアジールは，各国にある在外公館や紛争地の休戦地帯，難民キャンプ地などが挙げられる。こうした法制度により守られる場所だけでなく，人の住む日常生活の中でも，他者からの影響のない逃れられる空間が必要ではないだろうか。

図-1 ノートルダム大聖堂（パリ）

図-3 喜多院・どろぼう橋（川越）

図-2 東慶寺（鎌倉）

アトリウム

atrium

中間領域

アトリウムの原型は、ローマの住宅の柱廊で囲われた中庭空間であるとされる。鉄とガラスが建築材料として用いられるようになると、それまで石で重々しく囲われていた空間が、軽やかな鉄架構に支えられ、ガラスに覆われた明るい大空間が誕生した。

オランダ・アムステルダム駅にほど近いアムステルダム証券取引所（設計：H.P.ベルラーヘ、現Beurs van Berlage）は、鉄とガラスによる20世紀初めに誕生したアトリウムである。この建物は100年の歳月を経た現在、証券取引所としての機能ではなく、市民の文化センターとして、会議、シンポジウム等の展示場として利用されている。アトリウムは、多くの人を収容するという建築の根源的な役割をもち、機能を限定せずコンバージョン（用途変更を伴う改築）にも対応可能であるといえる。

東京駅丸の内口の都市再生プロジェクトとして完成したKITTE 1階のアトリウムは、東京駅に到着した人々を受け入れるパブリックスペースである。東京中央郵便局として親しまれてきた保存建物（1933年竣工）と新築部分とに囲まれた5層吹抜けの三角形の多目的広場は、雨、風、厳しい外気温を遮断しながらトップライトからの光を受けるシェルター空間である。この大きく覆われた空間において、私たちは街を散策するように、垂直方向に形成された街路を回遊できる。

アトリウム空間には、立体的な魅力があり、人が多く集まる都市空間において限定された役割としてだけでなく、多機能な空間として人々のさまざまな場面を受容している。

図-1 アムステルダム証券取引所、1903年竣工（撮影：大野隆造）

図-2 KITTE丸の内1階、2013年竣工（撮影：郷田桃代）

15 アーケード

arcade

アーケードには、アーチの連なる吹放しの空間、または商店街などの歩道の上部に設けられる日除け、雨除けのための路上施設という意味がある。物理的には外部空間と内部空間の中間に位置し、天候から歩行者を守る装置である。

イタリアの都市に見られるポルティコ（portico）は、通りに面する建物の1階部分に設けられた歩廊である。北部の都市トリノのローマ通りは、都市の中心部を南北に貫き途中の広場を含めて約800m近くもポルティコが続く。リズミカルなアーチが連なる空間は、歩行者を雨風から守るだけでなく、統一された美しい都市景観を創り出している。

また、同じくトリノのガレリア・サン・フェデリコも屋根の付いたアーケード空間である。T字型に構成されたガラス屋根の空間は、天候に関わらず、買い物や散歩を楽しめる空間であり、街区をショートカットできる歩行者の空間でもある。

青森県黒石市中町こみせ通りは、木造のアーケード空間である。「こみせ」とは通りに面した町家の1階に設けられた庇であり、個人所有の空間である。こみせは夏の気候はもちろん、冬の雪を避けて通行することができる空間で、人々のコミュニケーションの場として機能してきた。このような形態の空間は東北地方他県や新潟県、鳥取県でも見られ、それぞれこまや、雁木（がんぎ）、かりやと呼ばれている。

図-1 トリノのローマ通りのポルティコ

図-2 ガッレリア・サン・フェデリコ（トリノ）

図-3 青森県黒石市中町のこみせ通り

ピロティ

pilotis

　ピロティとは本来，基礎杭のことだが，現在ではこの杭が地上に出て建物を支えている建築物の1階部分の名称になっている。地面に接して，壁によって囲われず柱だけの外部に開かれた空間がピロティである。

　この形状の建築物は伝統的にも多数目にする。例えば，外敵から収穫物を守るための高床式の穀物倉，斜面や水辺に建つ建築物，また高温多湿な気候をしのぐための家屋等である。しかし，これらの多くは床に意識があるが，近代あるいは現代建築のピロティは建物下方の空間を指す。

　ル・コルビュジエが「近代建築の五原則」の一つとしてピロティを取り上げたのは1920年代のことである。彼が設計したパリ郊外のサヴォワ邸は，この「近代建築の五原則」が最もよく反映されているとされている。ここでのピロティは，車両と人のアプローチ空間として機能し，ファサードのデザインに軽さを与えている。20世紀を象徴する材料，コンクリートの柱梁構造によって可能になった空間として，この建築のピロティは高く評価されている。

　そして現代，ピロティをもつ建築物は世界各地に見られる。

　日本では，ピロティによって地上レベルで原爆ドームまでの視覚的軸線をつないだ広島平和記念資料館（丹下健三）がある。

　パリのケ・ブランリ美術館（ジャン・ヌーヴェル）では，ピロティ下の空間も植栽を施し，庭園と一体化することによって風景の中に溶け込むような建物が目指された。

図-1 高床式の集会所（バリ島）

図-3 平和記念資料館／丹下健三

図-2 サヴォワ邸／ル・コルビュジエ

図-4 ケ・ブランリ美術館／ジャン・ヌーヴェル

15 縁側

engawa, veranda

縁側は，日本建築の内部空間と外部空間の間にあり，多くは庇の下にある，板張りの半軒から一軒ほどの幅の空間である。外気との関係から，建物の外周を囲む建具の外側にあるものを「外縁（濡れ縁）」，建具の内側にあるものを「内縁」と呼ぶ。

縁側の多くは内部の居室と障子などによって仕切られており，内外の段階的な文節方法として捉えることができる。縁側の形式は，古くは奈良時代の高床式住居ですでに見られ，建物の外周を巡るように外縁がつくられていた。竪穴式住居のような住居においては，土間空間と外周を囲む地面と屋根という形式に，内外の積極的な関係をみることはできず，高床を用いるようになった住居形式によって縁側は発生したといえる。

縁側の空間には，そこで行われる行為によっても特徴が見出せる。外縁では，農家などにおいて野菜を干したりお茶を飲む姿を見かけることができ，外部の中でも清潔な場所としての台や外部の居室として考えられる。内縁では，例えば祝い事の際に，内縁まで座布団を広げて畳の間の延長として多くの人を収容するように，内部空間の延長として考えられる。また，外縁，内縁どちらも動線空間としての役割もある。

このように，縁側は隣接する空間との関係によって意味の変化する場所である。また内外の境界としての縁側の意味は，掃き出し窓によって室が直接外部空間に面している状態との差異を考えるとより明確に考えることができるであろう。

図-1 内縁（夕張鹿鳴館，北海道夕張市）

図-3 庭園とつながりをもつ外縁（南禅寺方丈，京都市）

図-2 外部へ出られない外縁（南禅寺三門，京都市）

図-4 街並みとしての縁側空間（鴨川の床，京都市）

集落空間

settlement space

16 地縁的空間

集落空間は，①独自の風土，歴史，習俗が積層した場所性をおび，②居住者に共通に認識され，また居住者自らがつくりあげた空間であり，③自然環境に強く規定され，④生業と生活の領域的な重合のもとに，⑤各空間要素が関連しながら，⑥歴史的永続性と社会的共同性による空間認識が「物象化」した空間，として捉えることができる。それらを規定するのは，そこに展開される生活様式であるが，自然的，経済的条件に加え，社会的構成や宗教的側面もこれらを潜在的に支えてきた。

建築分野の場合，①農村計画として集落そのものを計画するために集落空間を理解しようとする立場，②都市計画として集落空間を現代的資源として積極的に位置づけようとする立場，③建築家が設計活動を行う際の理念モデルやデザインモチーフとして集落空間に着目しようという立場，の大きく3つの流れに分けられよう。

農村計画では，集落社会が理解している環境の組立てを明らかにし，それを生かすように新たな変動要素と一体化する柔軟な計画論の構築が望まれている。都市計画においては「主体性」「場所性」「親自然性」のモデルとして集落空間が評価されている。主体については「住民参加」として，場所性については空間の「アイデンティティ」として，親自然性は「環境共生」として，まちづくりのキーワードとして一般化されつつある。建築家にとって集落空間を取り上げる理由は，歴史的・社会的な永続性のなかで物象化されたアノニマスな空間が魅力的に映るからであろう。

図-1 集居集落（茨城県・桜川村）

図-2 混住化集落の整備計画

16 伝統的空間

traditional space

ここでは日本における伝統的空間に限定する。伝統的空間の基本的特性としては，一元論的空間であること，そして暗示的空間であることの2点に集約されよう。いずれの場合も抽象的な空間ではなく，現実的・感覚的空間が重視される点に特徴がある。

さらに一元論的空間であることについては，次のような側面がある。①主体と対象の一元化という面で，伝統的画法や造園法にみられるような視点を自由に移す空間表現や，対象を合理的に区別しない曖昧な空間の存在など，②人為と自然の一元化というような面で，縁側や濡れ縁などの親自然的空間や曲線にみられる自然的な形への愛着など，③時間と空間の一元化という面で，「破調」による調和や，要素相互の関係をみながら互いに中心をずらして総合する「天・地・人」の手法など，④空間と人の行動を一元化という面で，「界隈空間」「見え隠れ」など。

2点目の暗示的空間であるということは，奥に秘めた美しさが尊重されること（奥の空間），シンボル（象徴）の散在からうつろな空間を読み取ること（間の空間），空間が身分・格式といった地位の関係を象徴的に示すこと，茶室のように極限まで空間を取り込んで凝縮して表現された空間などがその例である。

伝統的空間といった場合，必ずしも古いものだけでなく，現代に息づいている伝統的空間にも注目し，その成立の条件を知ること，特に設計活動においては，伝統的空間から創造性への可能性を見出すことが重要であろう。

図-1 集落の表層空間

図-2 五箇山合掌集落（富山県南砺市）

風水

feng-shui

16 地縁的空間

　風水は，中国の秦・漢時代から伝承されてきた術数の一派である。その原理は目に見えない自然の「気」を可視的な地上の現象によって判断し，人間生活，さらに死者や神霊に「気」の吉福が及ぶよう，生活空間を整える実践的体系である。陽界＝生の世界（都市・村落・家屋），陰界＝死の世界（墓地）といった陰陽の世界観をもつ。

　風水は環境の測定法と造形のためのモデルからなり，環境評価としての地相や都市の立地と，造形としての家相や墓相を統合したものである。吉地判断の方法は，おもには山，水，方位の三要素である。地師・風水先生などと称される風水師により，測定が行われ神秘力が判断される。

　吉地とは，地勢による神秘力の判読ができるところをいう。その適地において象徴空間（都城・住居・墓）の造形法が決められる。具体的には生気の集中するツボ（穴）の前の空間（明堂）を造形空間とする。理念型（立地として選択される）としての「生気」と，人為（造形の形式）としての「明堂」とは対応しており，神秘力を得た造形空間が象徴空間となる。

　中国に発生した風水は，韓国，日本，東南アジアに波及しているが，これらの地域や文化を超えた造形空間の類似性，同一の地域における都市から家屋・墓地などに至るさまざまな生活空間の同定化の体系化の二面は，中国からの風水伝播によるものが大きい。風水が与える本質的な意義は，科学的普遍的な解を得ることではなく，「経験的個別的な体系」が示されるところに見出されることであろう。

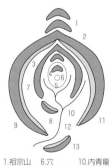

1.祖宗山　6.穴　　10.内青龍
2.主山　　7.内白虎　11.外青龍
3.八首　　8.案山　　12.外水口
4.龍脳　　9.外白虎　13.朝山
5.明堂

図-1 理想的風水図

図-2
風水の影響を受ける沖縄の民家
（撮影：坂本淳二）

図-3
風水の影響を受ける沖縄の墓地
（撮影：坂本淳二）

16 家相

physiognomy of a house

家相とは，家の間取りと方位との関係，敷地の方角，家の形などについて，陰陽五行説に基づき吉凶を読むものである。そこで読まれる吉凶は家そのものについてだけではなく，住人の吉凶についても含まれる。陰陽五行に基づくという点で風水と共通するが，風水が土地の相を読むという点でむしろ地理学的な側面をもつのに対して，家相は固定された方位観をもとに家自体の構成について読まれる，より建築学的側面をもっている。例えば，鬼門の方角に便所や台所があるのは凶とされるように，特定の方角が凶とされる。

家相には占い的な側面があるが，相学全般にいえることとして，経験的な法則をもとに事例を整理し未来のことを予見するという点では，現代における統計データを用いた将来予測と類似すると考えられる。

清家清は『家相の科学』において，家相を科学的な視点で見直す試みを行い，「環境」，「敷地」，「間取り」，「構造」，「材料」，「設備」の6項目にわたって合計100の知見を整理した。そこには吉凶によって述べられる家相を建築学の言葉に置き換えて基本的な建築の知見として家相を解釈している。例えば，「南に空地がある敷地は吉」は日照や通風，景観において計画の際に必ず配慮することであるし，「床の間は西と北の間につくるのが吉」は吉方としての北西と，日照もなく熱損失を防ぐために壁の多い場所だから床の間ができるというように，合理性も見出すことができる。

41 台所の火が外から見えるのは大凶

31 主人の部屋は，家の中心に置くのが吉

21 家が大きく，住人が少ないのは凶

11 南に空地のある敷地は吉

1 山の尾根が終わった崖の下あるいは谷の出口に住むのは大凶

42 床の間は，西と北の間に作るのが吉

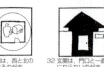
32 玄関は，門口と一直線にならないのが吉

22 小さい家にたくさんの人が住むのは大凶

12 三角形の敷地は大凶

2 道の突き当たりに家を造るのは大凶

43 老人室は南東に造るのが吉

33 商店の店が，北東，南西にあるのは大凶

23 家は，南向きが吉

13 狭い敷地に大きな家を建てるのは大凶

3 家の西に大きな道路があるのは吉

図-1 清家清『家相の科学』を参考とした家相のピクトグラム
（札幌市立高等専門学校専攻科／住居形態特論作品抜粋／指導：八代克彦助教授，制作：鈴木千穂）

ゲニウス・ロキ

Genius loci

Genius（守護霊）・Loci（土地，場所）から「土地霊」，または単に「地霊」を意味する。元はローマ神話における土地の守護精霊に由来し，それぞれの土地・場所がもつ歴史・文化を含む固有の特質・様相を説明する概念である。

鈴木博之の『東京の地霊』によれば，「それは土地の神様とか産土神といった鎮守様のようなものとは考えられておらず，姿形なくどこかに漂っている精気のごときものとされる」。この解釈によると，風水における「気」の概念との類似性を指摘できそうである。また，アニミズムを含む類似の霊概念のイメージは，アジアのみならず南米その他多くの文化圏における「場所性」の概念とも通底するものがある。

ゲニウス・ロキの概念が建築分野に持ち込まれたのは，18世紀の風景式庭園が最初である。アレキサンダー・ホープは「genius of place」（場所の精霊）という用語を用い，庭園の造築にはすべからく場所のゲニウスに従えば自ずと良い造形になると記したとされる。

近代建築では技術的合理主義が主流となり，結果的に均質空間の特質をもつ「国際様式」が世界中に定着した。その結果，わが国を含む多くの国で無国籍な建築・都市空間が出現し，地域性や場所性を失った環境となってしまった。ゲニウス・ロキの用語がもつ今日的意味は，場所性や地域性に根ざした建築・まちづくりの原点となる思想がこの概念に内在しているからである。

7つの丘上に神殿が配置されている。
図-1 イメージとしてのローマ

図-2 マチュピチュ：場所性が重視された空間

16 地理学的空間

geographical space

　地理学用語としての空間は，地表面の一部のことをいい，三次元空間を地理的要素が分布する二次元的広がりに転用して用いたものである。一般的には，地帯・地方・地域・地区・領域などと呼ばれる。地理学は土地空間を生活の場として，自然・人文諸事象の空間配置に着目して研究する学問分野であり，系統地理学または一般地理学と地域地理学または地誌学とに大別され，さらに系統地理学は自然地理学と人文地理学とに分けられる。

　抽象化された広域的な空間と特定された具体的空間を対象とする方法論においては，建築分野との共通点は多い。近年では空中写真やリモートセンシングに基づく画像処理，地域メッシュデータの解析など，地理学の研究にも計量的手法が導入され，計量地理学として発達してきた。

　地理学も建築学も空間の因果関係や空間的パターンを教えてくれる空間の科学である。ただし，地理は二次元的な空間の広がりの中で記述され，建築は二次元的表現をツールとして用いながら三次元的空間について，主体や将来像に関心をおきながら記述するといった違いがある。しかし，地図や設計図といった二次元表現から三次元空間を読み取るといった意味においても，建築と地理は極めて類似性がある。

　また，地域計画の分野においては，地理学的空間を立地空間や圏域として捉えており，土地利用や土地所有の分布，家屋の分布，道路網，景観などの基礎的調査においても，GISの採用を含め地理学の直接的な手法によるところは大きい。

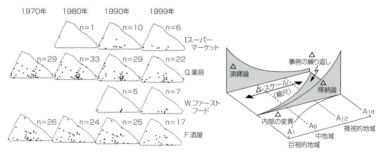

図-1 業種別時点別施設分布　　図-2 地域スケールの意味と方法論

地名

toponomy

　地名は，ある特定の土地に付けられた固有の名である。いにしえの人々は，地形，動植物などと交流し，危険を避け利用できるものは利用して生活を豊かにするために地名を付けてきた。そうした人間の営みが自然との関わりを広げるにつれて，地名は豊富となり，弁別化する必要からいっそう固有名詞化し，共有されていった。

　一般的に地名研究で扱う地名とは，公式地名だけを指すものではなく，公的な資料には出てこないような地域の住民の共通の約束や，意識に含まれる伝承的なもの（口承地名）を含む。地名は自然地名と人文地名に分けられる。自然地名は，地形・地質など自然の形状や動植物の生息や分布に関わる地名である。また，自然災害の起こりやすい場所では災害地名というようなものもある。人文地名は，人間の多岐多様な活動に直接関わって命名された地名で，開拓，産業，職業，削り，条里，市場，交通，氏姓，建物，説話，文芸，民族，信仰など，さまざまなものがある。

　地名のおもな研究対象は，地名の発生起源，地名の変遷，郷土史や生活の諸相といった側面に分けられる。空間形成の分野においても，地名の分析による住民の空間認識・生活構造・空間構成原理などの研究がある。建築分野で地名が取り上げられる場合，狭域的範囲で使用されてきた地名を「空間言語」や「生活地名」と規定し，日常的生活の広がりのなかで捉え，残された地名から地域の原景観や土地利用，土地への意識構造などを類推し，再現するといった方法をとることが多い。

図-1 自然地景語群の分布

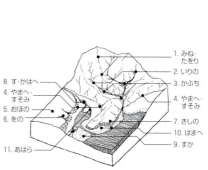

図-2 上代語による地形の命名

16 地形

地縁的空間

topography

　地形は把握される規模の大小により認識される内容が大きく異なり、一般的には地形規模により大・中・小・微地形に分けて考えられている。建築や土木、造園といった空間形成に関わる分野において対象となるのは、ほとんど小地形や微地形である。

　空間研究としての地形研究の方法論は、①観察や地図や写真からの判読による地形分類と地名との対応関係から地形類型を得る、②地形類型の妥当性を居住者の空間利用や空間意識（いずれも歴史的なものも含める）から検証する、③それらから空間の形成のイメージを構築する、といったプロセスをとるものが多い。

　風景や景観との関連では、入り組んだ段丘、沖積低地と島状の丘、台地の上下の坂など、骨格としての地形やその見立てが重要な要素となっている。集落との関連でみると、おもなものは集住形式と地形との関係、および集落空間構成と地形選定との関係が主題である。居住地としての地形は、その場所の自然立地的な居住性といった面だけで評価されるものではなく、空間認知的側面も加わったものである。

　近代化にともない、土地の効率的利用のために平均に造成する努力がなされてきた。結果、地形の変化が排除され均質的な空間が乱造された。その反省のもとに地形の見える都市空間の復活、建物に地形を合わせる発想から地形に建物を合わせる発想への転換が望まれるようになった。具体的な例としては、斜面緑地の保全・原形を尊重した土地造成・地形を引き立たせる建物のデザインなどが挙げられる。

図-1 集落立地のいろいろ

図-2 地形変化のある公園（右上）
図-3 建物と地形（右下）

地域性

regional characteristics

建築や都市でいわれる地域性は、その土地の地形や気候、景観、人々の営みや文化の総体における地域差や個性と考えられる。同じような言葉に風土がある。

世界には豊かな地域性をもつ街並みが多く存在する。南北に長く島国の日本においても、地域の長い歴史を反映し、そこでとれた建築材料で地産池消に根ざした豊かな地域性をもつ街並みが存在する。高度成長時代に全国で進められた都市開発や高速の交通網は、画一的な街を生み、その反省を受け、いったん失われた地域性を復活させようと模索が続けられている。豊かな地域性をもつ街をいくつか紹介する。

白川郷（岐阜県）

特徴的な合掌造りは代々営まれてきた生活とともに発達してきた。60度もの急勾配の屋根傾斜は、雪深いこの地域では必然である。重労働の雪下ろしも楽になり、湿った重たい雪にも耐える。雪深く狭小な田畑で生活する人々は、現金収入が見込まれる養蚕が盛んで、合掌造りの屋根裏部分を2層3層に区切り養蚕のための場所として積極的に活用していた。また、この地域に根づく伝統的互助制度の「結」は、民家の屋根の葺き替え、農作業、冠婚葬祭、災害時など、今でも地域性を示す生活の知恵の結晶を見ることができる。

伊根の舟屋（京都府）

京都府の伊根町は丹後半島の東端に位置する。この地域は陸上交通が不便な地で、浦々に集落がある。その集落の家々は舟屋と呼ばれた建物をもち、舟屋は母屋から道路を挟んで海際に建てられている。1階には漁業に関連した船着場や作業場などがあり、2階は生活の場や客室として使用されている。その光景は、湾に沿って230軒あまりの舟屋が5km立ち並ぶ全国でも珍しい光景を今でも維持している。

図-1 白川郷

図-2 伊根の舟屋

16 地縁的空間

17 風景論

theory on scenery

　人々の風景への関心は，幕末の浮世絵からも読み取ることができる。多くの浮世絵には共通して都市の風景が描かれており，そこには，季節の移り変わりや人々の生活，時の流れを感じさせる情緒的なものが多く存在している。

　一方，日本の都市風景に関して影響を与えた書籍には，志賀重昂の『日本風景論』(1894)や上原敬二の『日本風景美論』(1943)などがある。前者は，日本風景の特色を気候や海流などで表現しており，後者は景観を視点，視界，方位など人間と対象の関係要因を表している。

　また，橡内吉胤による『日本都市風景』(1934)では，個々の都市の情景やまちなみが丁寧に記述されている。都市の記述に留まらず，日本と欧州を比較して，日本の都市風景に関する概念が薄弱であることを指摘している。さらに都市の風格を論じるなど，特有の都市風景論を展開している。

　西村幸夫の『風景論ノート』では，西欧における「風景」という言葉の誕生と都市の関係について風景画とともに論じている。「風景」という言葉は，風景画とともに人々の意識にのぼるようになり，ヨーロッパ諸国の用語として定着していったと述べられており，風景概念の誕生や風景画という絵画のジャンルがどのように成立していったかという美術史の視点からも捉えている。日本の都市美を巡る状況について，西欧の先進諸国では都市景観の意識と都市美の意識は並行して生まれてきたことに対して，日本の都市美を巡る行政施策は生活と密着して動態的なものであるところに特色があると表現されている。

図-1 歌川広重『名所江戸百景』のうち歌舞伎のメッカを描いた「猿わか町よるの景」
（山口県立萩美術館・浦上記念館 所蔵）

図-2 橡内吉胤『日本都市風景』
（時潮社，1934）

心象風景

mental scenery

　人々は現実の空間の中で行動し，さまざまな風景を知覚，認知する。認知された風景は記憶として定着したり，忘れ去られたりする。記憶された風景は，心の中で醸成されて心象風景となる。心象風景とは視覚，聴覚，嗅覚，味覚，触覚などの感覚の働きにより形成されたイメージのうちの視覚的イメージのことである。初めは漠然としたイメージであっても，個々の要素が関係性をもって像を形成すると心象風景となる。心象風景は，人間が意味や価値のある風景として空間を把握するために心の中に再構成したものといえる。

　空間を対象物と人間との相互作用によるものとすると，心象風景は，人間がある意志をもって空間に働きかける能動的視覚と，空間が人間に働きかける受動的視覚とによってもたらされるものとに分類される。心象風景は個人個人で抱くものであるが，能動的視覚はより個人的な心象風景（個人でもたれている）を，受動的視覚は場所の特性に影響を受けたより集団的な心象風景（任意の集団によってもたれている）をもたらす。

　心象風景は，基本的には心象位置（風景の中での自分の位置）と心象方向（風景の視覚方向）とがあり，場面的性質をもっている。しかし，心象位置と心象方向が定かでない空間的なあるいは場所的な広がりとしての心象風景もある。

　何人もの人間により共有される心象風景という観点からみると，誰もが同じ方向の風景を思い浮かべる非常に場面性の強い心象風景と，個人では方向性があって場面的であっても他の人はそれぞれが違う方向の風景を思い浮かべる場合，あるいは場所の広がりとしての心象風景で誰も一定の方向をもっていない場所性の強い心象風景（心象風景の多方向性）などがある。

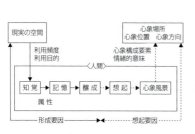

図-1 心象風景の形成・想起要因

図-2 心象風景の方向性と場所性

17 原風景

風景・景観

primary psycho-scene

原風景という言葉は，奥野健男が『文学における原風景』(1972) で用いたことに端を発し，その後さまざまな分野でも取り上げられて日本語としても定着している。奥野は単に「懐かしい風景」や「ノスタルジー」というものを表象しているだけではなく，原風景を繰り返しさまざまな角度から説明し，複数の側面があると述べている。

当時，都市・建築分野でも，自己の空間や都市空間の深層に入り組んで文化的アイデンティティを求める動きがあり，原風景という言葉と概念のもつ要素が積極的に受け止められて浸透していった。そこから，川添登の『東京の原風景』(1979)，芦原義信の『街並みの美学』(1979)，槇文彦の『見えがくれする都市』(1980)，陣内秀信の『東京の空間人類学』(1985) などの名著が生まれている。川添は，「私のものである原風景を通してみることによって，はじめて歴史のなかでの人々の営みを感じ取れるのではないだろうか」と述べている。それぞれの著書の原点には，著者その人の原風景があることが指摘されることがある。

幼少期に繰り返し体験して，その人の潜在的なイメージとして形成された情景は，視覚的映像や印象として記憶に留まっている。そのさまざまな記憶のうち，その後の場面で呼び出されて，評価や判断の一因となりうる情景が原風景である。初めて訪れた場所やメディア上の映像に懐かしい感じや嫌悪感などを抱くことがあるのは，原風景がその一要因として作用しているためと考えられる。つまり原風景は，幼少期の体験を想起させるイメージでもある。個人は異なる自己形成空間を内に抱いているため，それぞれが異なる原風景をもっていることになるのである。

しかし一方，日本の原風景や特定の地域の原風景として，緑の山並みや清らかな川，伝統的な集落，民家，里山，そして棚田をはじめとする文化的景観などが想起されることがある。原風景とは，本来個人的なものであるが，集団を原点とする場合には，その場所のアイデンティティを形成する，あるいは形成していた要素で，風景の形をとりうるものを指すことが一般的である。

また，日本の原風景として民家を取り上げる場合には，建築当時の機能を失い，あるいは変更されながらも住民が知恵と工夫を凝らして継承してきた生活空間やコミュニティ，またその生息を可能にした環境や風土が，民家の原風景として想起されると考えられる。

景観論

theory on landscape

風景・景観

　景観という言葉はさまざまな分野で用いられているが、学術的な分野により異なった意味で使われる。「山紫水明」「花鳥風月」などその景観的な良さを意味する言葉もあり、優れた空間として論じられる。特に建築・都市の分野では、形態的な特色や美的価値について視覚的な情報を表している。建築物や構造物など人々の生活の場を中心とした都市の景観と、山や川といった自然の地形などを中心とした自然の景観に大きく分けて考えることができ、近年は前者を対象に議論される。

　人々の環境への興味から、歴史的・伝統的な景勝地などの特別な空間だけでなく、日常の空間を対象とするようになっている。個別の良さだけでなく、周囲の環境との調和など公の場としての建築と都市の関係が着目されている。

　国内の景観への具体的な取組みで特出されるのは景観法（2004）である。景観法では「都市、農山漁村等における良好な景観の形成を促進するための法律」として示されている。景観計画の策定など地域ごとの魅力ある景観を考えるきっかけとして活用され、図-1のようにエリアにより分類がある。空間の文化、歴史、共生など地域性を考慮した視点が重要とされ、持続性や公共性など地域によって特徴ある景観が検討されている。さらに、農村振興に関連する農村景観や地域の生活や生業、風土に根差した文化的景観など積極的な地域づくりへの活用が期待されている。

　以前より多くの著書で議論されており、都市の景観についてはF.ギバートの『タウンデザイン』（1959）、G.カレンの『都市の景観』（1971）や芦原義信の『外部空間の構成』（1962）、自然の景観については樋口忠彦の『景観の構造』（1975）、近代の景観論についてはA.ベルクの『日本の風景・西欧の景観』（1990）などがある。

図-1 景観法による景観計画区域の考え方
（出典：国土交通省都市・地方整備局都市計画課景観室「美しい国、まちづくりのために　景観法概要」平成19年4月）

17 景観構造

structure of landscape

　景観構造とは，空間を構成する要素の特色を指す。要素の種類はさまざまであるが，体験したものにその景観の印象を決定づけるような要素が景観構造上重要であり，構造的要素ともいえる。その特色は，対象となる景観によってさまざまである。

　構造的要素は，全体の雰囲気をつくる等質的な要素と全体を印象づけるランドマーク的な要素がある。いずれにしても視対象となる景観の雰囲気と印象を示すものと考えられる。

　景観はその対象を分類でき，自然景観と都市景観，さらに文化景観や農村景観などが挙げられる。また，視点と対象との距離感が遠いものから遠景，中景，近景などにも分類できる。いずれの対象にも共通する構造的要素は，地形やスカイラインであり全体の雰囲気をつくる。さらにその対象により，特徴的な構造的要素は少しずつ異なる。自然景観では地形やスカイラインが最も重要であり，具体的には山並み，盆地，渓谷，高原や海岸線などであり，さらに色彩に関わるような植生などの要素が組み合わさる。都市景観において，遠景では地形やスカイラインが重要になり，それらは建築群や構造物群により構成される。近景の街並みなどでは，建築物や構造物，オープンスペースなどの重要性が増してくる。さらにそれらの色やテクスチャーなども印象を決定する要因として挙げられ，構造的要素も触れることができるようなより親しい距離感といえる。文化景観では，地域の歴史や伝統などを感じる構造的要素がある。農村景観では，山里のくらしを感じる構造的要素が重要となってくる。

　図-1は，秋田県男鹿地方の風景である。季節の変化が大きな自然景観をもつ地域に，人々の営みと周囲の自然とがつくり出した景観であり，自然と建築的な要素との構造をもっている。

図-1 水田がつくり出す景観構造（秋田県男鹿市）

景観評価

evaluation of landscape

　景観法をはじめ景観の保全や整備計画の必要性が高まっている現在，より客観的で計画立案に結びつけられ，共有できる評価が求められる。具体的な方法（手法）は実施者やその目的によって異なるが，景観評価は単純にイメージを抽出するだけでなく，対象を分析する必要がある。現状を把握するだけでなく，計画の実施後の予測などに活用が期待される。多様な方法の中で次のような検討すべき事項が考えられる。

　はじめに，評価対象とする景観の決定であり，対象の範囲や地域地区と空間の特性を把握する。評価の結果についてその目的を明確にする。景観の評価と分析が必要であり，対象の見え方や影響を分析する。その後，評価と予測を行い，対象や周囲に与える影響を的確に予測し，その効果を把握する。

　結果の利用については，地域，地区にあった計画への応用を検討する。調査者または計画者が描く全体像やイメージについて価値判断（事後の予測と評価）をすることが多いが，地域の住民や一般の被験者による印象評価を行う場合もある。

　図-1は，小坂町（秋田県）の景観計画策定で用いられた景観評価の結果である。十和田湖をはじめ豊かな自然景観を有する全域と古くからの産業で栄えた中心部とエリアを分割し評価している。特に中心部では，鉱山，近代産業遺産，鉄道遺産など地域の歴史・文化に関する歴史景観，交流や道路の移動景観，住宅，公共・文化の中心施設を含む社会景観，公園，河川の自然景観と景観要素や構造に見られる景観特性の把握が行われている。そこに図-2の建築的な要素を確認することで都市景観としての特徴を抽出し，地域景観の構成について把握している。

図-1 地域による景観評価
（秋田県小坂町景観計画）

図-2 建築物等によるランドマークと景観評価
（秋田県小坂町景観計画）

17 景観デザイン

風景・景観

urban landscape design

都市デザインには，美しい都市景観の創出が求められる。従来の景観デザインでは，街路，広場，公園からなるオープンスペースの設計において景観的要素が考慮されてきた。しかし近年では，建築物の形状や色彩をガイドラインなどによりコントロールしデザインする方向が示されるようになった。具体的には，主要な通りに面する建築物の高さ（全体，分節の位置），壁面線，色彩，外装材，屋根などに対する基準を設け誘導を図る。ランドマークや広場へのヴィスタ，スカイラインなど眺望への配慮も重要である。

横浜市は先駆的に都市デザインを手掛けてきた。みなとみらい地区では，海側から山側に向けて，徐々に建物高さを高くすることで形成される特徴的なスカイラインが実現されている。現在では，景観法に基づき建築物の高さや色彩に関する景観形成基準を定め景観保全を図っている。また，馬車道は舗装，ストリートファニチャーなど通り全体がデザインされている。歩行者の視認性から高さ10mまでをファサード保存した日本興亜馬車道ビルをはじめ，まちなみを形成する建築群も景観デザインに寄与するものである。

パリには「かさぶた型」と呼ばれる修景の景観デザインがある。高層社会住宅の足下に生じた空地に公共的な機能をもつ中層建築を挿入し，まちなみの連続性を回復する手法である。

図-1 みなとみらい（横浜）

図-2 かさぶた型修景デザイン（パリ）

図-3 馬車道（横浜）

景観まちづくり

landscape planning

わが国の景観法は，景観緑三法として都市緑地法等とともに2005年に施行された。都市や農山漁村における良好な景観の形成を図るため，景観計画の策定等を講ずることを記した，わが国で初めての景観に関する総合的な法律である。そこには良好な景観形成が，豊かな生活環境や個性的で活力ある地域社会を導くという思想がある。この法に基づき景観行政団体が地域に適した景観に関する計画や条例をつくることになる。

景観行政団体が定める景観計画は，景観に関するまちづくり（景観まちづくり）を進める基本的な計画として位置づけられ，景観形成上重要な施設の保全や，整備の方針，景観形成にかかわる基準等がまとめられている。また，景観条例は，美しいまちなみや良好な都市景観を形成し保全するため，地方自治体が制定し，地域によって定められている。

東京都新宿区は，景観行政団体として「新宿区景観まちづくり計画」を定め，地域の景観特性に適した建築物等の誘導を行うための指針として「新宿区景観形成ガイドライン」を運用している。また，景観法による制度や施策の運用に必要な事項を定めた「新宿区景観まちづくり条例」がある。誘導方法としては，地域にふさわしい景観を形成するために，区全域を10地区72エリアに分けたエリア別景観形成ガイドラインや屋外広告物に関するガイドラインなどがある。さらに，まちづくり活動が先進的に行われている地区や特有な景観形成が求められている地区を個別に選定し，景観形成を推進している。そのひとつ「粋なまち神楽坂地区」では，通りや路地に地域固有の風景と賑わいが保たれている。

図-1 新宿区景観形成ガイドライン（抜粋）

図-2 神楽坂のまちなみ

17 ランドスケープデザイン

landscape design

建築・都市とランドスケープは密接な関係性をもち，良好な関係性をもつ空間は人にとって魅力的であり，憩いと安らぎを与える。ランドスケープの言葉は時代とともにさまざまなジャンルで使われ，近代になりデザイン的用語としておもに造園用語に用いられるようになった。

ランドスケープデザインと職能の基礎をつくったのは，ニューヨークのセントラルパークの設計者F.L.オルムステッドである。今では，都市において公園は欠くことのできない一要素であるが，その歴史は19世紀のヨーロッパにあり，近代化による都市環境の悪化が原因となった疫病流行の対応として公園が誕生した。その整備は，イギリスでは王室庭園や貴族の狩猟場が公園に，ウィーンでは城壁を撤去してつくった公園などの例がある。セントラルパークも，人口増とそれに伴う衛生面の改善に端を発している。

都市環境の悪化は，さまざまな規制や理論を生み，1894年にはイギリスで建築基準法が制定された。また，ゾーニングによる都市部の利用区分，トニー・ガルニエの「工業都市」，E.ハワードの「田園都市論」もこの時代である。

モダニズムとランドスケープが影響をもち空間として体験できたのは，1925年に開催されたパリ万国博覧会ではないかといわれている。1931年には屋上庭園やテラス，ピロティが盛り込まれたサヴォワ邸が登場する。その後，建築とランドスケープの親密性は高まり，一体となった魅力的な空間は枚挙にいとまがない。

現代では，ランドスケープに求められる状況が少しずつ変わってきた。ラビレット公園（屠殺場）やモエレ沼公園（ゴミ捨て場）のように，過去に忌み嫌われる場所を価値あるものに置き換える手段としてランドスケープデザインが用いられたり，CO_2削減や持続可能な社会の実現の手法として用いられている。

建築とランドスケープで日本建築学会賞を受賞。
図-1 植村直己冒険館

基本設計は彫刻家のイサム・ノグチが手がけた。
図-2 モエレ沼公園

サウンドスケープ

soundscape

17

風景・景観

　サウンドスケープは，音の環境あるいは音の風景といった概念であり，1970年代初頭にカナダの作曲家であり思想家でもあるM.シェーファーによって提唱されたキーワードである。自然界の音から，都市の喧騒，さらに音楽までを含めて我われを取り巻く音をトータルに捉え，それを風景のように考えて，ひとつの文化という観点から高めようとするものである。

　シェーファーはあわせてサウンドスケープデザインという考え方も提唱している。これは，従来の都市計画や環境デザインの領域に，聴覚的側面を取り入れて地域固有の音環境を保全，修復，想像していこうとするものである。単に新たな音の導入に留まらず，騒音の規制や空間計画，教育といった内容を含めた学際領域として提唱されている。

　音は都市や地域，国などの固有の文化的特性を反映してその好悪があり，虫の声をめでる我われ日本人に対して，これを騒音としか判断しない欧米人という対比も報告されている。

　また，音環境は人間の行為や行動する場とも深く結びついており，例えば空港周辺の騒音問題の原因であるジェット騒音も，旅行で利用する空港で聞く場合はあれほどの大きさをもちながら，かえって旅心をかき立てるものとして快感をもたらすことがある。

　アンビエントとは，「取り巻く」とか「周囲の」という意味であるが，音楽分野でもアンビエントサウンドという気にならない騒音とでもいうべきものを活用する動きがある。いわゆる環境音楽に近いものだが，まったく別の場所で起こる現象に基づいて音を流すサウンドスカルプチャー（音響彫刻）などに応用されている。東京都杉並区の「みみのオアシス」は，聴覚をテーマとして竹林の中にいろいろな装置が配されている。

　自然感あふれるせせらぎや鳥の声，あるいは波の音など環境音楽として音の効用が認められている。近年では，オフィス空間にもBGMを流すことにより集中やリラクゼーションなどの効果を求める例もある。また，都市空間における音の制御と演出も行われ，場所性を演出している。

　欧州でのサウンドスケープの価値として，以下が紹介されている。

・健康的価値：静的環境による心的健康促進，良好な音環境環境による外出促進
・文化的価値：文化風土の多様性の回復
・経済的価値：経済投資の魅力向上，医療費コスト削減，観光資源の創成

17 パブリックアート

public art

パブリックアートとは，都市の広場や公園，ビルの前庭など人々が自由に出入りできる公共空間に設置された美術作品を示す言葉である。このような「公共空間における芸術作品の展示活動」は，文化政策として各国の社会的制度の中に定着し，起点となった欧米諸国のみならず，現在はアジアの国々でも実施されている。

歴史的にみれば，1930年代アメリカ等での公共政策に始まり，建設予算の一部を美術作品設置に当てることを義務づけた法制度などとともに進展した。特にアメリカには長い歴史があり，1960年代，美術館の外で一般の人々が現代の美術作品に触れることを目的としたNEA全米芸術基金の公共空間アート・プログラムや，連邦施設の敷地に作品を設置する活動を通じて，自治体や企業を主体にパブリックアートプロジェクトが展開され，各地に波及した。その後，アースワークやサイトスペシフィック・アートなど，設置される場所や環境との結びつきを強くした作品も登場している。

パブリックアートは直訳すると公共芸術であるが，そもそも公共publicという言葉は多義的で，また芸術の公共性をめぐってさまざまな議論がある。しかし，美術館のような展示施設ではなく，公共空間に設置されることの意義の一つは，作品が空間や環境と関係を有することである。必然的に都市計画やまちづくり，再開発計画とつながり，日本でも，「ファーレ立川」をはじめ「新宿アイランド」「六本木ヒルズ」など大規模開発と連動したパブリックアートが多く見られる。

図-1 フラミンゴ／カルダー作（シカゴ，1974）
連邦政府センターの広場に設置。高さ約16mのスチール製。

図-2 クラウド・ゲート／アニッシュ・カプーア作（シカゴ，2006）
ミレニアムパークにある巨大彫刻。

図-3 クラウン・ファウンテン／ジャウメ・プレンサ作（シカゴ，2004）
15mのガラスの塔。LEDスクリーンに市民の顔が映し出される。

近代建築の空間

space of modern architecture

　文化とは，人間とその集団の営みのうちで相対的な価値観に支えられた部分であるが，その相対性を浮かび上がらせるためにも，今日の我われの生活を，絶対的な価値観によって支配してきた近代建築の空間について考えることに意義がある。

　周知のように，都市と建築における近代的な空間概念は，ヨーロッパにおいて発達したもので，その萌芽はすでにルネサンスあたりに認められ，古典と東方からの視野と知識の拡大を基本に，教会的ドグマに対する自然観察と合理性の勝利という思潮のなかで成長したものである。こういった世界認識の近代化は，大航海時代から植民地主義，帝国主義，資本主義の時代を通じて，地球的世界の発見，多様な異文化の刺激，都市と産業の発達を背景に，宇宙と素粒子の数学的な空間を基本とする空間概念として進行する。

　このような近代的空間概念のもとに成立するのが，19世紀以後，都市の急成長による機能空間の大量需要を動機とし，産業革命を通過した後の工業技術を道具とする近代建築様式であり，なかでも特に，ワルター・グロピウス，ル・コルビュジエ，ミース・ファン・デル・ローエらによって確立された，モダニズムの典型としてのインターナショナル・スタイル（国際様式）は，まさにこうした普遍性に向かう近代という時代の集大成として登場したもので，ユニバーサル・スペースという宇宙的な空間概念がそれを象徴している。

図-1 インターナショナル・スタイルとユニバーサル・スペースの典型
（ニュー・ナショナル・ギャラリー／ミース・ファン・デル・ローエ）

18 文化の空間

space of culture

　人間の建築が，他の動物の巣と異なるところは，その空間実現の技術が時代を経るとともに複雑化し高度化して，そこに文化的な意味が付与されることである。例えば宗教的な建築がその教義を象徴する複雑な形式に発展するというように。

　文化の空間とは，単に人間の生存の条件に基づくものではなく，人間とその集団におけるすべての「意味」の営みに関わる空間であり，特に現代では，近代文明の空間に対峙する意味で，民族的な集団に固有の，習俗や儀礼，宗教などに関わる空間，あるいは文明の中にあってその主流である科学技術からはずれる，芸術や美意識の空間を指す。いずれにおいても文化の空間とは，何らかの「意味」を付与された空間であり，建築に関していえば，そこには多少とも技術あるいは形態の「様式性」の存在が認められる。

　文明とは，常に機能性と交換性に向かって，様式の現在を否定しつつ進む普遍性の流れであり，文化とはその流れの中で常に残され沈殿するものとして存在する様式の重なりである。

　また，そこに人類の文化文明の歴史を踏まえた解釈を加えるとすれば，文化の空間とは古代ギリシャ・ローマ以来営々と構築されてきた，西洋の，なかでも地中海型の都市文明の近代文明にまでつながる滔々たる歴史から，多少とも外れた，多少とも対立する，価値観の中にあるということもできよう。

図-1 イスラム文化の空間（カサブランカ）

図-2 ヒンドゥ文化の空間（バリ島）

空間の秩序

discipline of space

　文化の空間にも「秩序」というものが存在するが，普遍的な価値交換のチャンネルをもたない分だけ，その内部における秩序形成力は強靱である。人間の生活空間としての都市と建築において顕著に意識される秩序概念は，中心と周縁，内と外，表と裏あるいは奥などである。

　意味の場には，必ずその「中心と周縁」が存在し，ある空間の中心からの距離は，その空間に所属する人間の社会的序列に関わる。また中心と周縁は，二次元的な磁場においては，正面と左右，中央と末端，上下，前後といった秩序となって現れる。

　建築が，内部空間を囲い込むものであることを考えれば，建築のあるいは都市の「内と外」も文化空間の秩序に重要な意味をもつ。中心と周縁が，空間の意味の段階的な秩序を表現するのに対して，こちらはその空間の意味に所属するか所属しないものかを端的に表現する。

　「表と裏あるいは奥」という概念は，その空間の社会性のあり方に関するもので，表とは，社会の正当化された権力あるいは制度に向いた空間を指し，裏はその反対の方向に向いた空間を指す。また，奥とは社会から隔離され隠蔽された私的な空間を指す。

　都市と建築における物理的な形態としての空間秩序は，直角格子が最も一般的な秩序形態であり，次に，放射状あるいは同心円状の形態である。前者が均質な規格性を表現するのに対して，後者は先に述べた中心と周縁という序列的な意味が強く表出する。

図-1　空間秩序のいくつかの基本概念

18 空間の多義性

ambiguity of space

文明という言葉で意味される人間の営みは，何らかの価値の尺度が設定され，分業が成立し，専門職が成立し，商工業交易が発達し，高度に組織的な社会へと進歩する。貨幣はその最も一般的な尺度であろう。しかし文化という言葉で意味される営みには，異なった様式間を変換する尺度が存在せず，様式と様式は常に相対的に重層的に存在し，記号的な差異による「意味」の交換体系はあっても，尺度に基づく普遍的な価値の交換体系はない。

ユニバーサルにしても宇宙にしても，「ただ一つの」という意味の言葉を語源としているように，近代建築の空間が，普遍的な，つまり単一，均質のものとして存在したのに対して，文化の空間を考えることは，まずその相対性，多義性を考えることになる。

カントの認識論において，空間と時間はアプリオリに与えられた直感形式とされたが，以後の哲学は，この時間と空間の概念の認識性にメスを入れる。メルロ・ポンティは「身体は空間に住み込む」という表現によって，空間もまた人間の身体によって相対的に知覚される存在であることを説き，精神と身体は単純に分離できないという，両義性の哲学を展開している。そこにはフッサール以後の西洋認識論哲学における現象学的方法論が基底にあり，リーマンやクラインなどが展開した現代数学における非ユークリッド空間の展開，アインシュタインやハイゼンベルクなどの物理学における相対的な世界認識の進展とも軌を一にしている。

これは，視覚の問題からくるものでもあり本来の多義性とはずれるが，象徴的な意味もつ。

図-1 M.C.エッシャーの描く空間

記述された空間

noted space

　建築は，絵画や文章の母体となると同時に，絵画や文章に表現される存在でもある。前者が記号によって意味化された空間であるとすれば，後者は記号の中に意味として現れる空間であり，こういった記述された空間に，まさに文化の空間が姿を現すといえる。

　絵画における空間表現は，オブジェとしての神（聖人）や人間や動植物の背景として脇役に留まるものであったが，ルネサンス期あたりから陰影法や遠近法が顕著な発達を示し，風景，都市，建築が，重要な画材となってくる。パノフスキーは遠近法を象徴形式として扱い，ルネサンス期における世界観の変化と結びつけている。日本の絵物語などにおける「吹き抜け屋台」と呼ばれる建築の描法は，一種のアクソノメトリックであるが，視点をずらせながら連続的に俯瞰することによって物語の進行に合わせて空間を変化させていく手法となって，連続的，開放的，浮遊的な内部空間を表現している。

　文章による空間の記述は，図によるものとはまったく異なる様相を現す。そこに表現されているものは，空間の物理的幾何学的な形態ではなく，人間の認識と言語のフィルターを通した空間的表象であり，メルロ・ポンティやオットー・F・ボルノウなどのいういわゆる「生きられた空間」の概念に近い「書かれた空間」とでも表現すべきものである。

図-1 文学に記述され，さらに絵画に記述された空間（源氏物語絵巻の一場面）

18 奥・象徴

oku/symbol

奥は表から内へ深くはいった所。象徴は主として抽象的な事物を示すのに役立つしるし。奥・象徴はおのおのの別の概念だが、しばしば日本の伝統的空間を記述する際に関連して用いられることが多い。西欧の中心・象徴に対立する概念である。中心のイメージは明るく壮大で形態も明確であるのに対し、奥は暗く縮小し輪郭も曖昧なイメージがある。

西欧では、古代都市より中心には神殿や広場が象徴的に設けられてきた。時代が移り神殿が教会や市庁舎などに代わっても、中心・象徴の図式は残ってきた。これに対しわが国では、住居の奥の床の間、集落の奥の神域など、奥が象徴的な場所と見なされてきた。しばしば西欧の中心は人々が集まるパブリック空間だが、日本の奥は人のいない秘めやかな場所であることが多い。

日本の奥を代表する空間の一つに、世界遺産の「熊野」がある。修験道の吉野・大峰、神仏習合の熊野三山、密教の高野山など、起源・内容を異にする山岳霊場の奥である。熊野古道にみられる複数の参詣道ができ、全国から人々が訪れる奥所となった。

このような奥について考察した代表的な本の一つに、槇文彦らの『見え隠れする都市』がある。ここでは、西欧の「中心－区画」に対し日本の「奥－包む」を領域構築の対立概念として示している。また、奥は中心のように構築されたものではなく複数の襞をもつ領域に包まれ、その基盤には土俗信仰に根ざした土地への畏敬の姿勢があると指摘する。

図-1 那智の滝

図-3 熊野神社

図-2 熊野古道

図-4 奥の院・玉置神社

二次元の空間表現

spatial representation of two-dimensions

　三次元の空間を二次元で表現した代表的なものが絵画である。

　立体図法による空間表現はおもに西洋絵画で用いられ，発達した手法である。E.パノフスキーは『〈象徴形式〉としての遠近法』で，ルネサンス期に発明された幾何学的遠近法は，人間の眼が球状で常に動いているという事実を捨象し，平らな面で空間を切断することにより，合理的で均質的な奥行のある空間表現を可能にしたと述べている。

　つまり，このような形式化を通して，我々は実際の空間の知覚とは異なる二次元的表現を空間の表象として認識している。

　建築の二次元表現として平面図や断面図などがあるが，三次元的な図法である透視図は建物がどのように見えるかを伝達するプレゼンテーションの手段として極めて有効な手段である。

　Paul Krutyによると，伝達の対象は建物の施主，展覧会の来館者，建築雑誌の読者であり，情報メディアが台頭した近代以降にその重要性が増した。現在ではCGも多く使われるようになったが，立体図法を応用した二次元表現であることに変わりはない。

　さらに二次元的な空間の表現には単体の建築のみならず，周辺環境や風景の中での見え方も含まれる。それらの関係が「空間」を表象化している。二次元で表象化される建築，および建築空間が，さまざまな枠組みやスケール，構成要素に応じて見る者にどのように感受されるかを明らかにする研究として西洋絵画の例を示す（図-1）。

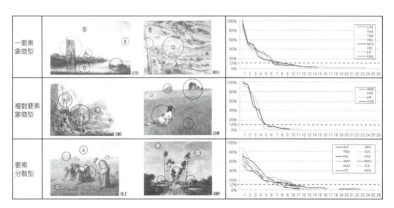

図-1　二次元の空間表現（西洋絵画に描かれた建築要素の二次元的な構成の認知評価）

文学の中の空間イメージ

spatial images in the literature

　我われは小説や詩歌などさまざまな文学に触れ，言葉，言語によって表現された文章の中に多様な風景を思い浮かべる。その心象風景は視覚や聴覚，味覚などの五感を通して，過去の経験や記憶から連想され形成されたものとして読み解くことができる。その風景には，人それぞれによって個別的で異なる内容と人々に共通した内容が表出すると考えられる。

　現代社会においては日常生活の中で多くのメディアの情報から，実際に訪れたことがない地域においても映像や言葉，音楽，書籍などを通じて景観や風景を連想しイメージしている。心象風景の中で，人々が共有する空間の有り様を理解することは，ランドスケープや建築・都市の景観デザインを考えるうえで有益な情報を含んでいる。

　風景や情景・四季，建築，都市などの要素を詠いこんでいる日本の代表的な文学作品に「俳句」がある。この五・七・五という限られた語句を媒体にして人々がイメージする空間とはどういうものか，正岡子規の俳句「柿くへば　鐘が鳴るなり　法隆寺」を対象として，イメージした空間を描いてもらった（図-1）。豊かな情景が描かれていることがわかる。

　さらに多数の描画を重ねて，描かれた「柿」，「法隆寺」，「釣鐘堂」などの要素の種類と位置を整理して見ると，一定の傾向が読み取れる（図-2）。

　「柿」は中心から下側へ均一に分布して描かれており，「法隆寺」，「釣鐘堂」は中心から上側へ広がって描かれている傾向がある。

図-1「柿くへば　鐘が鳴るなり　法隆寺」の描写

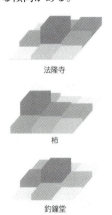

図-2 描かれた要素の種類と位置

非日常の空間

spaces for exceptional times

　非日常と日常とは，一方を前提としなければ他方が成立しないという対照的，相補的な関係にある概念のセットである。したがって，非日常の空間とは，その空間に備わっている固有の性質や特徴によって説明できるものではなく，日常の空間との対比において，差異の効果により生成される空間として捉えられる。

　非日常と日常に類似した対概念のひとつに，ハレとケがある。民俗学では，日本古来の生活文化について，祭礼や年中行事，冠婚葬祭などの非日常的な時間・空間を示す「ハレ」と，日常的な労働などの時間・空間を示す「ケ」の循環として解釈する。都市化された現代の生活は，非日常的とされた特別な服装や食事が日常化したことなどにより，ハレとケの区別が曖昧になったとされる。このように，非日常と日常との境界は，絶対的，固定的なものではなく，時と場合によって変化するものであり，同様に，非日常の空間を不変的なものとして捉えることは難しい。

　例えば，住居空間がしめ縄を張ることで神聖な空間へ転換すること，道路や公園が一時的に占拠された祭りの空間，日常から隔絶した場所に建設されたテーマパークなど，どれも非日常の空間といえるが，日常の空間との物理的距離や様相の違いの程度は大きく異なる。

　「神戸ルミナリエ」は，阪神・淡路大震災の犠牲者への鎮魂と大震災の記憶を語り継ぐ行事として年1回開催されている。旧外国人居留地の路上などに仮設された電飾の空間は，普段は体験できない希少な空間と化し，商業・ビジネス街という日常とのギャップがより一層の非日常性を生み出している。

図-1 非日常の空間としての「神戸ルミナリエ2015」と，商業業務地としての日常の空間（神戸・旧外国人居留地のまちなみ）（©Kobe Luminarie O.C.）

19 祭り空間

非日常の空間

festival space

　祭りは「神に仕えること」を意味するマツラウという動詞が名詞形に変化し，一般的に神に仕える行為を表す。祭りの非日常世界の形式と内容は，祭りを行う人々の属する共同体の生活文化を投影し社会的状況に適応させ，その位置づけを再確認させる。祭りの非日常世界は，日常世界を反映し，認知する関係にある。

　近世以前の日本社会では，村落共同体で氏神を中心とした祭祀集団が形成されたが，現代は神と人々の日常的な結びつきは希薄となり，祭りは商業化，観光化の傾向にある。

　現代の祭りは宗教色と観光化の度合いで「宗教的祭り」，「地域の祭り」，「家の祭り」，「イベント的祭り」に大別される（図-1）。祭り空間にはシンボルや踊り等の行われる核的な焦点空間があり，人々が求心的に集まる（図-2）。宗教的祭りは大きな核があり，神秘性が強調される。地域の祭りには大核の周辺に付帯祭事や露店等の小核が存在し，娯楽的要素が増す。イベント的祭りには大核が見られず，複数の異質または同質な小核が散在し，商業的要素が増す。

　祭り空間の領域は，核の存在と行為で変化し，非常に曖昧で流動的である。加えて二次的空間として装飾等で演出される祭りの導入空間があり，日常から非日常へ，聖なる空間へと徐々に導く役割を果たす。

　近年，祭りの象徴が祭りの時期以外でも独立した空間を与えられ展示されるという祭り空間の切り取りや，保存による日常化が観光化した祭りでみられる（図-3）。

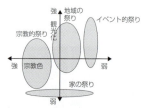

図-1 現代の祭り空間のタイプ

図-2 岸和田だんじり（撮影：田中一成）

図-3 博多山笠山車

葬送空間

funereal space

葬送とは故人を墓所まで送ることである。つまり，残った者たちが故人を偲び，最後の別れをする空間が葬送空間である。

葬送のために行われる祭儀が葬儀である。葬儀の方法は生活様式や習慣，信仰形態によってさまざまなものがあるが，いずれも残された者たちは葬儀の一連の行為を通してその死を受け入れる。それは故人と向き合う場であり，故人を介して多くの人が集まる場でもある。死者を弔うという共通目的をもって集まることでその関係を確認し，今後の生活のためのコミュニケーションの場ともなるのである。近所付き合いや親類縁者，家族自体の関係が希薄になりつつある現代では，貴重なコミュニケーションの機会ともいえる。

「瞑想の森」（伊東豊雄）は，隣接する市営墓地とともに緑豊かな公園の一部に計画された斎場である。建物北側には池が設けられている。それは内部空間からは視線の広がりを演出し，外部デザインは白い波打つ屋根が湖上に伸びることで水平方向の広がりを印象づける。開放的なロビー空間はコンサート会場としても利用される。

旧東ドイツ域のベルリン郊外に位置するバウムシューレンヴェグ・クレマトリウムの1階中央の木立のホールは，29本の円柱がランダムに立てられた大きな空間で，上部から差し込む光が時間とともに移動する。この空間は会葬者が葬儀前後に集まり，悲しみと別れの時間を共有する場所として象徴的なデザインとなっている。

図-1 バリ島での葬儀の様子（インドネシア）

図-3 瞑想の森（岐阜県）（撮影：佐藤理都子）

図-2 ワーナーラシのガンジス川に面した火葬場（インド）

図-4 バウムシューレンヴェグ・クレマトリウムの木立のホール（ベルリン）（撮影：横濱久美子）

19 宗教空間

非日常の空間

religious space

　神仏または何らかの超越的，超自然的存在に関わる空間。人間の夢や解脱，不安や恐怖と関連し，アニミズムから普遍的な世界宗教まで多様な空間形式をもつ。宗教建築や宗教都市はその典型的空間である。

　多くの宗教建築の事例に見られるように，宗教空間は教義に基づき体系化された祭祀や儀礼・儀式等を行う空間として，以下のような空間特性がある。

　場所性：教義や成立過程等により特定の場所，立地，方向，上下の位置を含む場所性が重要な意味をもつ。アテネのパルテノン神殿やローマのサン・ピエトロ寺院のように生活領域の中心に立地することが多いが，投入堂や御嶽のように周縁の特異な場所が選ばれることも少なくない。

　聖性：場所性と関連し，聖性が重要な意味をもつ。ユダヤ教，キリスト教，イスラム教に共通する聖地・エルサレムはその典型である。立地環境だけでなく内部空間の設えにおいても同様に，床レベルの設定，採光，色彩，天井高等においても聖性を醸し出す空間が重視される。

　非日常性：聖性とも関連し，外部・内部の両者において非日常の空間が志向される。ポタラ宮やアッシジの修道院のような壮大なスケール，ゴシック教会堂内部のような崇高なイメージ等の空間特性をもつ。

　象徴性：壮麗なつくりの建築外観はもちろん，内部空間においても床，壁，天井，シンボルやイコンの設え等，同時代の文化，技術などを表徴する空間特性をもつ。

図-1 アテネのパルテノン神殿

図-2 投入堂（三仏寺）

図-3 ゴシック教会堂内部

芸能空間

folk entertainment space

芸能は人々の生活を基盤に地域で育まれ，継承される。しかし，芸能が専門化し，その空間が特化，固定化するにつれ，地域文化としての特徴は薄まる傾向である。

芸能は本来，他者と一定地域に住むことによる共同性の獲得，生活の確かさを確認する過程で生まれた。これは自分たちや周辺環境の起源，仕組みを明らかにし，自身の存在を確認するコスモロジーの概念である。

こうした本来の地域生活文化を担う芸能の存在は，地域社会の新たな連帯感や地域固有の文化特性抽出という観点で意義深い。ここでは山形県櫛引町黒川地域の黒川能の事例を紹介する。黒川能は，猿能楽の流れをくみ，約400年の歴史をもつ。各季節の節目に奉納・奉仕され，最大の祭祀は2月に行われる未明から約一昼夜半に及ぶ王祇祭である（図-1）。

この準備には1カ月が費やされ，神社を降りた御神体の依代である王祇様は上座，下座の最長老者である頭人の家へ移される。頭人の家は神宿となり，家中に能舞台をしつらえる。能舞台を作るために壁がすべて取り払われ，場合によっては天井をはがし，仮設の部屋を増設する。住居という日常的空間がドラスティックに非日常空間へと転換する（図-2）。

黒川能は地域住民に重要視され，全世帯の約1/3が能役者を出し，役割次第では冬場の出稼ぎを妻が代わる場合もある。ここでは芸能が地域社会に溶け込んでいると同時に，芸能を通じて住民間の連帯，互いの存在を確認するコスモロジーが顕在である。

図-1 王祇祭（撮影：伊藤真市）

図-2 日常空間の転換

19 余暇空間

space for leisure

人間の生活時間は，睡眠や食事といった生命維持に欠かせない必要時間と，仕事・学業・家事等の家庭や社会を維持向上させるために行う拘束時間，さらに自由時間に分けられる。余暇活動はこの自由時間の中で行われるものである。

余暇活動に対応する空間は，日常生活圏と非日常生活圏双方にわたる。日常生活圏では，住空間と地域の生活環境を維持するコミュニティに必要な空間が余暇空間である。

住空間では，前述の3つの時間が断続的に繰り返される。趣味室など専用の余暇空間もあるが，一般的にはその場で行われる余暇活動によって各住空間が余暇空間になり得る。

また，日常生活圏のコミュニティに必要な空間は，都市公園や子どもの遊び場，各種スポーツ施設，コミュニティセンターなどの集会施設，図書館・美術館・劇場などの文化・学習施設がある。

一方，非日常生活圏には，歓楽街・盛り場の商業施設や娯楽施設，温泉や保養地内の各種施設，自然地・自然公園などがある。

金沢21世紀美術館は「まちに開かれた公園のような美術館」をコンセプトとして設計された。誰もがいつでも立ち寄れる，市民にとっての日常生活圏余暇空間を意識した建築であり，観光客にとっては非日常生活圏余暇空間となる。円形の平面形態と，内外の境界を取り払う透明なガラスで囲われた建築は，異なる空間にいる者どうしが互いの様子を感じることができるよう設計されている。

全景

屋外空間を余暇空間として利用する市民

無料で開放されている交流ゾーン

屋内から外部空間を臨む

図-1 金沢21世紀美術館（妹島和世＋西沢立衛／SANAA）

イベント空間

event space

イベントとは,出来事や行事,運動競技の種目・試合等を指す。対応する空間として,屋内外スポーツ施設や劇場・ホールなど,あらかじめイベントの内容を想定して計画・設計された専用施設がある。またそれらを本来の目的とは異なるイベント空間として使用している例もある。両国国技館は大相撲の興行のための施設であるが,アリーナ席が取りはずせることや交通機関の利便性からさまざまなイベントに貸し出されている。

一方,道路を車両通行止めにして行われる日本各地の祭りや優勝パレード,ストリートパフォーマンスによる集客もその場をイベント空間へ変える。日本を代表する祭りの一つである祇園祭りの山鉾巡行や宵山も,道路空間の車両の通行を規制し開催される。

また,屋外で行われる定期・不定期の市場空間も一つのイベント空間である。海外の都市広場で曜日ごとに市が開かれるものや,日本では寺社境内で行われる骨董市をはじめ,公園や広場でのフリーマーケットも市場空間であり,イベント空間である。

さらに,商業施設や駅舎などの施設の中に計画されたオープンスペースにおいてもイベントが行われている事例を多数目にすることができる。

これらの空間を整理すると,現代のイベント空間としては,専用施設・広場・公園・道路・施設内オープンスペースの5項目に整理できる。

図-1 両国国技館で行われたイベント(東京)

図-3 広場で開かれる市場(チェコ)

図-2 祇園祭り(京都)

図-4 商業施設の中庭で行われたイベント

19 劇場空間

space of theater

劇場は，演劇やコンサートなどに興じる日常の生活とは異なった体験をし，芸術に触れることにより非日常の世界を楽しむ空間である。それぞれの芸術を演じるための舞台機構や，音響，照明設備などの機能を満たすことはもとより，演じられる芸術と観聴衆が一体的となった雰囲気を得られる空間の演出が重要である。

劇場には，演劇やオペラ，歌舞伎，コンサートなどの専門の芸術が行える機能をもった専用ホールと，講演会などを含め，どのような演目にも対応しうる多機能な設備を備えた多目的ホールがある。また，演目によって，ステージや客席の配置形態を変化させることのできるアダプタブルホールがある。

クラシック音楽のための専用ホールがコンサートホールである。音響性能が重要なことはもちろんのこと，聴衆は指揮者や演奏者のパフォーマンスを観ることも楽しみの一つであり，オーケストラがどの客席からもよく見える客席構成も重要である。コンサートホールの形式として，オーケストラに面して客席が前方に向いて並列に並んでいるショーボックス型（図-1）と，オーケストラを中心に客席が囲むように配置されたアリーナ型（図-2）がある。

パリのオペラ座・ガルニエやウィーンの国立歌劇場などの馬蹄形の劇場では，平土間とそれを囲むバルコニー席が設けられており，社交の空間ともなっている（図-3）。シェークスピアの傑作が多く演じられたグローブ座も復元された（図-4）。

図-1 ムジークフェラインザール（ウィーン）

図-3 フォルクスオーパー（ウィーン）

図-2 ベルリンフィルハーモニーザール
　　（撮影：本杉省三）

図-4 グローブ座（ロンドン）

テーマパーク

theme park

非日常の空間

テーマパークに含まれる施設についての定義はまちまちで、テーマに沿った見学を主とする単独の施設から、見学施設に加えて遊園地やホテルなどを含む巨大な複合施設群を指す場合もある。テーマについては、例えば歴史を伝える学習に寄ったもの、ディズニーランド、サンリオピューロランドのキャラクター、ユニバーサルスタジオジャパンの映画といった遊びの要素が強いもの、また博覧会の未来へ向けたメッセージまでさまざまである。最近では、子どもが楽しみながら社会を学べる施設であるキッザニアが登場し、アイドルグループが出演する劇場や多種多様の需要を満たす店舗を有する秋葉原のように、街全体がテーマパークの様相を呈する場合もある。

テーマパークはその規模の大小にかかわらず不特定多数の観覧客を対象としているため、空間計画には十分な配慮がなされなければならない。テーマが学習の場合は経路が決まっており、遊びの要素が強い場合には回遊を前提とした空間が計画される。

テーマパークの中でもとりわけ規模の大きい博覧会の場合には、老若男女さまざまな属性が集まるため、弱者のサポート、大群集のコントロール、待ち行列の解消など、空間が解決しなければならない問題は数多く存在する。例えば、トイレや休憩施設のキャパシティを考慮しなければ施設の利用者があふれてしまうことになる。このような問題を解決するためにも、情報技術の積極的な導入が必要である。

図-1 巨大な回遊空間

図-2 待ち行列と群集

図-3 大群集と休憩

図-4 階段での休憩

19 仮設空間

非日常の空間

temporary space

　都市は本来，人間の営みと共にダイナミックに変化する空間であり，これを体現する場所として仮設空間への注目が高まっている。法的には，非常災害時の仮設住宅や一年以内の期間で仮設される興行場や博覧会建築物のことを仮設建築物と呼ぶが，一般にはその意味する範囲は広い。トレーラーハウスを利用した飲食店や仮設性を表現に求めた常設建築も広い意味では仮設空間と呼ばれる。

　都市における仮設空間の役割をアンビルトの表現で示したのがアーキグラムであった。都市を構成するエレメントを気球や飛行船で運び都市をつくる「Instant City」(1969)，仮設空間が既存の都市に浸食し変化させる「THE METAMORPHOSIS OF OUR TOWN」(1970)，といった作品で仮設空間の力を示している。

　一方，実際に建設された仮設空間としては紙管を用いた仮設集会所兼聖堂である坂茂の「紙の教会」(1995)がある。坂は教会以外にも，ルワンダの難民や津波被害者に向けた仮設住宅を実現している。また，仮設性を表現に取り込んだ例として遠藤秀平の「Cyclestation 米原」(1994)がある。遠藤は一般には土木工事に使われるコルゲート鋼板を用いて，滑らかな曲線の表現によって仮設性を作り上げている。

　再開発の過程で生まれる空地に仮設性を意識したアート空間が形成されることもある。その例として建築家森田一弥と左官職人久住有生のコラボレーションによる「土の依代」(2011)などがある。

図-1 THE METAMORPHOSIS OF OUR TOWN／Peter Cook

図-2 Cyclestation 米原／遠藤秀平(滋賀)

図-3 土の依代／森田一弥・久住有生(福井)　左：制作風景(撮影：森田一弥)，右：展示風景

環境アート

environment art

環境アートとは,周囲の環境との関係で制作されたアート作品や表現行為のことで,場・空間といった意識の導入によって,制作物自体の形だけでなく,作品と鑑賞者との距離も表現空間としたものである。

類義語に,「アースワーク」（自然を直接の制作素材とする表現様式）や「パブリックアート」(180頁参照)がある。これらはいずれも美術館以外の空間に設置される芸術作品のことであり,それらの登場によって,芸術作品は美術館という専用空間に陳列される物という概念は払拭された。

また,アーティストによる表現行為を媒体とした作品,聴衆・観衆の制作行為への参加によって形づくられていく参加型の作品も環境アートの一つである。

近年,日本各地で町おこしや景観事業として環境アートが取り上げられている。都市や里山の固有の風景と融合・呼応する作品によってイベントを開催しその地に定着させるものもある。

瀬戸内国際芸術祭は,瀬戸内海の島々を会場として3年ごとに開催される。豊島美術館（西沢立衛）は香川県豊島の小高い丘の上に設けられた。コンクリート・シェル構造による水滴のような形は,周囲のなだらかなうねりのある丘の形と呼応する。内部は柱のない単一空間に,天井の開口部から光や風が取り込まれ,それらによって床の水滴が刻々と姿を変える。この場所でしか体験することができない空間がそこにある。

図-1 家プロジェクト「はいしゃ」(直島)

図-2 空家を改装したカフェ(豊島)

図-3 草間彌生による作品「南瓜」(直島)

図-4 豊島美術館(豊島)

19 宿泊・リゾート

lodging/resort

リゾートのスタイルが多様化し，滞在型余暇活動が定着してきた今日，個人の価値観に見合う宿泊・リゾートを気軽に選択できるようになってきている。宿泊施設は，旅行者に夢を与える建築の代表であり，限られた時空間でいかに非日常の「生活」を提供できるかが問われている。

もともと巡礼や隊商に短期間の休息場所と飲食を提供する目的で始まった宿泊施設は，今日では立地や利用目的，滞在日数によりシティホテル，リゾートホテル，コミュニティホテル，ビジネスホテルなどの「ホテル」と，和風客室を主体とする「旅館」に大別される。さらに，娯楽，食事（オーベルジュ），会議，スパ，アート，医療などの多彩な機能が付加されて個性化が進む傾向にある。

高原避暑地で知られる軽井沢には，風光明媚な景観とはいえない場所にリゾートホテルがつくられ，集落とその風景が観光資源となった事例がある（図-1）。分棟型の客室，地形や既存の樹木，水力発電のための修景池など，敷地内のすべてを非日常の「生活」の場として計画している。

キッチン等を共有空間として利用する「ゲストハウス」では，旅行者相互の交流が可能である。なかには老朽化したアパートや民家を借り受けて「ゲストハウス」にリノベーションし，戸別に貸し出すケースもある。簡易宿泊所に転用した町家を一棟貸切できる「京町家ゲストハウス」では町家に暮らす体験ができる（図-2）。伝統的に価値のある空き古民家の宿泊施設としての活用は，まちなみの保存と地域活性化への好循環を生む可能性も期待されている。

今日では，インターネットの仲介サイトを利用して住宅等の空き部屋の貸し出しも可能であり（民泊），旅行者は生きた住空間に宿泊できる。宿泊施設の不足解消や空室の軽減という点でも注目されている。

図-1 星のや軽井沢　　図-2 京町家ゲストハウス

コミュニティ

community

　「コミュニティ」は古くから社会学において使われてきた言葉で，共同体，共同社会，地域社会などの多様な意味に用いられている。

　アメリカの社会学者R.M.マッキーヴァーは，一定の地域で営まれている共同生活としてコミュニティを把握した。94のコミュニティの定義を分類した社会学者G.ヒラリーは，その多くの共通項として，地域，共同体感情，社会的相互作用の3点を指摘している。コミュニティとは極めて多義的な概念であるが，大きくは，「地域性」と「共同性」という2つの要件に依拠する社会として捉えられる。

　現代におけるコミュニティを考えてみると，地縁や血縁の強い人々が定住するむら社会から，流動的な居住者たちで構成される都市社会へと移行したこと，生産の場と居住の場が分離したことは，コミュニティの質的変化をもたらした。

　また，今日の情報化社会は，リアルな空間のコミュニティに対し，インターネット上の仮想空間で展開するネットコミュニティを生み出した。特に人と人とのつながりを促進するソーシャルネットワーキングサービスSNSは，登録された利用者のみが交流できるWebサイトにより，ある程度閉ざすことで密接なコミュニティを獲得した。ネットコミュニティは，距離という制約を受けず，物理的な地域性とは無関係に成立する一方で，情報の信憑性，倫理性の問題も指摘されている。

　今，あらためてコミュニティが地域性や共同性を有することの意義が問われている。

図-3 インターネット上のコミュニティサイト
（SNS，facebook）

図-1（左上）
漁村集落（音海）（写真提供：長坂大）
生産と居住の場が一致したむら社会としての漁村集落。共同体として結びつきが強い。

図-2（左下）
都心部の低層住宅地と超高層マンション（月島）
都市社会でのコミュニティの希薄化が指摘される。

テリトリー

territory

　テリトリー（なわばり）とは，同種の個体や集団の間でみられる，他者の侵入から防衛された領域であり，メダカなどの魚類をはじめ，鳥類，ほ乳類などに広く確認できる。人間の場合にも，同業者との間にみられる販売員のテリトリーをはじめ，花見の場所取りなど，さまざまな場面で確認することができる。

　「パーソナルスペース」（26頁参照）が身体を取り巻く持ち運びできる領域だとすると，テリトリーはより場所と結びつき，自分がその場にいなくても他人の侵入を拒む領域である。

　自分のテリトリーを主張するためには，他人にそれとわかる「領域表示物（マーキング）」が用いられる。図書館での席取りでは机に置かれたノートや書籍（図-1），花見の場合は広げられたシートがそれに該当する。住まいの中でも，主婦の領域としてのキッチンや，家の主が必ず座る指定席，子ども部屋（「私的空間」123頁参照）なども一つのテリトリーとして理解することができる。そうした空間においては，個性的な飾り付けなどの「パーソナライゼーション」が見られる（図-2）。

　テリトリーに関連した重要な概念として「表出」があり，住まいの玄関先や街路沿いに並べられた植栽がその代表例である（図-3）。表出は，共用空間に置かれた領域表示物の一つである。住人の個性が反映されたものであり，水やりなどを通じて近隣住民や街を歩く人とのコミュニケーションの媒体となり，関係する行為のインタラクションを生む（図-4）。ひいては，その場所を個人のテリトリーから集団のテリトリーへ変え，防犯の役割も果たす。

図-1 図書館におけるテリトリーの表示

図-3 路地における表出

図-2 デスクのパーソナライゼーション

図-4 植栽が媒体となるインタラクション

生活領域

living area, territory

人間の生活空間は，身体を取り巻く領域である「パーソナルスペース」，自分の・自分たちの場所として支配的観点から捉えられる「生活領域（テリトリー）」，領有・支配の意識なく認知されるエリアとしての「行動圏」の三側面に整理される。人間のテリトリーは，動物のそれと比べ，文化的・社会的・技術的などの側面で高度であることから「生活領域」の語が用いられ，「ある個人なり集団が自分あるいは自分たちのものという意識をもち，そこを支配するところの一定の空間」と定義される。

生活領域は，個人的－集団的，定常的－一時的の2軸で分類され，前項「テリトリー」で挙げた図書館の席は個人的・一時的領域と言える。集団的・定常的領域は，家族にとっての家（一次領域），近隣や会社など社会集団の領域（二次領域），直接体験できないが意識の中にある広域の都市や国（三次領域）に分類される（図-1, 2）。

人間の住環境は単に住居のみで形成されるものではなく，生活領域における街路や酒場，学校など多様な要素を含めた「セッティング」として理解する必要がある（図-3）。また，こうした領域は発達・変化するものであり（図-4），子育て期，高齢期に住まい周辺の生活領域は特に重要となる。

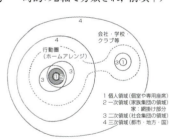

図-1 生活領域の段階構成モデル

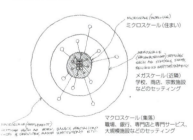

図-3 住まいと近隣のセッティング

図-2 生活領域の分類とその例

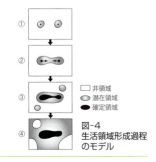

図-4 生活領域形成過程のモデル

共用空間

common space, common area

　共用空間（コモンスペース）とは，私的空間（プライベートスペース）と公的空間（パブリックスペース）の中間的概念であり，「セミ・プライベート」「セミ・パブリック」の段階にあたる空間である（図-1）。

　戸建住宅地において，かつて住まいと密着した交流空間であった「みち」は，自動車の普及と同時にその多くが失われたが，現在でも狭い路地や行き止まりの歩行空間にヒューマンスケールの共用空間が存在する。こうした空間では，表出や視線の交流を通じて周辺環境が「共有領域化」する姿を見ることができる（図-2）。

　共用空間でのコミュニケーションを左右する空間的要件として，住宅へのアプローチ側に生活が開かれることが効果的とされ（図-3），「リビングアクセス」と呼ばれる。

　住宅地のみならず，商業地の街路空間においても街と建築の境界（エッジ）のデザインが重要であり，私的空間と公的空間を段階的に結ぶ柔らかいエッジがアクティビティを活性化させ，街を生き生きとさせる。

　集合住宅やオフィス，大学における共用空間には，建物へのアクセス路・共用エントランス・共用廊下などが該当するが，こうした共用空間を，人々をつなぐ空間として計画することもある（図-4）。

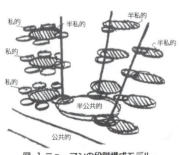

図-1 ニューマンの段階構成モデル

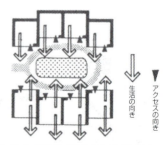

図-3 交流を生むアクセスと生活の向き

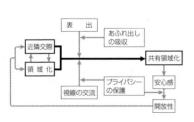

図-2 共有領域化の構造

図-4 大学の共用空間での研究集会（名古屋大学）

コーポラティブ・コレクティブ

cooperative/collective

20 コミュニティ

　現代における住居とコミュニティの関係を捉えるうえで，コーポラティブハウスやコレクティブハウスは欠くことのできない居住形態である。

　コーポラティブハウスは，欧米の主流である「協同組合住宅」に対して，日本では通称「建設コープ」と呼ばれる。自ら居住する住宅を建設しようとする者が集まり組合を設立し，土地の取得，建物の設計，工事の発注などを行って協同で住宅を取得するもので，完成後には管理組合として住宅の管理，運営を行う。住戸の自由設計や余分な経費の削減などの利点もさることながら，協同による建設事業や入居後の建物の管理や運営を通して，居住者の間に連帯感，信頼感が生まれ，コミュニティが形成されることに対する評価は高い。

　一方，コレクティブハウスは，複数の個人や世帯がプライバシーのある暮らしを保ちつつ，食事などの日常生活の一部について共同化を図るもので，独立した住戸ユニットと豊かな共用室で構成される。共用室の内容は，コレクティブハウスの主旨により異なるが，食堂，居間，洗濯室，工作室，菜園などが挙げられる。

　1970年代よりスウェーデンやデンマークを中心に数々の取組みがなされ，欧米には多数の事例がみられる。日本では，阪神・淡路大震災後の高齢者向け復興公営住宅「ふれあい住宅」に導入されたのを契機に注目されはじめた。多世代の個人や家族が居住する「コレクティブハウスかんかん森」では，参加と共生を理念とした自主運営による住まいづくりが追求されている。

　コレクティブハウスは，少子高齢化，核家族化，単身者の増加，女性の社会進出という潮流の中で，住まいやコミュニティのあり方に一石を投じるものである。

2階平面図

広々としたキッチンで調理する

コモンダイニングでの食事の風景

図-1 コレクティブハウスかんかん森（写真提供：木下孝二，図面提供：NPOコレクティブハウジング社）

21 まちなみ保存・再生

townscape conservation/regeneration

　まちなみ保存とは，「まちなみがその地域の風土に合った建築形態や様式をもっていることや，地域文化を象徴していることを条件に，保存し後世に継承すること」である。一方，まちなみ再生は「まちなみが今日求められている使用方法にそぐわなくなった場合に，その価値ある特徴を保ちながら，修復や改造により活用すること」を指す。

　1975年，伝統的建造物群保存地区の制度が発足し，全国各地に残る歴史的な集落・まちなみの保存が図られるようになった。京都市産寧坂では，社寺建築物，石畳の坂道，町家などが一体となってすぐれたまちなみとして保存されている。一方，伊勢のおかげ横丁は，江戸から明治の伊勢路の建築を再生させたまちなみで，昔ながらの工法により，妻入り玄関やきざみ囲いの外壁を特徴としている。

　モロッコ・フェスの旧市街地は迷宮のような入り組んだ路地で知られ，世界遺産としてまちなみが保存されている。古い建造物の修復，広場や川岸の整備，市場（スーク）の改修などが進められている。一方，人口の過密化や観光地としての整備課題に対して，リヤド（豪邸）の商業・観光施設への転用などにより地区再生も図られている。保存にあっても持続可能な再生プログラムによる更新が求められる。

図-1 産寧坂（京都）

図-2 おかげ横丁（伊勢）

図-3 モロッコ・フェス

まちづくり協定

agreement on cultivating town planning

　まちづくりにおいて住民発意で定める協定で，地区計画，建築協定に加えて，まちづくりルールなど任意のまちづくり協定がある。

　地区計画は「建築物の建築形態，公共施設その他の施設の配置等からみて，一体としてそれぞれの区域の特性にふさわしい態様を備えた良好な環境の各街区を整備し，開発し，及び保全するための計画」で，都市計画法を根拠とする。一方，建築協定は「住宅地としての環境や商店街としての利便を高度に維持増進することなどを目的として，その区域内における建築物の敷地，位置，構造，用途，形態，意匠，建築設備に関して定めた基準」で，建築基準法に基づくものである。地区計画との大きな違いは，全員の合意が必要な点である。郊外住宅地で良好な住環境保全を図るため，あらかじめ建築協定をかけて分譲される事例も見られる。

　また，地方自治体のまちづくり条例に基づくまちづくり協定や，景観条例に基づく景観協定，都市緑地法による緑地協定，法的根拠をもたない協定，まちづくり憲章などがある。これらは住民主体の「小さな公共」によるまちづくりの一つの形と言えるだろう。

　横浜市では，地域まちづくり推進条例に基づき，まちづくり組織，プラン，ルールを策定することができる。プランは，地域の目標・方針やものづくり・自主活動など課題解決に向けた取組みを，地域まちづくり組織が地域住民等の理解や支持を得ながらとりまとめた計画である。ルールは，建物や土地利用などについて，地域まちづくり組織が地域住民等の理解や支持を得ながら，自主的に定めたルールを指す。六角橋商店街地区は，プランによりまちなみ全体の改善と将来イメージを形にして取組みの方向性の共有を図るとともに，ルールにより個々の店舗など建築物の意匠や防火措置などの取り決めを行っている。

図-1 建築協定の定められた郊外住宅地（横須賀）

図-2 六角橋商店街地区まちづくりルール（横浜）

21 ワークショップ

workshop

　ワークショップという言葉の原義は「仕事場」「作業場」だが，最近は「参加者が自主的な活動を行う研修会」の意味にも使われる。演劇や美術をはじめ，都市計画やまちづくり，学校教育，企業研修など多様な分野でワークショップなる手法が注目され，広く使われるようになったためで，「参加者が自ら参加・体験しながら学び，創造する場」といえる。

　都市計画分野では，1960年代にアメリカの環境デザイナー，L.ハルプリンが提唱したワークショップが先駆とされ，人々が主体的にデザインに参加するプロセスを重視したことの表れであった。また，アメリカの建築家H.サノフは，建築の企画・設計に住民の意思を反映させるために有効なワークショップの手法「デザインゲーム」を発案した。

　国内でも，住民参加のまちづくりの潮流とともにワークショップは住民参画の一形態として定着した。まちづくりにおけるワークショップは，地域に関わるさまざまな立場の人々が参加し，協働で課題に取り組み，計画を行う手法である。対象は，公園，道，公共施設の計画，団地再生などの住まいの計画，市町村の都市計画マスタープランの策定など多岐にわたり，震災後の復興計画でも行われている。宮城県岩沼市では，防災集団移転のワークショップが実施された。新規のコミュニティ計画に直面し，マスタープランの構想や計画案の策定などにおいて住民参加ワークショップが行われ，現実のまちづくりに反映されている。

まちづくりのマスタープランを構想

ワークショップの検討結果を写しとったスケッチ

考えるためのツールとして毛糸や色紙などを用意

検討成果を編集し作成された模型を下にワークショップを行う

図-1 岩沼市防災集団移転計画の住民参加ワークショップ（写真提供：SALHAUS）

コミュニティデザイン

community design

　建築や都市デザインは，建物やインフラなど建造物（ハード）のデザインであることに対して，コミュニティデザインとは，ハードを取り巻く環境（ソフト）をデザインすることである。例えば，地域に暮らす人々のネットワークや地域の資源を活かすシステムを考えるなど，目に見えないモノをデザインすることである。

　コミュニティアーキテクトとは，職能を活かしてまちづくりや地域活動に深く関与する専門家のことを意味する。建築士や都市デザイナーなどがその専門性を活かして地域に寄り添った活動をすることにより，ハードだけでは解決できないソフト的な地域課題にも向き合うことができる。

　千葉県柏市では，柏の葉アーバンデザインセンター（UDCK：Urban Design Center Kashiwanoha）を中心として，実践的なコミュニティデザインを展開している。

　「ピノキオプロジェクト」は，ピノキオのコスチュームを着た子どもたちが地域の花屋やカフェ，銀行などの店舗で仕事を体験する教育プログラムである。"子どもは街で育てよう！"というコンセプトのもと，働くことの楽しさや意義について考える。

　「まちづくりスクール」は，柏市と協働で運営する市民講座である。まちづくりの担い手育成を目的として，大学教授やまちづくりの第一線で活動する専門家を講師に迎え，一般市民のほか，行政職員や地域の大学生なども参加して，地域の課題に取り組んでいる。

図-1 ピノキオプロジェクト（写真提供：柏の葉アーバンデザインセンターUDCK）

図-2 UDCKまちづくりスクール（写真提供：柏の葉アーバンデザインセンターUDCK）

22 避難所

shelter

　大雨や地震などの災害の発生により自宅に戻れない人々が一定期間滞在する施設，あるいは災害発生のおそれがあり避難した人々がその危険性がなくなるまで滞在する施設である。災害救助法に基づき行政が設置するもので，避難所として指定された施設には，水や食料，毛布などの生活備品が備蓄されている。具体的には，公民館や学校，体育施設などの公共施設が避難所となり，一室に数人から数百人が寝泊まりすることになる。

　本来，これらは居住施設ではないため，避難生活が長期化するとプライバシーの確保，暑さ寒さ対策，入浴や洗濯，子どもの遊び場や学習スペースの確保といった課題が顕在化してくる。このような課題解決も含め，避難所の運営は重要である。発災直後は施設管理者や行政職員が中心となるが，NPOやNGO，ボランティアの協力を得つつ避難者による自主的な運営に移行することが望ましい。さらに，東日本大震災のような大規模災害では，自宅は無事でも電気，ガス，水道の停止や生活必需品の不足により生活が困難な在宅避難者が発生する。この場合，避難所で生活する避難者だけでなく，在宅避難者も利用の対象となる。避難所は在宅避難者が必要なものを受け取りにくる場所，情報を発信する場所，情報を収集する場所となるよう適切な運営が望まれる。

　また，要介護高齢者や障がい者，乳幼児がいる避難家族のために，高齢者施設や障がい者施設，特別支援学校を使用する福祉避難所がある。災害という普段以上にストレスがかかる環境下では，これら要配慮者が健常の避難者と同じ空間で生活することは難しい。状態が悪化することもある。福祉避難所は，バリアフリー化や生活相談員の配置など特別な配慮がなされる。

図-1 東日本大震災時の体育館を使用した避難所

図-2 避難者が多い場合，通路も就寝の場となる

仮設住宅

temporary housing

　正式には，災害救助法において「応急仮設住宅」という。大雨や地震などの災害によって住まいが被災し，自らの経済力では住宅を確保できない人々に対し，行政が建設する。入居者は光熱費のみ負担し，家賃は無料である。

　間取りは，図-1のように2Kタイプ（29.7 m^2）のほか，1Kタイプ（19.8 m^2）と3Kタイプ（39.6 m^2）があり，6住戸が連なり一棟の長屋となる構成が標準である。敷地内に効率良く配置する必要があるため，居室が南側にくるよう隣棟間隔4〜6mで並行配置される。居住者の会話や交流の場として，住戸数50戸以上の場合は仮設集会所が，50戸未満の場合は仮設談話室が設置される。さらに大きな仮設住宅団地では，高齢者や障がい者の生活支援を目的とした「高齢者等のサポート拠点」が設けられることもある。

　歴史的には関東大震災の同潤会仮住宅から始まり，住宅産業と技術の発展により近年では図-3のようなプレハブの仮設住宅が主流である。これらはプレハブ建築協会に所属するハウスメーカー等によって建設されるが，東日本大震災では各県内建設業者からも公募により施工者を選定し，図-4のような木造仮設住宅も登場した。

　仮設住宅の入居期間は2年3カ月と定められている。しかし，大規模災害では期間延長が認められる。その結果，阪神・淡路大震災では約5年にのぼり，東日本大震災では7年以上になることが見込まれている。

　なお，仮設住宅を建設する代わりに民間賃貸住宅を借り上げる「みなし仮設住宅」が提供されることがある。東日本大震災では6万戸以上のみなし仮設住宅が供給された。

図-2 標準の仮設団地

図-1 仮設住宅の標準間取り

図-3 ハウスメーカーが建設したプレハブの仮設住宅

図-4 地元工務店が建設した木造仮設住宅

22 復興住宅

public housing for the disaster-affected

　大雨や地震などの災害によって住まいを失い，仮仮設住宅などを解消する時期となっても自らの経済力では住宅を確保できない人々のために建設される公営住宅である。「災害公営住宅」や「災害復興公営住宅」と称されることが多い。県営と市町村営があり，災害規模によって入居資格や家賃補助制度などが細かく定められ，入居世帯の収入に応じて家賃が設定される。

　一日も早い復興のため，迅速で十分な住戸数の供給が重要視される。さらに建設用地の確保が難しいことから，図-1のような中高層の鉄筋コンクリート造の集合住宅となりがちである。一方で，東日本大震災では周辺の街並みや災害前の地域の生活に配慮した図-2のような木造で長屋形式の事例や平家建ての事例も散見される。各住戸の大きさは約45m^{2}から65m^{2}で，1DKから3DKの間取りである。

　阪神・淡路大震災で建設された復興住宅の入居者は，発災から20年経った現在，半数を高齢者が占めている。東日本大震災はもともと高齢化率が高い地域を襲った震災であるため，復興住宅の建設計画は，地域包括ケアシステムと連携するなど，一層の高齢者への配慮が求められる。

　また，避難所や仮設住宅での生活を経て地域コミュニティは弱体化しているため，災害公営住宅での居住者コミュニティの形成や子育て・要援護者の見守り体制構築が重要なテーマである。一般の公営住宅と同様に，将来の空き住戸の増加やメンテナンス費の捻出も課題である。

　建築工事が集中することで人手不足や資材価格の高騰が生じる。すると入札不調に陥り，スケジュールどおりに建設が進まない。これに対応するため，従来方式の設計施工分離発注にこだわらないデザインビルドなどの多様な発注方式が採用されている。

図-1 嵩上げされた場所に建てられた高層のRC造復興住宅

図-2 木造長屋形式の復興住宅

ユニバーサルデザイン

universal design

　身体障がい者や高齢者，子どもなど環境弱者といわれる人たちの自由な移動を妨げている障壁（バリア）を取り除くことを，バリアフリーという。元来このバリアフリーという言葉には，物理的な障がいだけでなく心理・社会的な障がいも取り除こうとする意味が含まれている。

　しかし，最初はとにかく物理的な障壁を取り除き，遠回りでもアクセスを確保すればよいといった考え方であった。これではやはり不十分で，健常者と同じルートであるべきだというメイン・ストリーミングの考え方に徐々に進む。さらに一歩進んで，特定の人たちのために障壁というマイナス面をなくそうという取組みから，もっと前向きに環境弱者の人たちはもちろん，誰に対しても優しい環境やモノのあり方を求めるユニバーサルデザインの考え方に至る。

　車椅子の人が通れるように広げられた改札口や，入口と出口が反対側にあるエレベーターは，お腹の大きな妊婦や乳母車を押す母親，大きな荷物を運ぶ旅行者にも都合が良い。介護が必要になった将来のことを考えてつくられた広々としたトイレは気持ちがいい。

　ユニバーサルデザインは，元気な若者でもスポーツでけがをしたり，妊娠したり，大きな荷物を持ったり，酩酊したりして，一時的に環境対応能力が低くなる場合もあること，また誰もが加齢によっていずれ環境弱者の仲間入りをすることが避けられない，といった基本的な認識に基づいている。

図-2 誰にとっても安全なドア付きの駅ホーム（左上）
図-3 入った向きのまま出られるエレベーター（右上）

図-1 メイン・ストリーミングの例
斜路が階段の中央を横切っている。

図-4 広めの自動改札口
車椅子だけでなく，お腹の大きな妊婦や乳母車を押す母親，大きな荷物を持った旅行者にも都合が良い。

23 ノーマライゼーション

normalization

ユニバーサルデザイン

1981年の国際障がい者年を契機として，わが国においてもノーマライゼーションの理念が急速に浸透しつつある。この理念は，1950年代初頭，福祉先進諸国といわれる北欧から起こり，「人間の尊厳」や「人類の平等」「ヒューマニゼーション」などといった視点から，当時の障がい者福祉を捉え直した画期的なものであったため，さまざまな国々に受け入れられ，現在では世界の障がい者福祉における基本的な理念として定着している。

ノーマライゼーションの理念は，N.E.バンク－ミケルセンによって「障がいをノーマルにするということではなく，障がいのある人々のあらゆる生活条件を可能な限り障がいのない人々の生活条件と同じようにすること」であると説明されている。この理念は人間の多様さを理解し，人間の尊厳に基づいた平等な社会の実現を意図している。つまり，たとえどのような障がいがあろうとも，適切な支援の下，障がいのある人々が障がいのない人々と同様に自身の望む生活を送れることがノーマルなことであり，我われはその実現のために障がいを有する人々のさまざまな生活条件を可能な限り整備しなければならないことを示している。そして，この理念に基づくノーマルな社会とは，決して障がいのある人々を保護とい

った名の下に，遠く離れた場所へ地域社会から隔離することではなく，障がいのある人々が地域社会の中で障がいのない人々と共に暮らせる場として存在するものであるとしている。

ノーマライゼーションの理念では，B.ニィリエによってノーマルな生活に関する「八つの原則」が明確化されており，なかでも特に空間学が関係しうる原則として「地域におけるノーマルな環境形態と水準」が挙げられ，この原則はおもに物理的な環境の整備目標を説明している。よって，ユニバーサルデザインやバリアフリーなどの具体的な環境整備手法を示す考え方は，ノーマライゼーションの理念を実践する場合の有効な方法論の一つとして位置づけられる。

ノーマライゼーションの理念は，現代に生きる我われにとって当然のごとく認識されつつある。しかしながら，この理念はいまだ50年程度しか経過していないのが現実である。つまり，それ以前，障がいを有する多くの人々が，どのような過酷な条件の下，日常の生活を送ることを余儀なくされてきたのかを再認識しなければならない。そして，この理念がそうした過酷な生活を余儀なくされてきた多くの人々の歴史的な背景のもとに結実された理念であるということを忘れてはならない。

バリアフリー

barrier free design

デザインされる環境が最終的に類似することから,バリアフリーとユニバーサルデザインは混同されがちである。しかしながら,本来,バリアフリーは心身の機能低下や障がいを有する人々を中心とする環境への対処的概念であるのに対して,ユニバーサルデザインはそれらの人々を特別視せず,その対象をすべての人々に広げた環境への目的的概念である。

バリアフリーは,心身の機能低下や障がいを有する人々の日常生活において,物理的障壁(段差や狭い廊下幅員など),制度的障壁(資格取得の制限など),文化・情報的障壁(文化活動や情報取得の制限など),心理的障壁(差別など)となりうる事柄の除去を意味する。

一般に,ある環境にバリアフリーが導入される場合,日常生活動作(ADL:Activity of Daily Living)との関係から段差の解消や手摺りの設置,誘導サインなどがおもな項目として挙げられるが,体温や血圧などに関わる自律神経の機能低下に起因するヒートショックの予防なども障壁の除去として捉えられるべきである。

また,バリアフリーは身体機能のみの検討から環境へ導入される場合が多いため,機能性のみが重視された短絡的なデザインに陥りがちである。しかしながら,環境へのバリアフリー導入における最大の目的は,生活の質(QOL:Quality of Life)の向上である。よって,その最終的なバリアフリー環境は,我われの日常生活環境における生態学的妥当性に基づいた行動文脈に沿って計画されなければならない。

図-1 環境に馴染むようデザインされたスロープ

図-3 楽しい雰囲気の子ども用トイレ

図-2 「駐車場・屋根付き通路・トイレ」の連続性

図-4 行動文脈に沿った点字ブロック

23 環境移行

environmental relocation

空間学における環境移行とは，人間が移行するという行動を介し，ある環境から別の環境へと環境が変化する事態を示す言葉として用いられることが多い。そして，人間が環境移行することを扱った研究のほとんどが，慣れ親しんだ環境から未知の環境へ移行する場合の人間の環境適応過程を明らかにし，その結果を実際の建築・都市空間の質的改善に応用しうることを目的としている。

人間の環境適応過程を明らかにし，建築・都市空間の質的改善に取り組もうとするためには，人間と環境との相互関係性を検討することがより必要となる。そのため，環境移行に関する研究の多くが，人間と環境とのトランザクショナルな関係を扱う環境行動論的視点を導入している。

近年，環境移行が大きな研究テーマとして取り上げられている背景には，何らかの障がいによって環境適応能力が低下した人々のための生活の質（QOL：Quality of Life）の向上があり，それらの人々が慣れ親しんだ環境から未知の環境へと環境移行を余儀なくされる場合，いかに新しい環境へソフトランディングさせるかといったことが大きな課題となっている。仮に，環境適応能力が低下した人々が，適切な支援や配慮がない状態で，慣れ親しんだ環境から未知の環境へと急激な環境移行を余儀なくされた場合，その急激な環境移行は，しばしばそれらの人々に過剰な肉体的・精神的ストレスを与え，その症状に対して悪影響を及ぼす原因につながりかねない場合が多いと指摘されている。

環境適応能力の低下には，誰しもが経験する加齢の問題や認知症，知的障害などの空間的な認知障害を有する場合などが挙げられる。そして，それらの人々が環境移行を余儀なくされる場合には，居住施設における居室間移行（多床室から個室，個室から多床室など）や介護ユニット間移行などから，地域レベルの施設間移行（ある施設から別の施設，自宅から施設，施設から自宅など）までさまざまな状況が考えられる。

環境適応能力が低下した人々に対する環境移行のあり方に関しては，「生活の継続性」といったQOLの向上に欠かせない重要な環境支援目標の一つが大きく関係している。そして，穏やかな環境移行を実現させ「生活の継続性」を図るということは，それらの人々に対して未知の環境への不安や混乱を減少させるとともに，精神状態の安定や残存能力の維持・向上にもつながり，さらにはより自立した自由な行動を支援することに結びつく重要な命題である。

障がい者の空間

space for persons with disabilities

ユニバーサルデザイン

　国際生活機能分類（ICF）において障がいは，心身機能・構造，活動，参加といった階層で分類されている。そして，これらはかつての国際障害分類（ICIDH）における機能障害，能力障害，社会的不利に対応する。しかしながら，両分類における障がいへの捉え方は，大きく異なる。

　ICIDHが人間の負因としてその客観的側面を捉えたのに対して，ICFは人としての生活環境から障がいを捉える。つまり，短絡的な障がいへの対処は，我われが無意識にその人よりも障がいに重きを置くことにつながり，結果的にその人と我われとを異なる存在として位置づけることになる。

　障がい者の環境といった場合，人間の尊厳に基づき我われと同じ存在としてその人を受け入れる姿勢で環境との関係性を捉えるべきである。例えば，パーソンセンタードケアという認知症の人のケア理念では，認知症の人を「"認知症"の人」ではなく，「認知症の"人"」として捉え，人間の尊厳に基づいたその人らしさの支援が求められている。

　このような立場から認知症の人の環境を考えた場合，その人らしい環境とは，その人が長年住み慣れた在宅を中心とする環境であり，施設においては家庭らしさを意味する。

　そして，この家庭らしさとは，生活の継続性と密接に関わる概念であり，認知症の人が長年住み慣れた在宅時の環境要素が可能な限り取り入れられ，心理社会的な関係性（従前ライフスタイルの継続，思い入れのある家具や物品の利用など）が再構築された環境を意味する。

図-1 パーソンセンタードケアにおける「その人らしさ（パーソンフッド）」

23 高齢者の空間

space for the elderly person

我われは，生まれながらにして多様な環境の中で生活している。そして，その環境は空気のようにあまりにも当然のごとく我われを取り囲むよう存在しているため，その重要性に気づかず無頓着になっている。

高齢者と環境との関係性を考える場合，M.P.ロートンらが示した高齢者能力と環境負荷の適応関係モデルは，我われが無頓着になりがちなこの環境の重要性を的確に捉えた先駆的な研究であり，高齢者に及ぼす環境の影響や役割に関する主要な理論的支柱の一つをなしている。

現在，高齢者に対する環境のバリアフリー化に関しては，多くの人々がその重要性を認識するに至っている。このような環境のバリアフリー化は，その人の身体機能との関係から計画される場合が多いため，その対象の多くが建築部位や空間の機能性といったより具体的な改善となる。ゆえに，環境のバリアフリー化は，環境整備の手掛かりが比較的得やすいものといえる。しかしながら，高齢者でも認知症高齢者の場合，考慮すべき事柄が身体機能を含む認知機能にまで及ぶため，改善すべき対象が建築部位や空間の機能性にとどまらず，治療的環境（therapeutic environment）としての生活の質（QOL：Quality of Life）そのものが問われることとなる。その結果，建築学におけるQOL，つまり，人間の理解に対する関心は認知症高齢者のみならず，その対象を従来の高齢者を含む障がい者や幼児など，環境から影響を受けやすい人々へ急速に拡大している。

図-1 認知症の人のための施設環境デザイン事例（研究知見に基づくイメージ）

子どもの空間

space for children

子どもの空間では、子どもの視点からみたバリアフリーや、大人も活用できる空間としてのユニバーサルデザインが進んでいる。

女性の社会進出や共働き世帯の増加から保育所の需要や待機児童も増えた。同時に、大人の視点から見た「子育て」という言葉が子どもに主体がある「子育ち」へと表現を変えて使われることも目立ってきた。視点や言葉の変化がユニバーサルデザインの一部となるが、このような背景に伴い、子どもの視点からみた乳児の過ごす空間が議論され始めてきた。

例えば、保育所の乳児が過ごす場ではほふくをして動き回るため、柔らかな床の仕上げが基準として整えられているが、基準には記されていなくても、それに加えて這った状態の高さで見られる窓や鏡の設置が普及している（図-1）。

近年、小学校と中学校の施設を一体的に建築する小中学校が増加しているが、小学6年・中学3年の計9年間を3年・4年・2年の3区分に分けるなど、従来のギャップを細かく分け、それらに応じた教室群や寸法など空間を工夫している建築が登場している。

また、上記の小中学校を建て替える際には、階段の蹴上げは小学校仕様にするなど、より低い年齢の子どもに合わせた考え方がある。他方、地域コミュニティのための子ども施設として考える際には、大人が集える場所としての機能も求められているため、子どもの身体寸法に合わせたものを整備しつつ、大人の身体寸法に合わせたものも追加する事例があり（図-2）、それぞれの地域や施設の事情に合わせたユニバーサルデザインが進められている。

ほふくしている状態で外が眺められ、敷地内アプローチが見える（さくらのもり保育園）。
図-1 0歳児のほふくスペース。正面左は窓で、右は鏡

椅子を運び、大人サイズの流しで皿洗いをする幼児（万願寺保育園）
図-2 子どもサイズの流し（写真右下）と対面する大人サイズの流し

24 環境共生

human and environmental symbiosis

　地球環境問題への関心の高まりから，身近な環境への啓発活動も盛んになりつつある。持続可能な社会を実現するには人間の勝手な行為を戒め，地球への負荷を減らすため生態系との共生を考えなければならないのだ。環境共生とは，人類は環境の一部であるとの認識に立ち，全体としてそれを守り育て，他の生き物たちとともに生きていける環境を創造しようとする概念である。

　建築的には，住宅や学校などにおけるビオトープや環境共生住宅などが先進事例としてある。ビオトープとは生命(bio)と場所(topos)の合成語で，生物の生息空間のこと。環境共生住宅とは，地域の特性に応じて緑を主とする周囲の自然環境と調和し，太陽光発電などのエネルギーに配慮した設備を備えた住宅である。建築環境・省エネルギー機構が環境共生住宅の認定を行って，普及を促進している。さらに最近では，ビルの屋上緑化など都心部における環境共生のための施策も盛んになりつつあり，2005年に施行された景観緑三法とともに動向が注目される。

　また，環境共生と謳わなくても，江戸時代の街は糞尿のリサイクルまで含めて極めて優れた循環型環境共生のシステムを誇っていた。しかし，現在の快適な暮らしを放棄して我慢する生活が可能とは到底思われない。ビオトープという小さなものでさえ，熱気が冷めるとただの水たまりになる可能性がある。

　建築や空間を創るということは，人間活動を持続的に豊かにすることを目指すものであり，環境共生もまたしかりなのである。

図-1 水と緑からなる外部空間（グランフロント大阪）

図-2 小学校のビオトープ

図-3 環境共生住宅（世田谷区深沢住宅）

環境デザイン

environmental design

　環境デザインとは，地域環境を保全し持続可能な社会を目指すために多様な面で環境に配慮したデザインのことである。自然環境と人工環境との関わり方をハードとソフトの両面から分析し，環境への負荷を低減しながらも心地良い空間を創造することが図られる。地域計画やランドスケープ，建築が対象となるだけでなく，外部の環境を取り込むインテリア空間も対象となり，また音や香りのデザインなども含まれる。

　L.ハルプリンらによるシーランチでは計画に先だって地理生態学者らと調査を行い，地形や植生，風の分布など風土と人間に関わるスコアを作成した（図-1）。それらをもとにRSVPサイクル（Resources Scores Valuaction Performance Cycles）を用いることで，異なる専門領域でも互いの意思や情報を伝え合うことができるため，より多角的な視点で環境デザインされるようになった。

　図-2のN.フォスターによるシティ・ホールは，特異な形状が賛否を呼んでいるが，環境に配慮したデザインとなっている。建物の表面積を少なくしてエネルギー効率を上げ，南側へ傾斜させて階下に日陰をつくり，北側は大きなガラス面や吹抜けから自然光を取り込むなどの工夫がされている。外界を遮断せず，積極的に光や風など室内へ導くことで，人にとっても明るく居心地の良い空間になっている。

　光や音や熱など環境分野は多様に区分されているが，環境デザインを行う際には，おのおのの性能評価にとどまらず，総合的な視点をもつことが重要である。シークエンス研究者のP.シールは，人が体験するのは総合的な環境だから，異なった職種の専門家がそれぞれの専門領域をデザインするだけでなく，互いに情報交換し協力して創造することが大切だと強調している。

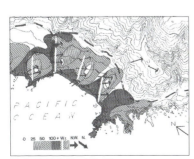

図-1 風の分布（シーランチ）

図-2 シティ・ホール（ロンドン）

24 環境アセスメント

environmental impact assessment

大規模な開発行為は，必然的に自然環境の破壊を引き起こす。そして自然環境はいったん破壊されると，その回復・救済は困難である。「環境アセスメント」は，こうした限度を超えた環境破壊を阻止しようとする目的で行われるもので，都市開発計画など大規模な開発事業の着手に先だって，計画段階から当該事業が予定地やその周辺環境に及ぼす影響を調査・予測し，環境保全のために各種の代替案を考え，地域住民との調整を図る総合的なプロセスである。

環境アセスメントの考え方は，まずアメリカで始まった。1969年に国家環境政策法（NEPA）が制定され，連邦政府の開発活動に対し，環境影響評価書の作成や住民参加の手続きなどを政府に義務づけたのである。

日本では高度成長期の環境汚染の教訓から，まず1972年に公共事業に限って環境アセスメントが導入され，1984年には「環境影響評価の実施について」の閣議決定により統一的な枠組みができた。1997年には制度の見直しとして「環境影響評価法」が成立している。原子力発電所の事故を受けて風力や地熱など自然エネルギーを活用した発電所の計画も多いが，当然これらの建設にあたっても環境アセスメントは必要となる。

課題としては，いったん行われた意志決定は変更できないために長期的な事業における時間的な変化には対応ができてきないこと，アセスメントが行政の隠れ蓑になっていることなどが指摘されている。今後は，住民参加を含めた合理的な意志決定のためのツールとしての環境アセスメント手法の確立が望まれる。

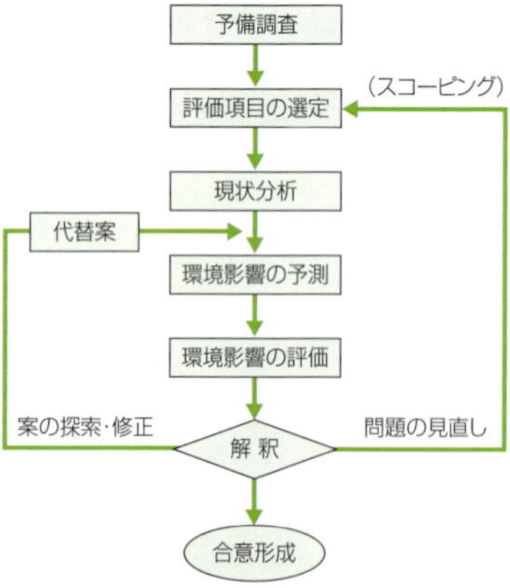

図-1 環境アセスメントの流れ

図-2 環境アセスメントによる開発事例（恵比寿ガーデンプレイス，渋谷区）

図-3 風力発電（CEF南あわじウィンドファーム）

サスティナブル

sustainable

「持続可能な」という意味。地球環境を保全しつつ，環境破壊をせずに維持，継続が可能な産業や開発を進めようとする理念。1987年に国連「環境と開発に関する世界委員会（WCED：World Commission on Environment and Development）」が起草した報告書「Our Common Future（われら共有の未来）」のなかで，中心的な考え方として「Sustainable Development（持続可能な開発）」という概念が提唱された。これが世界で広く支持され，一般的な環境用語として使われるようになった。

公害や地球温暖化などの社会問題が提起され始めたのは1960年代である。一方，科学者より炭酸ガス増加と気温上昇の関係が指摘されたのは1820年代に遡り，これら科学と社会の両者がともに議論の場をもったのが第1回国連人間環境会議（ストックホルム会議：1972）であり，ここで国際社会は地球の有限性を確認する。そして，ヨハネスブルグで開催された第4回（2002）の正式名称が「サスティナブル・デベロップメントに関する世界首脳会議」であることからも，持続可能な開発（Sustainable Development）は世界の常識となった。

近年建築においても，環境共生，エコロジー，長寿命化，リノベーションなど，さまざまな手法を通して持続の可能性が模索されている。都市開発においてもサスティナブルの理念は重視されており，周辺地域と共存し，地球環境に配慮した持続可能な都市開発の実現が求められている。環境省では平成24年に「サスティナブル都市開発アセスメントガイドライン～先進的環境配慮のために～」を策定して，地球環境に配慮した持続可能な都市開発の実現を目指している。今後，特に取組みの強化が求められる4項目として，「温室効果ガス排出量の削減」「生物多様性への配慮（図-1）」「ヒートアイランド現象の緩和」「資源循環の促進」を挙げている。

住宅棟前に設けられた庭

落葉樹を中心としたゾーン

環境省が提唱する「生物多様性への配慮」を行なっている事例である。在来種・潜在自然植生をベースとした地域本来の自然植生を参考に樹木を組み合わせて計画地の地域植生の再生を目指している。50年後には敷地の約6割が樹木や野草に覆われ，緑地面積は工事前の倍以上に増加する計画である。
（出典：環境省「サスティナブル都市再開発アセスガイドライン」平成23年3月，97頁）

図-1 虎ノ門・六本木地区第一種市街地再開発事業（アークヒルズ 仙石山森タワー）

24 エコロジー

ecology

　エコロジーは，生態学を意味するが，今ではさまざまな分野を巻き込んだ地球規模の概念となっている。その過程に多くの影響した著作や概念などがある。環境や都市，建築に関する一部を紹介する。

　20世紀，建築家でも有名なバックミンスター・フラーは「宇宙船地球号」という言葉で，宇宙に浮かぶ地球を宇宙船と見立て，限りある資源とその活用方法を説いた。

　1962年に出版されたレイチェル・カーソンによる『沈黙の春』では，「アメリカの奥深くわけ入ったところに，ある町があった」…「自然は，沈黙した。うす気味悪い。鳥たちは，どこへ行ってしまったのか。みんな不思議に思い，不吉な予感におびえた」「春がきたが，沈黙の春だった。」という衝撃的な言葉により農薬などの化学物質の危険性を指摘し，1992年にはブラジルのリオ・デ・ジャネイロで開催された「環境と開発に関する国際連合会議」（通称：地球サミット）に影響を与えた。

　地球サミットでは，地球規模で持続可能な開発の概念が認知された。現代の我々は，地球環境の悪化や資源の浪費からの脱却が求められ，持続可能（サスティナブル）な社会の実現が叫ばれている。都市・建築を含む社会とエコロジーは密接な関係となった。

　エコロジーは「地球に優しく」「環境に配慮し」「持続可能な社会」の意味をもち，さまざまな考えや取組みがされている。例えば，アメリカでは，パオロ・ソレリがアーコロジー（建築（architecture）とエコロジー（ecology）による造語）という言葉で都市構造を圧縮し，都市を立体的にし，その他の土地は農地などにする職住近接の都市を提唱し，アーコサンティはそれを実現する都市で，現在も建設中である。ドイツでは，健康や環境に配慮した建築について考える「バウビオロギー（建築生物学）」などがある。

図-1（左）
宇宙に浮かぶ地球

図-2（右）
ジオデシック・ドーム（1967年モントリオール万博アメリカ館／バックミンスター・フラー）
（撮影：斎藤公男）

リノベーション・コンバージョン

renovation/conversion

　高度成長時代，日本の都市・建物はスクラップ・アンド・ビルドによってその姿と形を変えてきた。現在の日本は低成長時代，ストック時代に入り，また，地球環境に対する負荷の低減，少子高齢化により既存建築の再利用，機能強化，長寿命化が着目されている。

　リノベーションは，既存の建物に新築当初よりデザイン性や機能を向上させ，価値を高め，比較的大規模な修繕を指す。同じような言葉に「reform」がある。リフォームは，古くなり，悪く汚れた部分をもとの状態に回復する意味合いが強く，例えば汚れた壁紙を替えるなどの比較的小規模で部分的な修繕はリフォームにあたる。

　一方，コンバージョンは，リノベーションし，既存建築の用途を変え，新しい建物へ再生させることを指す。ライフスタイルの多様化と変化，時代により余剰となった建物，例えば都心の中古オフィスを付加価値の高い集合住宅に変えたり，歴史的な建造物を美術館としてよみがえらせたりする例もある。社会ストックとして再生させ歴史を活かし，新築では実現できない独特の建築を生み出す方法として魅力的である。

　また，一般的に新築より低コストですみ，建替えに比べて工期が短いことからサスティナブルな建築として注目されている。日本では，古来の木造による建築や街は可変がしやすいということもあり，増改築を繰り返し，建物や都市はそのときのニーズにより時には大きくなり，時には小さくなってきた。その考えは今の日本の都市・建築の空間つくりの参考になり，その表れとして減築が着目されている。減築は建築の床面積を減らす手法で，ライフスタイルによって不要となり生活に支障がなく部屋や機能を減らすことを指す。

　リノベーション・コンバージョンは時代に即した手法であるが，現行法規との整合性が大きな課題となる。

図-2 千葉大学ゐのはな記念講堂／槇文彦

図-1 カステルヴェッキオ美術館／カルロ・スカルパ

24 エコシティ

Eco-CITY

　人口の増減に伴い，地球環境への負荷が少なく，人間社会と自然がバランスを保ちながら共存し，健全で快適な都市環境の維持を目指したまちを指す。その実現にはさまざまな分野の高度な技術や総合的な取組みが必要である。

　言葉としては，エコロジー（ecology）とシティ（city）を組み合わせた言葉といわれている。最初に使用された時期・場所や背景は不明とされ，日本語訳としては環境共生都市と訳されることが多い。

　日本のエコシティは政府の政策や考え方によってさまざまな呼び名が使用され，大きく4つに分類できる。「環境未来都市」は環境面だけではなく，少子高齢化，地域活性化・再生化など幅広い分野が対象で，国家戦略プロジェクトの一つとして位置づけられている。低酸素社会を実現しようと試みるまちは「環境モデル都市」と呼ばれ，最近では東日本大震災以降特に着目されているスマートシティがある。「スマートシティ」は，再生可能エネルギーを導入し，ICT（情報通信技術）を活用してエネルギーを効率良く賢く使う低酸素社会の構築を目指したまちを指す。「コンパクトシティ」は，低酸素社会の構築と中心市街地の活性化，コンパクトな交通網の構築，都市環境の改善などを目指したまちを指す。

　エコシティは，サスティナブルな社会の実現により，そこに暮らす人々の生活環境指数QOL（quality of life）を維持し高める都市やまちづくりが重要である。その一環として，3R（reduce：抑制，reuse：再使用，recycle：再生利用）やゼロ・エミッションの運動，コンパクトシティの実現，エネルギー・食糧・材料などの地産池消，建築や都市の消費する社会の見直しとして，スクラップ・アンド・ビルドからストック社会への移行が必要である。

図-1 ポートランド（撮影：三牧 浩也）

図-2 下川町一の橋バイオビレッジ

コンパクトシティ

compact city

都市郊外が無秩序に開発されるスプロール化の結果，住宅や商業施設が広範囲かつ低密に分布することになった都市では，通勤や通学，買い物の際の移動の大半を自動車が担うようになり，ガソリン消費量など環境負荷や，道路整備やバス運行に要する費用の増大を招いている。また，中心市街地の空洞化はまちの賑わいを喪失させる要因となっている。

コンパクトシティは，行政や商業，住宅などの都市活動の密度が高く，効率的な空間利用がなされた，自動車に依存しない交通環境負荷の小さい都市を意味する言葉で，近年の環境意識の高まりや地域経済・地方財政の縮小を背景に，こうしたスプロール化した都市におけるまちづくりの方向性として取り上げられるようになった。

例えば富山市では，LRT（Light Rail Transitの略，次世代型路面電車システム）や，中心商店街への環状鉄道の整備によって，自動車に頼らずに快適に暮らせるまちづくりを行っている。また，青森市では，駅前に図書館や商業施設で構成された複合型商業施設を建設して中心市街地の活性化を図っている。

なお，コンパクトシティという言葉は，1974年に刊行された建築都市計画の専門家ダンツィクとサアティの著書で初めて使われた。彼らは平面的に広がってしまった都市を上下方向に何層も積み重ね，さらに居住者の活動時間をずらすことで，都市活動の飛躍的な効率化を図ることを提唱した。

図-1 富山駅北口と岩瀬地区を結ぶLRT（ポートラム富山港線）

図-2 富山駅南側の中心市街地を走る路面電車（市電環状線）

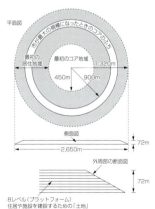

図-3 ダンツィク，サアティによる「コンパクトシティ」の概念図（一部改変）

スマートシティ

smart city

　情報通信技術（ICT）によってエネルギー利用の効率化や再生可能エネルギーの有効利用を進めた低炭素型都市をスマートシティという。より広義に、最新技術を駆使して行政サービス、交通運輸、エネルギー、健康管理、水、廃棄物処理といった生活の基盤を効率化・高度化した都市や地域を指すこともある。"スマート（smart）"は"賢い"を意味する英語である。

　太陽光発電や風力発電などの再生可能エネルギーは発電量が天候や気候に左右され、非常に不安定である。また、電力需要が少ないときに供給量が増加すると、配電線に大量の電力が送られ、負荷をかけるおそれがある。そのため、再生可能エネルギーの活用を進めるためには、発電量と電力需要を正確に把握しながら、電力の供給源と供給先をコントロールする必要がある。

　スマートシティでは次世代送電網「スマートグリッド」によって、再生可能エネルギーや蓄電池の電力と原子力や火力による電力を使い分け、余剰電力を地域内で融通しあうことにより、電力の安定供給と、省エネルギーやCO_2削減、災害時の停電対策を図る。

　スマートシティの具体例として、例えば千葉県柏市の柏の葉スマートシティでは、分散電源によって電力を地域で融通しあうシステムや、再生可能エネルギーや蓄電池を利用して災害時の電力供給を一定期間維持するシステムの運用が始められている。

図-1 スマートシティの概念図

図-2 柏の葉スマートシティ（千葉県柏市）の将来イメージ
（出典：三井不動産2014年7月7日付ニュースリリース）

家具・しつらえ観察調査

空間に機能が宿り，人々の営みが始まると，そこには家具や物，装飾などが設えられ，建築空間だけでは見ることができない人々のさまざまな活動や個性を垣間見ることができる。そこで建築計画の研究では古くから，空間の中にどのような家具や物がどのような状況で配置されるかを観察し，図面上に記録していくことでその空間の用途や特徴を捉えようとする調査方法が用いられてきた。これらは人の使っている様子を見る「(空間の)使い方」の研究ではなく，家具や設えからにじみ出る空間の「使われ方」を捉えるという姿勢から，「使われ方研究」と称される。

使われ方研究は，路地空間における玄関先の植木鉢などの表出，住宅を対象とした住まい方，公共施設等の共用空間などさまざまな空間を対象に行われ，それらの膨大な蓄積により，建築図面だけではわからなかった人の行動と空間との関係性について多くの知見を示してきた。

オープンプラン型の学校建築を対象とした研究でも継続してこの手法が用いられてきた。その長年の使われ方研究の蓄積から，今日の教育・学習内容の変化や人数規模の変動に応じた空間の使われ方の変容を捉えることができた。こうした知見は，学校建築の老朽化による建替え，長寿命化改修などが本格化する今，時間とともに変わっていくニーズに空間が柔軟に対応できることの必要性を改めて示している。

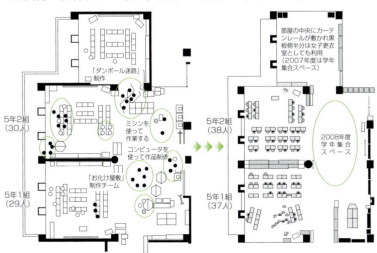

図-1 H小学校・5年生ユニットの変化（左：1997年，右：2008年）

25 行動観察調査

調査方法

behavior observation survey

　建築計画研究の中で，従来より行われてきた行動観察調査の多くは，建築平面図に家具などの設えを描き込んだ図面に，ある時間断面で見た人の位置関係や行動を記録していくものであった。

　こうして建築図面の中に家具などの設えとともに人々の行動が落とし込まれたデータを「Behavior Map」，人の行動とそこに生まれる空間（場）の対応を「Behavior Setting」と呼び，空間のあり方が人間のある行動を誘発させている事実を場面の蓄積によって示すことで，アフォーダンスなどの概念と併せて，空間デザインにおける重要な知見を与えてきた。

　近年では，小型のビデオカメラやGPSなど，人の行動を時間断面ではなく，時間軸上で連続的に捉えられる調査機器も手軽に用いられるようになってきたため，行動観察調査の手法も多岐にわたる。

　図-1は，多摩ニュータウンにおける放課後の児童の行動をGPSを用いて追跡調査したものである。この研究では，従来の時間断面を記録する方法で，対象地域内を悉皆的に調べたBehavior Mapに併せ，GPSにより得られた移動速度や距離という動的データを用いることで，ニュータウン内でのこどもたちの放課後の過ごし方を立体的に示している。

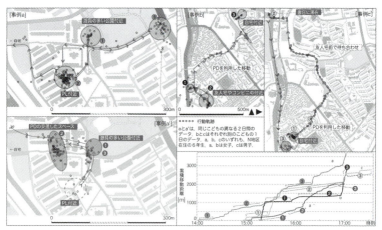

放課後の児童の行動軌跡を累積したマッピング図と，活動の推移を時系列と移動距離の変化の関係で表すグラフ（右下）。グラフは，傾きが緩い部分は滞留，急な部分は移動を示しており，その傾きにより移動が徒歩か自転車によるものかが推測できる。これらのデータから，多摩ニュータウンのこどもの活動パターンとして，ネットワーク上に張り巡らされたペデストリアンデッキと公園などを利用して滞留と移動を繰り返す様子がわかる。

図-1 多摩ニュータウンにおけるこどもの行動軌跡と累積移動距離の時系列の推移

アンケート調査

questionnaire survey

　アンケート調査は，情報収集の一手法として広く用いられている。建築・都市計画分野でも，住民や施設利用者，管理者などを対象に，あらかじめ用意されたいくつかの項目について質問をし，その回答により評価や実態を浮き出させる手法を採る研究は少なくない。

　これまでは質問紙を用いた記述式のアンケート調査が一般的であり，質問紙の対象者への配付方法による分類もされてきたが，近年では情報化によりSNSなどを活用した広範囲にわたる調査も実施しやすくなり，多額の費用をかけず手軽に短時間で多くの人々の意見を収集できる方法も出てきている。

　しかし，実際には第三者の協力を仰ぐため，質問の主旨が正しく伝わる文となっているか，回答方法に誤解が生じないか，誘導的な文章になっていないか，回答者がわかりやすいデザインとなっているか，得られた回答の分析方法など，事前に十分な計画を立てることが不可欠である。さらに近年では，アンケート調査実施前に倫理的な観点で審査を経るルールなども構築されつつある。

　アンケート調査により得られる回答数が多いほど，統計的な精度が高まり信頼度の高い結果が得られるが，回答数が少ない場合でも普段回答者が気づいていなかったことへの評価を引き出せるなどの効果も見られる。

　一方，アンケート調査で得られた回答が必ずしも客観性のあるデータといえない場合もある。施設研究において利用者に空間評価などを求める場合，回答者の多くがその施設以外を知らず，比較による客観的評価をしているわけではない場合があることも十分注意すべきである（図-1）。

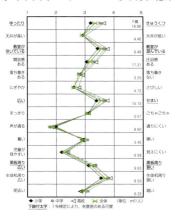

全国の小中高等学校の教員を対象に教室評価アンケート：平均プロフィルでは，多くの項目で回答が「3 どちらでもない」に偏る。

図-1
学校種別教室環境評価の平均値

インタビュー調査

interview

面接によって行われる聞き取り調査の総称。K.リンチの都市のイメージ研究における調査が有名であり、空間認知と評価、住民参加などのデザインプロセスを対象とした研究で用いられる。

大きくは2種類の方法があり、一つは内容だけが用意され具体的な質問方法や選択肢の決まっていない不定形のタイプ（非指示的面接調査）、もう一方は質問から回答の記録方法までが定められ、統一されている方法（指示的面接調査）である。

前者は、調査員が疑問点などをその場で深く追求することが可能であり、生々しい現実や、予測できないような回答を得る可能性をもつ。このため、研究の予備的段階における知見を直接得る場合などに有効である。しかし、質問内容に関する豊富な知識や、高度な技術が調査員には要求され、さらに、調査員と回答者により組み立てる自由な会話のために、調査時間も長い。

後者は、質問紙を用意し調査員がこれを読みあげるなどの方法によるため、面接技術の巧拙など調査員の違いによる結果の差異を防止することができ、多数の調査員を導入して大量のデータを確実に集める場合に適している。ただし、調査が形式的になりがちであり、対象者とのコミュニケーションが十分に成立せず、このため調査拒否に合う場合や、不誠実な回答を受けやすいという欠点がある。実際には、両者の特性を合わせて、複合的な調査が行われる場合も多い。

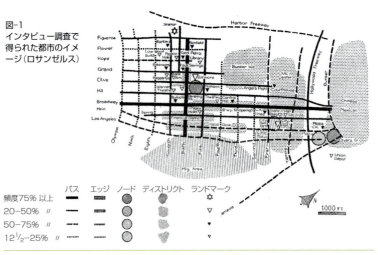

図-1 インタビュー調査で得られた都市のイメージ（ロサンゼルス）

デザイン・サーベイ

design survey

　デザイン・サーベイは，民家・集落，都市空間などを対象とし，その物理的環境を実測，一定のスケールを有する図面などにより，客観的に記録・分析する調査方法を指す。

　1965年にオレゴン大学と伊藤ていじが実施した金沢の調査において，初めてデザイン・サーベイと名づけられた。歴史系の民家調査や計画系の研究調査とは共通点も多いが，目的と調査の精度において異なっている。例えば，民家調査で重視される建立年代や改修の証拠となる痕跡は問題にしない。あくまでも，デザイナーが創作活動の基盤を民家や集落に求めた活動であった。

　65年から70年にかけて，東京藝術大学による外泊，法政大学宮脇ゼミナールの倉敷・馬篭等，明治大学神代研究室の女木島など，精力的に行われた。最盛期を迎えた1970年代は，近代建築・都市計画理論に対する批判の時期とも重なっている。また，高度成長期の列島改造論に後押しされた開発に対して，まちなみの保存・修景が見直された時期でもあった。

　その後，80年代には減少の局面を迎えるが，現在でも大学の意匠系研究室を中心に，海外集落や旧市街地などを対象とした調査活動は行われている。モダニズムへの批判的意味合いは薄れ，人間と空間の関係や集落・都市の空間的魅力への関心をモチベーションとしている。ただ漫然と見るのではなく，空間に対する強い関心をもって観察し記録するその態度において，それらはデザイン・サーベイといえるだろう。

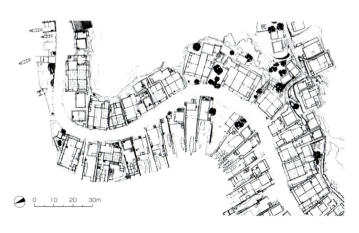

図-1 伊根亀山（部分）（調査：明治大学神代研究室）

25 ソシオメトリ

sociometry

ソシオメトリは社会集団の心理的特徴を計量的に調査分析する研究であり、そこで最も広く用いられてきた調査手法がソシオメトリック・テストである。調査は、社会集団の成員に自分以外の成員との関係について、選択か排斥（例えば「つきあう」「つきあわない」）を問う。ただし、成員間の関係をより正確に知るためには、いくつかの場面を設定して、それぞれの「選択―排斥」の得点を総合することが好ましい。得点も「選択―排斥」の二値ではなく、段階評価とする場合がある。

以上の調査結果は、ソシオマトリックスと呼ばれる行列にまとめることができる。分析は、このマトリックス、あるいはソシオグラムと呼ばれるノードとエッジで人間関係を表わす図から、対象とする社会集団の中に存在する下位集団、あるいはリーダーなどを読み取る。また「凝集性指数」などの値を行列から算出し、その社会集団全体の傾向（緊密性など）を計ることもある。

建築・都市計画では、このような社会集団特性と物理環境との相互関係を解明するために、建築内の部屋や棟の距離・配置を外的基準として、それと社会集団の形成がどのように関係しているかを分析することが多い。

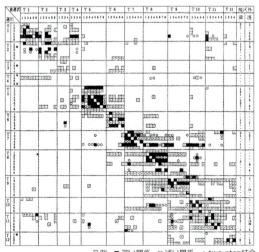

凡例　■ 深い関係　☐ 浅い関係　○ two step結合

主婦の付き合いは基本的に棟内にまとまるが、棟外でもアプローチを共有する棟どうし（例えば玄関が向かい合うT8とT9）にもまとまりがみられる。

図-1 テラスハウスのソシオマトリックス

SD法

semantic differential method

　SD法はSemantic differential methodの略で，日本語では意味微分法とも訳される。心理学的測定法の一つであり，C.E.オスグッドが1957年に提案し，もともとは言語の意味の研究を目的とした手法の一つである。

　建築空間の評価に応用した例としては，色彩が与える被験者の心理的な意識を捉える研究が初期の段階で見られ，その後街路空間の雰囲気（意味空間）を捉える研究を始め，現在ではさまざまな建築・都市空間を評価する手法として広く応用されている。空間研究の分野においては，調査対象となる空間において，実際に人々が体験し感じる空間の雰囲気を総合的に捉えるために用いることが多い。

　評価の手順としては，研究（調査）目的に合致するよう，対象空間を表現するのに適した形容詞・形容動詞を多数用意し，反対語やその対（bi-polar）になるような形容詞の組合せをつくる。これをランダムに並べて4～11段階（7段階が最も多い）の評価尺度として，対象空間ごと被験者に評価してもらう。

　評価後の解釈として，心理的な評価構造を得るため，因子分析により数学的処理を行う。抽出された有意なn軸の因子の意味を解釈することにより，n次元の空間を定量的に表すことができる。ここで抽出される因子についてオスグッドは，第Ⅰ因子としてEvaluation，第Ⅱ因子はPotency，第Ⅲ因子はActivityが得られるとしたが，空間の研究で抽出される因子は多様な解釈を含んでいる場合が多い。

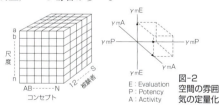

図-2 空間の雰囲気の定量化

図-1 「規則的な」「整然とした」雰囲気　図-3 「活気のある」「騒々しい」雰囲気

25 空間認知調査

spatial perception survey

空間認知調査は，人が街や建築，空間をどのように把握しているのかを理解するために用いられる調査手法で，被験者に指定した空間や要素を図示させるものである。

空間認知調査には，大きく「イメージマップ法」と「エレメント想起法」がある。イメージマップ法は白紙に対象とする空間を自由に描写させ，エレメント想起法は用意した地図上にランドマークや建物等を示しそれらについての認知の有無や評価を記述してもらう方法で，前者よりも大量なデータを採取しやすく統計的な分析も可能となる。また近年では，アイマークレコーダーを用いて，視覚がいかにその空間で行われる行為や空間に結びついているかを捉えようとする研究も見られる。

いずれも空間認知という人の頭の中のイメージを捉えることを目的とするため，研究手法を模索することの重要性も極めて高く，既成の手法を用いる場合にも，研究主旨とのマッチングをよく理解して取り入れることが重要である。

山田あすかは，成人を対象に誰もが経験した小学校時代の記憶から，当時通っていた学校の図面を描写させるイメージマップ法を用いて，人の発達の重要な時期を過ごした学校という環境が，どのように人の記憶に刻まれているかを捉える研究を試みた（図-1）。

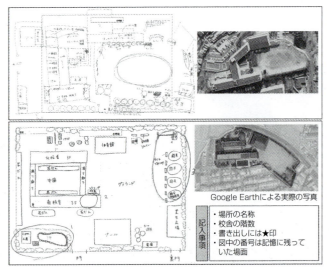

図-1 成人の記憶による学校配置図の描画（イメージマップ）と航空写真（山田あすか，2011年）

空間感覚測定

　音の大きさや光の明るさなど，感覚器官を通じて人に感じ取られる刺激と物理的エネルギー量の関係については，フェヒナーやスティーブンスの法則などにより説明される。

　空間の大きさを人がどう感じるかについても同様に，空間という物理量と人の感覚の関係が成り立つかどうか，これまで多くの研究が行われてきた。その中で代表的に用いられる測定法に，感覚量の具体的な数値を被験者に推定させて測定する「マグニチュード推定法（ME法：Magnitude Estimation）」がある。これは，ある基準となる刺激の感覚量（物理量ではないので注意）を10とした場合，与えられた刺激がいくつ（何倍）になるかを推定させるというもので，空間の感覚測定においては，一般に基準となる空間に対して比較する空間がどの程度異なるかを被験者に回答させる。

　この方法を用いて，学校建築の諸空間を対象に，利用者である児童生徒がその空間をどのように知覚しているのかを調べた研究がある。この研究では，被験者自身の身長を基準として，学校内のさまざまな空間の天井高および水平方向の距離を回答させている。これにより児童生徒は，年齢が上がるほど，また身長が高いほど，精度高く天井高さを認知するが，水平方向は高さ方向よりも捉えにくく，1,000mm以上の変化も正確に捉えられないことがわかった。また，発達段階にある児童生徒の空間知覚能力は，成人のそれとは異なることが示された。

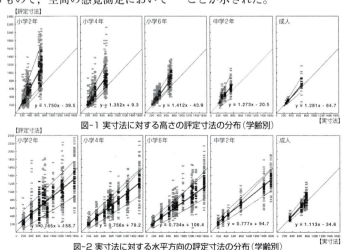

図-1 実寸法に対する高さの評定寸法の分布（学齢別）

図-2 実寸法に対する水平方向の評定寸法の分布（学齢別）

実験室実験

一般に建築図面による三次元空間の把握と理解は，かなり慣れた人以外には困難で正しく空間を評価することは難しい。一方，実空間ではさまざまな要素が複雑に影響し合って存在するため，空間のどの要素が人に影響を与えているのかを明らかにすることはできない。

そこで，比較する要素以外の要素を可能な限り排除するよう条件設定をした原寸大の空間を用意し，被験者に体験してもらうことで，設定した空間の違いによる人の行動や意識，心理を計測する実験室実験という方法が用いられる。

実験室実験による研究では，壁，天井の位置を変え，空間の大きさやプロポーションが室内にいる人の知覚に与える影響を調べた研究や，病室におけるベッド間隔の最適値を求めた研究がある。

学校教室の天井高を長く決めてきた建築基準法の見直しにあたって実施された調査研究では，実際の小中学校の教室を改修し，天井高2.4m，2.7m，3.0mの実験教室を用意した。天井高以外の家具，掲示物などの状況を元の教室とまったく同じ状態にし，児童生徒に一定期間生活してもらい，その行動観察を行った。さらに，その空間での生活の初日と最終日の児童生徒の印象評価アンケート調査などを実施し，天井高が児童生徒に与える影響について検討した。

図-1 天井高の異なる実験教室

模型実験

　模型実験は，三次元空間を評価する際に擬似的に空間体験をさせる方法として用いられる（「実験室実験」238頁参照）。原寸大模型と実験室を用意することが難しい場合や，空間の変化やバリエーションも多く用意したい場合は有効な手段といえよう。

　また，現在はCG映像が手軽に作成できるようになってきたため，映像による空間の疑似体験も可能となり，模型実験と併せて，そうした手法を用いる例も見られ，住宅の設計などでは図面を理解できない顧客が検討するための手段として有効に用いられている。

　近年，公共施設建築の計画においては，住民や利用者などを巻き込んだワークショップ形式が取られることが多い。こうした場面では，図面による理解が難しい参加者に対して，模型を用いた検討や議論が非常に有効となる。

　陸前高田市における統合中学校の計画ワークショップでは，地域住民，教員，生徒を対象に，毎回大きな模型を用いたワークショップが行われた。さらに教室周りの空間については，既存体育館に原寸大模型を作成し，生徒や利用者に体験してもらうことで，計画の主旨や空間の理解を促す体験型ワークショップを実施した。

図-1 模型を用いたワークショップの様子

図-2 原寸大教室空間の模型と体験ワークショップ

25 生理的測定

physiological measurement

環境は日周期や年周期により変動し，ヒトの生理的状態もまた約24時間周期の概日リズムにみられるように，変動している。建築学・都市計画学ではヒトと環境間の相互作用を扱うが，生理的測定を行う場合，環境の周期的変動，ヒトの生活行動の日内変動や，短期的には動作の周期，生理応答の周期を踏まえて測定の時間間隔，測定時刻を設定する。

測定指標には神経活動や筋肉運動による電位変動，ホルモンの分泌をみるものがある。睡眠，覚醒水準，集中度の検討では脳波や脳血流量が用いられる。環境認知・注意状態をみる場合は脳の事象関連電位，脳磁界，fMRI等が用いられる。自律神経機能応答による緊張—リラックス状態をみるには心電位，脈波，呼吸，精神性発汗，瞳孔径，唾液や尿内のホルモン分泌量が測定される。身体負荷では筋電位，重力加速度や重心移動が測定される。また生理的測定と併せて環境条件の物理量，被験者の主観評価も測定される場合が多い。

図-1，2は，砂利の敷かれたルーズサーフェイスな路面歩行時の歩きやすさを検討するために，合板と玉砂利を路面の試料とし，路面歩行時の筋電位を測定指標とした事例である。歩行の周期を踏まえ，床への接地時の床および足への負荷を効果的に測定するために，歩幅分の距離50cm幅で試料を敷いている。筋電位の測定精度は1ms，一歩の着床から離床までの時間長約600ms分の値を示している。図-3は，大腿二頭筋の放電量を指標として試料の違いによる筋肉への負荷量と，主観的な歩きやすさの評価との対応関係を示している。

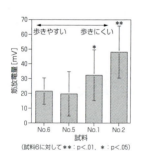

図-2
床歩行時の大腿二頭筋の筋放電量
(床材の試料6，5は合板と木製チップ，試料1，2は砕石砂利と玉砂利)
(試料6に対して**:p<.01，*:p<.05)

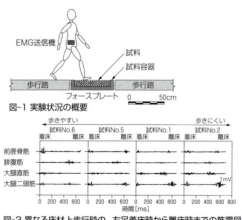

図-1 実験状況の概要

図-3 異なる床材上歩行時の，右足着床時から離床時までの筋電図の一例

脳波解析

EEG (electroencepharogram) analysis

　脳応答の測定手法には，脳波，脳磁界，fMRI，NIRS等がある。脳波は簡易に測定でき，騒音や強い磁場に被験者をさらさず実験室外でも測定可能なため，空間認知研究に用いられている。温熱や音・光環境の条件，作業状態や環境下で起こるイベントに対する覚醒水準・注意状態等，環境に対する脳の情報処理状態を測定する。

　脳波は，おもに大脳新皮質の神経活動に伴う電位変動を捉えたものである。周波数成分の低いほうからδ，θ，α，β，γ波に分類される。睡眠深度・覚醒状態を反映すると考えられ，覚醒状態が低下するにしたがい低周波成分が多く出現する。このうち，α波は8～13Hzの周期的な電位変動である。大脳新皮質の神経活動が活性化すると，α波より高い周期のβ波やγ波が出現し，α波は消失する。覚醒水準が低いと，α波の出現率が高くなる。

　脳波から，特定の情報に対する情報処理状態を取り出すこともできる。環境下の音や光刺激によるイベント発生時を基点として脳波を加算平均すると，イベントに対して生じる電位変動（事象関連電位）が得られる。これは，イベントに対する注意や認知に関わる高次の情報処理活動を反映している。

　下図は2種類の音の出現に対し，低頻度で出現するターゲット音に対してキー押しをさせる課題（オッドボール課題）遂行時の事象関連電位の例である。ターゲット音出現時には，音に対する初期的な注意状態を反映する陰性電位成分（N1）の増大が観察される。

図-1 実験風景

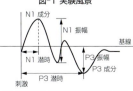

図-2 潜時と振幅の読み取り方の例

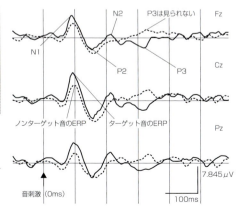

図-3 ターゲット音とノンターゲット音聴取時の事象関連電位の事例

25 アクション・リサーチ

action research

建築・都市空間におけるアクション・リサーチとは，活動で生じる諸問題について，実際の場面を通じてそのメカニズムを解明し，得られた知見を還元して問題を改善する実践研究である。空間学では，環境行動研究で登場するドイツの心理学者レヴィンが提唱したものが原点とされている。

アクション・リサーチの目的は，問題解決に対する望ましい結果を達成することである。そのため，「家具・しつらえ観察調査」「行動観察調査」「インタビュー調査」など，本書でも取り上げているいくつかの調査方法の中から目的と実際の場面とが照らし合わさるよう調査や分析方法を検討し，場合によっては複数調査をセットにして分析を進める必要がある。

アクション・リサーチでは，アクションに伴う環境設定変更や仮設設置の環境が分析の要素となるため，研究結果が使い手の空間創造や使いこなし能力に還元されたり，使い手の仕事の有効性を高める方法を生み出したり，環境移行の諸問題を解決することができる（図-1）。特に諸問題や課題解決の連鎖は，単に人間と環境の時間的移行を追う研究とは異なり，使い手の空間創造力を高めるのに有効である。

また，新しい建築を設計する際には，従前の建築におけるアクション・リサーチは，現状のシステムを整理する役割をもつことから，建築完成後の使い手の使いこなしを想定することができたり，建築完成後の理念を再構築できることから，必ず計画しなければならないものである。

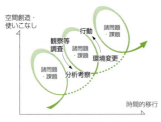

図-1 空間学におけるアクション・リサーチの螺旋

（E.T.ストリンガー，目黒輝美・磯部卓三監訳『アクションリサーチ』フィリア，2012／西野達也「震災後の生活環境再構築の現場と建築計画学-ビジョンとバージョンをつなぐ-主旨及び主旨解題」日本建築学会大会懇談会資料，2012をもとに筆者が修正作成）

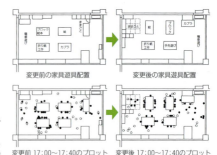

図-2 保育室内における居場所の分散化をねらった環境設定変更事例での前後比較

GPS

global positioning system

　GPS（Global Positioning System）は，人工衛星を利用して位置情報を割り出すシステムのことである。近年，GPS機器の小型化・低価格化が進み，カーナビゲーションシステムや携帯電話に組み込まれるようになったため，我われの生活に急速に浸透してきた。

　建築，都市計画分野においては，GPSを利用して人やモノの追跡調査が進められている。例えば，子どもや高齢者を調査対象として，被験者の移動距離，移動速度から日常的な生活圏域を明らかにする研究のほか，観光地における人の歩行軌跡から地区整備に資する研究なども行われている。人間の行動を可視化したり，都市空間との関係を探る手法の一つとして利用されている。

　東京大学空間情報科学研究センターCSISでは，携帯電話に搭載されているGPSや交通調査の一つであるパーソントリップ調査から得られたビッグデータをもとに都市的動向を解析した研究を行っている。図-1に示すのは，東日本大震災時における人の流動状況を比較したものである。携帯電話端末から得られた数十万人分の1年にわたるGPSデータ（個人が特定されないよう秘匿処理を行っている）による解析であり，ここから震災直前14：45と震災直後14：57の人の流動状況を概観することができる。

　GPSにより取得した位置情報は，GIS（Geographic Information System）と呼ばれる地理情報システム等を利用すれば，デジタル化された地図データや統計データと関連づけることができる。GISを用いることにより，GPSから得られた位置情報をビジュアライズでき，都市の地形や道路ネットワーク，建物分布や人口などを加味した分析が可能である。

震災直前14:45の状況

震災直後14:57の状況

図-1 さまざまな方向へ向かう動きかが減り，動きを示す点の数自体も減った状況
（写真提供：東京大学上山研究員）

図-2 携帯用ハンディGPSナビゲーション機器

26 予測推計法

分析方法

prediction interenec

予測とは過去・現在（今までに得られたデータ）から未来を推し測ることであり，多くは確率事象であるから計算により推定を行う場合，これを推計という。広い意味を含む予測推計法に対して，ここでは「標本から母集団を推定する」，「過去から現在へと時間とともに変化する時系列データから未来を予測する」の2つの分野について概説する。

（1）標本から母集団を推定する

国勢調査などを除けば全数調査を行うのはまれであり，また，全数調査が不可能な場合も多い。そこで一般的に行われるのが母集団から標本を抽出するサンプリング調査である。標本の選び方には種々あるが，共通するのはランダム・サンプリング（無作為標本抽出）であり，これによって統計的推定が可能になる。

データの分布を表すものに代表値がある。おもな代表値に（算術）平均値がある。標本から母集団の母平均を推計する方法が2種類ある。第一は区間推定法であり，標本平均にある幅（信頼区間）をもたせて推定する。第二は点推定法であり，推定値に標本平均，標本分散を用いてその値が母平均である確率を示す。

（2）時系列データから未来を予測する

時間の経過とともに変化する時系列データの動きは「変動」と呼ばれ，以下の4つに分解して考える。

①傾向変動は，長期間の滑らかな変動部分で，トレンドともいう。

②季節変動は，一定周期で繰り返される変動部分で，年月週を周期とするものが大半を占める。

③循環変動は，季節変動以外の周期があまり明確でない一般的には季節変動より長い周期の変動部分である。

④不規則変動は，上記の3つの変動以外の変動で，偶発的な原因による変動，今の時点では明確でない要因による変動などが含まれ，誤差変動，偶然変動ともいう。

時系列データを対象とする分析方法を時系列解析という。予測を行うために変動のメカニズムを説明し，変化の法則を発見する定式化した方法はない。しかし，不規則変動を除去する加重移動平均法，季節変動を除去する平均法，循環変動を除去する自己相関係数を用いたコレログラムによる方法やパワースペクトルを求める方法などがあり，これらを組み合わせて分析することが多い。ただし，時系列解析の第一歩は，データをグラフ化して視察により検討することである。これで多くのことがわかるだけでなく，いきなり計算を行うことによって生じる誤りを防ぐことができる。

統計的仮説検定

statistical hypothesis testing

26

分析方法

検定でまず思い浮かぶのは，国家試験などの種々の検定（試験）である。これらの検定では国が一定の基準に基づいて可否を定めている。統計的仮説検定も基本的な考え方は同じで，ある基準（水準）を定めて判定を行う。ただし，基準値と判定される値がともに確率であることから統計的仮説検定と呼ばれている。

統計的仮説検定では，まず統計的仮説を立てる。その仮説のもとで標本の出現確率を計算し，その確率が事前に定めた確率よりも小さな場合，偶然の範囲を超えていると考えて仮設が真ではないとして棄却する。

硬貨の表裏の出方に"癖"があるかを調べる。統計的仮説として普通の硬貨で表裏の出る確率は五分五分であるとする。この仮説を帰無仮説という。事前に定める基準値（確率）を有為水準という。標本の出現確率が有為水準以下の場合，仮説は棄却されるので，真の仮説が棄却される危険性は有為水準の確率となり，これを危険率という。

硬貨をまず一回投げる。その硬貨に"癖"がなければ表と裏の出る確率はおのおの0.5である。3回続けて表の出る確率は$0.5 \times 0.5 \times 0.5 = 0.125$となる。4回では0.0625となる。有為水準を0.1とすると，3回続けて表が出ても0.125＞0.1で事前に定めた

有為水準から見れば偶然の範囲内であり仮説は棄却されず，普通の硬貨であると判定する。4回続けて表が出れば0.0625＜0.1で普通の硬貨であるという仮説は棄却される。

統計的仮説検定の考え方と手続きは以上のようであるが，扱うデータの分布と尺度水準によって検定方法（確率の計算方法）が異なる。大きく分類すると対象とするデータが量的・計量データで母集団の正規性を前提とするパラメトリック検定法と質的・非計量データを対象として，母集団の分布がどのようなものでもよいとするノン・パラメトリック検定法がある。

パラメトリック検定法で対象とするデータ（母集団からの標本）の平均値の分布は標本数が多くなると正規分布とみなしてよいといわれている（中心極限定理）ので，検定は正規分布を前提にして行われる。しかし，厳密には標本分布がどのような型の分布であるかを検定する。多くの場合，χ^2（カイ自乗）値を計算して行う。

母集団の分布が不明の場合は，ノン・パラメトリック検定法を用いなければならない。ノン・パラメトリック検定法で対象とするデータの尺度は多くの場合，名義尺度，順序尺度である。名義尺度ではχ^2値を用いる検定が多い。

26 クロス分析

cross tabulation analysis

クロス集計は分類を対象としているので，質的・定性的データは，基本的にはそのまま計数可能である。量的・定量的データは階級と呼ばれる区分を設定し，各区分の上限値と下限値の間に含まれる数を計数する。

クロス集計の分析でまず用いられるのはグラフである。度数を対応する点の数や面積に置き換えた点グラフ，面積グラフなどを視察によって検討する。

クロス集計に関する計算で最も多く用いられるのはχ^2（カイ自乗）値である。χ^2を用いて行うおもな分析方法は二つある。

第一は比率（度数分布）の差の検定である。S組の標本あるいはS個の区分とT組の標本あるいはT個の区分の度数分布に差があるかを検定する。

第二は，二変数間の関連を調べることである。原理は比率の差の検定と同じである。ただし，関連係数（数量データの相関係数に相当）を求めるところが前者と異なっている。データの量と区分数の影響を取り除いた関連係数にクラマーのコンティンジェンシィ係数（Cr）がある。

職種によって建物の好みに差があるか。これを検定する帰無仮説は「職種によって建物の好みに差はない」，すなわち各セルの標本度数比が等しいということである。有為水準0.1で自由度4のχ^2値は$\chi^2_{.1}(4) = 7.78$であり，$\chi^2 = 13.41 > \chi^2_{.1}(4)$より有為であり，職種によって建物の好みに差があるといえる。なお，クラマーのコンティンジェンシィ係数（Cr）が13.41／200／2＝0.034であることから，職種と建物形式の好みとの関連はないといえる。

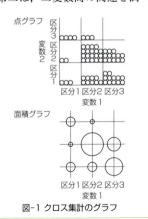

図-1 クロス集計のグラフ

表-1 クロス集計表

B \ A	A1	A2	Aj	At	計
B1	F11	F12	F1j	F1t	N1.
B2	F21	F22	F2j	F2t	N2.
Bi	Fi1	Fi2	Fij	Fit	Ni.
Bs	Fs1	Fs2	Fsj	Fst	Ns.
計	N.1	N.2	N.j	N.t	N.

表-2 職種による建物形式の好み

	ホワイトカラー	グレーカラー	ブルーカラー	小 計
和 風	15	20	35	70
折 衷	10	15	15	40
洋 風	40	25	25	90
小 計	65	60	75	260

多変量解析

multivariate analysis

26

分析方法

　複数の個体（測定対象，被験者等）に対して，複数の変数・変量（測定値，質問項目等）があるデータを対象とする統計解析を多変量解析という。

　多変量解析を多用する分野に共通する特徴は，因果関係が明確でない，作用のメカニズムが複雑でわかりにくいなどである。

　多変量解析の分析方法を選択する手掛りは，外的基準の有無とデータの尺度水準であることが多い。

　データの尺度水準には，名義尺度，順位尺度，間隔尺度，比率尺度の4つがある。名義尺度，順位尺度のデータを質的データ，間隔尺度，比率尺度のデータを量的データと分類することが多い。外的基準の有無と変数の尺度水準による分析方法の分類を表-1，使用目的別の分類を表-2

にまとめてある。

　多変量解析の分析方法の多くは，線形モデルを前提として，説明変数 x_1, x_2, …, x_p の1次結合と目的変数 Y とを対応させている。誤差成分を省略すると一般式は，

$$Y = a_1x_1 + a_2x_2 + \cdots + a_px_p$$

となる。式中の a_1, a_2, …a_p は各説明変数 x_1, x_2, …, x_p が目的変数 Y に及ぼす影響の強さを示す重み係数である。

　外的基準がない場合，変数間の相互関係から内部構造を探ることになる。変数 x_1, x_2, …, x_p の相関関係より以下のモデルを想定する。

$$x_j = a_{j1}f_1 + a_{j2}f_2 + \cdots + a_{jr}f_r$$
$$+ \varepsilon_j \ (j = 1, 2, \cdots, p)$$

式中の $f_1, f_2, \cdots, f_r$ は共通因子と呼ばれている潜在因子である。

表-1 外的基準の有無と尺度水準による多変量解析の分類

		外的基準数	説明変数	分析方法
外的基準がある場合	外的基準が数量である	外的基準変数が1つ	数量	重回帰分析
			数量以外	数量化Ⅰ類
		変数が多数	数量	正準相関分析
	外的基準が数量でない	分類が2群	数量	判別分析
		分類が多群	数量	重判別分析
			数量以外	数量化Ⅱ類
外的基準がない場合	変数が数量である場合	間隔・比率尺度		主成分・因子分析
		類似度 非類似度 距離など		数量化Ⅳ類 クラスター分析 メトリックMDS
	変数が数量でない場合	数量化Ⅲ類 潜在構造分析 ノンメトリック多次元尺度法		

表-2 使用目的別多変量解析の分類

目　　的	使用する多変量解析
予測式の発見 量の推定	重回帰分析，正準相関分析 数量化理論Ⅰ類
分類 質の推定	判別分析，クラスター分析，重判別分析，数量化Ⅱ類
多変数の整理・統合 データの縮約 変数の分類 代表変数発見	主成分分析，数量化Ⅲ類 因子分析，数量化Ⅳ類 潜在構造分析 メトリック多次元尺度法 ノンメトリックMDS

相関分析

26

分析方法

correlation analysis

相関は2つの変数（変量）間の関係を，どちらが原因でどちらが結果であるとは考えず，対等な相互関係と考えた時の概念である。この点が回帰と異なっている。しかし，形式的あるいは計算過程においては多くの共通点があり，重相関分析と重回帰分析を同一に扱っている文献も多い。

N個の対になった実数値（観測値，実測値，測定値，計測値など）の組 x_i, y_i（$i = 1$, $2 \cdots$, N）を2変数データという。このデータ（x_i, y_i）を二次元平面上にN個の点としてプロットした図を散布図という。1変数における特性値のひとつである分散 $\sigma_x^2 = \Sigma (X - \bar{X})^2$ のように，2変数の分散を共分散 $\sigma_{xy} = \Sigma (X - \bar{X})(Y - \bar{Y})$ という。X，Y の標準偏差を σ_x，σ_y とすると，X と Y の相関係数は $r_{xy} = \sigma_{xy} / \sigma_x \sigma_y$ と定義され，これをピアソンの積率相関係数という。値の範囲は $-1 \leqq r_{xy} \leqq 1$ であり，絶対値が1に近いほど X と Y は直線的な関係であり相関関係が強く，0に近いと相関関係のない無相関である。また，負符号の場合を逆相関という。相関係数の絶対値が1より相当に小さく，0よりは相当に大きな場合，データ数によって相関係数の信頼限界が変わるので，2変数間の相関関係について論ずる場合，有為性の検定を行う必要がある。

相関分析には，単相関分析，重相関（重回帰）分析，主成分分析，正準相関分析などがある。単相関分析は上記の2変数間の相関係数を用いて変数間の関連について分析する方法である。変数の数が多いとその組合せは膨大となるが，問題としている現象や，その周辺に関する広く深い知識と洞察力によって，有用な変数の対を絞り込んで分析を行わねばならない。

しかし，この方法にも限界がある。そのとき用いる方法のひとつに主成分分析（「多変量解析」247頁参照）がある。主成分分析は，互いに相関のある多変数の情報を，情報の損失を最小限にして相互に無相関なより少ない合成値（主成分）を求めることによって，データの縮約，多変数の整理・統合を目的として用いられることの多い手法である。因子分析と見かけ上類似しているが，本質的に異なる手法である。しかし，方法としては，因子分析の一手法である主因子法で特殊因子を仮定しない場合に対応している（「因子分析」250頁参照）。

他の相関分析法は多変量解析と呼ばれる手法であり，3変数以上の変数間の相関係数をマトリックスとした相関行列を計算の基としている。

回帰分析

regression analysis

変数（変量）間の因果関係や相互関係を明らかにするための統計（解析）手法の中で，（重）回帰分析は最も広く用いられている。

回帰という用語は19世紀末，イギリスの研究者が親子の身長関係を調べたところから始まった。おおよそ，背の高い親の子どもは背が高い。しかし，背の高い親たちの子どもの平均身長は親たちより低く，背の低い親たちの子どもの平均身長は親たちより高くなる傾向があり，子どもの平均身長は全体の子どもの平均身長に近づく（回帰する）ことが明らかとなり，親子の身長関係を表す直線を回帰直線と呼ぶようになった。

親の身長から子どもの身長を予測できるのは，親の身長がおもな原因，子どもの身長が結果であることを自明の事実としているからである。このように，回帰分析では予測が主要な目的の一つである。ただし，原因と結果，すなわち，因果関係は経験則であることが多く，客観的に因果関係を明らかにするには，種々の因果推論法を用いなければならない。

子どもの身長を目的変数（Y），親の身長を説明変数（X）と呼ぶ。

回帰分析では，まずXとYについての分布をグラフ（散布図）に描いて，視察によってXとYの関係（直線関係か曲線関係かなど）を調べなければならない。図からおおよそ直線関係であると認められた場合には近似直線の式

$\hat{Y} = AX + B$

を求めることになる。Aは直線の傾き（勾配），BはY切片である。

説明変数が2つ以上の場合，重回帰分析となり，説明変数をX_1, X_2, …, X_nとして重回帰式は

$\hat{Y} = A_1 X_1 + A_2 X_2 + \cdots + A_n X_n + B$

となる。

実測値Yと予測値$\hat{Y}$との相関係数が重相関係数であり，予測の確からしさを示す指標の一つである。

説明変数中に相互の相関が非常に高い変数（1次独立ではない）がある場合，多重共線性の問題が生じる。多重共線とは，重回帰分析がデータ行列の逆行列を計算することがあり，このとき，データの列が1次独立であることが必要である。2つのデータの列（変数）が独立でない場合，説明変数の数が少ないとみなされて係数が不定となる。

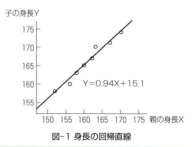

図-1 身長の回帰直線

26 因子分析

分析方法

factor analysis

　因子分析は心理学の分野において心理的潜在因子や潜在能力などを探求するための手段として用いられ，発達した統計解析の中の多変量解析の一手法である。このような経緯から因子分析における「因子」とは，あくまで仮説的な変量であり，類似した手法である主成分分析の「主成分」とは異なるものである。主成分分析では，データを互いに無相関な少数の総合特性値に要約するのに対して，因子分析では，データを分解することにより，共通な因子を求めることである。

　因子分析の基本モデルは変数（変量）x_j の相関関係より

$$x_j = a_{j1}f_1 + a_{j2}f_2 + \cdots + a_{jm}f_m + d_ju_j$$
$$(j = 1, 2, \cdots, p)$$

の1次結合によって表す。なお，f_1, f_2, $\cdots$, f_{im} を共通因子スコア，u_j を独自（特殊）因子スコア，共通因子スコアの重み係数 d_j を独自性という。因子負荷は各変数と各共通因子との関係を規定する係数である。また，共通因子間の相関について，相互に無相関と仮定する場合を直交因子（直交解），それ以外を斜交因子（斜交解）という。

　因子分析の解を求めることは，相関行列から因子負荷行列を求めることであり，多くの方法がある。そのうち，直交解のおもな方法に主因子法，セントロイド法，（直接）バリマックス法がある。

　主因子法は，多変数間の共通変動中，すべての変数に対して近い変動となるもの（因子負荷の平方和が最大）を因子とする方法である。

　セントロイド法はサーストンによって開発された，計算量を少なくした主因子法の近似解である。しかし，コンピュータの発達した近年ではあまり用いられなくなった。

　主因子法では，因子負荷の平方和が最大のものを第一因子，以後，前に求めた因子と直交（無相関）で，因子負荷の平方和が最大のものを第二因子として順次因子を求めるので，各因子ではすべての変数の因子負荷が平均的に高くなる。そこで，一部の変数の因子負荷を高く，それ以外の変数の因子負荷を低くする因子を求める方法が（直接）バリマックス法であり，このような因子構造を単純構造という。ある因子の因子負荷が一部の変数で高く，他の変数で低いとき，その因子は因子負荷の高い一群の変数と関連があると考えられて因子の解釈が容易になる。

　因子の単純構造を求める方法には上記の（直接）バリマックス法以外に，主因子法などで求めた因子負荷行列を回転して求める方法もあり，これをバリマックス回転法という。

250

クラスター分析

cluster analysis

26

分析方法

"分ける"ことは"わかる"ことへの第一歩であると言われているが、空間研究の分野でも分類・類型化などを目的や方法として多く用いられている。これらが多用されるのは、多様で複雑な対象より調査、計測、実験、測定などによって得られたデータから、ある特徴について類似しているものをひとまとめにして、対象間の関連性、全体像などを明らかにして新たな知見を得たり、以後の指針を得ることが多いからである。

クラスター分析は対象間に類似度あるいは相違の程度（非類似度）を定義できるとき、その数値に基づいて似たものを集めて、いくつかの集合（クラスター）に分類する方法である。

クラスター分析は変数に関する前提条件（変数の正規性や変数間の線型関係）が緩いので、応用範囲が広く、扱いやすい分析方法である。

クラスター分析の手順の中で、分析者が決定したり、注意しなければならないおもなものに、類似度・距離（非類似度）の定義、新しく構成されたクラスター間の類似度・距離を計算し直す方法、クラスター数の決定がある。

クラスター分析では量的（定量的）データ、質的（定性的）データのいずれも用いることができる。量的データでは、データの単位が異なっていたり、重要度、分散などを考慮し

て、データを標準化（基準化）したり、重みつきユークリッド距離、マハラノビスの距離、相関係数、因子得点、主成分得点などを類似度として用いる。また、質的データでは一致係数、関連係数、各種の順位相関係数などを類似度として用いる。

新しく構成されたクラスター間の類似度・距離を計算し直す方法の種類は多い。最短距離法、最長距離法、メジアン法は新しく構成されたクラスターと他のクラスターとの距離を構成前の各クラスターと他のクラスターとの距離のうち、最短距離法では最小距離、最長距離法では最長距離、メジアン法では中間の距離とする。ほかに重心法、群平均法、ウォードなどがある。

クラスター分析は統計モデルをもたないので、クラスター数の妥当性を検定する方法はない。分類によって得られた結果の解釈によって数は決定される。

クラスター分析は、対象間の類似度・距離さえ定義できれば、他の制約がほとんどない応用範囲の広い扱いやすい分析方法である。しかし、このことはクラスター分析を用いる場合の重要なポイントでもある。分析結果は対象間の関係を的確に表す類似度・距離の定義に左右される。

数量化理論

quantification theory

数量化理論にはⅠ類からⅣ類まであり，日本で開発された多変量解析の手法である。類似の手法にフランスで開発されたダミー変数法などがある。

扱うデータは質的・定性的データである。データは質的・定性的データと量的・定量的データに分類できることは「多変量解析」で述べた。数量化理論（数量化理論Ⅳ類は除く）は質的データである名義（分類）尺度（性別，趣味，職業など）と順位（順序）尺度（好き嫌いの程度，満足度，成績の順位など）のうち，おもに前者を対象（変数）とする分析方法である。

数量化理論で扱う名義尺度のデータは表-1，表-2のような2種類の形式がある。定量データの変数に対応するのがアイテム（要因）で表-1では反応したカテゴリー番号が値となり，表-2ではカテゴリーに反応したとき，"1"となる。

数量化理論の開発者である林知己夫は「質的なものに数量を与えて分析をほどこし，そうすることによって解らなかった真実のあることが解かってくる」というのが数量化の狙いであるという。

数量化理論は，一般的に外的基準のある場合とない場合に分けられる。

外的基準とは重回帰分析の目的変数，（重）判別分析の群などである。説明変数・独立変数が数量でない場合の重回帰分析に相当するのが数量化理論Ⅰ類，（重）判別分析に相当するのが数量化理論Ⅱ類である。

外的基準のない場合，各個体とカテゴリー間の関係（カテゴリーへの反応パターン）だけから内部的に意味のある数値を個体やカテゴリーについて求める。その数量によって個体やカテゴリーを空間内にプロットして分類し，データの内部構造を探る方法である。数量化理論Ⅲ類は，数量データを対象とする主成分分析や因子分析と同じ目的で使用される。

数量化理論Ⅳ類で用いられるデータは距離，類似度，親近度などであり，目的も類似していることから，多次元尺度構成法の一種と考えられる。

表-1 数量化理論で扱うデータ形式（1）

アイテム / 固体	1	2	…	N
1	3	1		2
2	2	1		1
⋮	⋮	⋮		⋮
N	3	2		3

表-2 数量化理論で扱うデータ形式（2）

カテゴリー / 固体	アイテム1			アイテム2			アイテム3		
	1	2	3	1	2	3	1	2	3
1	0	0	1	1	0	0	0	1	0
2	0	1	0	1	0	0	1	0	0
⋮	⋮	⋮	⋮	⋮	⋮	⋮	⋮	⋮	⋮
N	0	0	1	0	1	0	0	0	1

多次元尺度構成法

multidimensional scaling

　分類のおもな目的の一つは，複雑で多様な対象間の関係，すなわち，構造を明らかにすることである。

　分類には多くの方法がある。分類を直接の目的とするクラスター分析，数量化理論Ⅲ類，Ⅳ類，主成分分析などで得られた数量，主成分得点をユークリッド空間内にプロットして，視察によって分類する方法がある。また，判別分析，数量化理論Ⅱ類なども分類に用いることができる。

　ここで取り上げる多次元尺度構成法も分類・構造化の方法の一つである。以下，多次元尺度構成法をMDSと表記する。

　MDSは分析対象から計測，測定などによって得られた多くの観測値より対象間の距離，(非)類似度を計算して，その値をもとに対象を多次元ユークリッド空間内の点として空間的表現を与える方法である。このとき点間の距離がデータとして与えられた対象間の(非)類似度と最もよく適合するようにプロットする。

　MDSは複雑で多様なデータを扱わねばならない心理学の分野でおもに開発，応用されてきた。同じような経緯の手法に因子分析がある。両者に共通するのは，多くの対象に対して，それより少ない次元の空間の中に対象をプロットすることである。相違は初期に用いる基本データである。因子分析は対象間の相関係数行列から出発するのに対して，MDSは対象間の距離行列から出発する。距離として最も多く用いられるのは(非)類似度であり，この求め方がMDSを適用するポイントであり，分析結果の良否を左右する。

　MDSには量的データを扱うメトリックMDSと質的データを扱うノンメトリックMDSの2種類がある。また，扱うデータの詳細な相違からセミメトリックMDSを分類に加える場合もある。

　MDSでは分析の目的によってデータの形態が異なり，計算方法も変わる。データの形態は，"元"すなわち被験者，対象物，刺激などの項目(数量データの場合の変数に相当)の数と"相"すなわち項目の組合せ数によって決定される。単相2元データが最も多く用いられている。2相3元，2相2元データは個人差を考慮したMDSに用いられる。

図-1 入力データの形態

モデル分析

model analysis

　モデルは「問題とする対象や関係を模倣し，例えたり，単純化したもの，また，その構造を抽象化して論理的に形式化したもの」を意味する。現実の状況や対象およびその関係を単純化・抽象化することで，その特徴を捉えるモデル化およびそれを用いたモデル分析の手法は，科学的研究法の中で一般的に用いられる方法であり，極めて有効な手段である。

　空間学におけるモデル分析では，空間形態・配置，人間環境・行動のモデル化とその空間に関わるデータのモデル化が行われる。空間形態・配置のモデル化では，対象空間をどのような範囲で切り取り，抽象化，単純化するかの検討が行われる。人間環境・行動のモデル化では，その空間における人間活動に関係するさまざまなデータ，例えば都市における建物用途，音，熱，光や交通量，生活環境のデータなどを比較可能な形として整理し，一覧して内容が理解できるように提示する。また，人間の移動行動や施設利用などについては，コンピュータシミュレーションを用いて予測，評価などが行われる。いずれのモデル化も，その現状を示すとともに，根底にある関係性や仕組みを明らかにすることが主眼となる。

　モデル化においては，要素を多く含むことでより現実の現象に合うモデルとなるが，個別性が強くなり，現象の根底にあるメカニズムが不明確となる。要素を選別し，より抽象化することで，メカニズムが明確になり，他の事例にも適用できるモデルとなる。ただし，抜け落ちるものも多くなるため，その重要性などを検討しながらモデル化を進める必要がある。

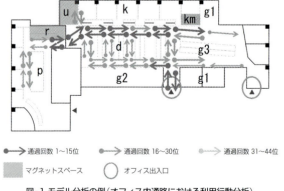

図-1 モデル分析の例（オフィス内通路における利用行動分析）

トポロジー

topology

幾何学の一分野の呼称であり，図形を面積や長さなどの絶対的な位置や数量ではなく，点や線，面などのつながり方によって解釈するもので，数学者オイラーの一筆書きの研究が起源とされる。この語は，19世紀にリスティングがギリシャ語のトポス（位置）とロゴス（論）を合成したのが始まりで，位相幾何学という訳語が当てられる。

例えば，ユークリッド幾何学では異なる図形である三角形と四角形は，点相互のつながりが同様に閉じているために，同じ図形であるとする。また，三次元では立方体と球体，あるいはコーヒーカップとドーナツなども区別をしない。このように，形が変わっても普遍の性質や法則を記述しようとするもので，天体力学，生物学，医学，情報科学などで応用されている。

空間学の分野でも，複雑な現実の空間を抽象化し，おもに形と位置を記述，分析する手法として，これまで多くの研究で用いられてきた。特に，純粋な幾何学的意味から派生した連結性を用いることが多く，初期には記号論研究の中で，記号で捉えられた一定の意味をもつ空間相互の関係を構文論的次元として構造的，図式的に記述する方法として用いられた。近年では，認知空間の複雑さや歪み，ネットワークの構造などをCADやGISなどを用いて記述するための方法として使用されている。

なお，距離や方向が抽象化された鉄道の料金表示なども，トポロジー表現の一つである。

図-1
同じ位相となるコーヒーカップとドーナッツ，およびその中間の形状

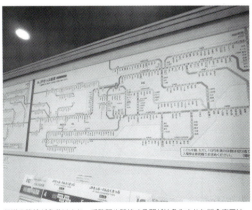

鉄道の路線が色分けされ，乗降駅や隣接する駅が抽象化された料金表示は，二次元トポロジー表現の主要な例。
図-2 券売所の料金表示板

26 グラフィカルモデリング

graphical modeling

ある目的変数と，それを説明する変数との関係を分析する多変量解析手法の一つとして，グラフィカルモデリングがある。その特徴は，先に仮説を設定して説明していく他の手法と異なり，データを頼りにしながら関係を明らかにしていくという探索的な手法である点である。これにより，変数間の思わぬ関係が表出する可能性を期待することができる。また複数変数間の，関係の方向と強さを視覚的また定量的に表すことができるという，モデルの表現方法にも特徴がある。

商店建築への「入りやすさ」を，そのファサードの色彩や，開口の割合などの物理的要因で説明する研究をもとにして，グラフィカルモデリング図について解説する。

グラフィカルモデリング図には，大きく分けて，「同一階層内での項目の関係」，「複数階層の中での項目の関係」の2種類がある。一般的には，線の太さで関係の強さ（偏相関係数の絶対値の大きさ），色や線種などにより関係の方向（偏相関係数の正負）を表す。これにより，変数間の全体的な関係の方向および強さを，ビジュアルに把握することができる。

図-1の同一階層内の関係では，項目どうしの線の太さと線種を見ればよい。また図-2の複数階層間では，右側の項目ほど上位概念であるので，左の項目から右の項目の判断に移るという心理的構造を読み取ることができる。

グラフィカルモデリングによって目的変数を操作するためには，どの説明変数を操作すればよいかを，構造的に理解でき，直感的に設計へフィードバックが可能となる。

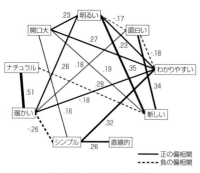

図-1 同一階層内のモデル

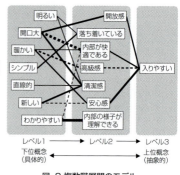

図-2 複数階層間のモデル

共分散構造分析

covariance structure analysis

　共分散構造分析とは，直接観測できない潜在変数を仮定し，その潜在変数と観測変数との間の因果関係をパスとして結んだモデル（構造モデル，図-1）として分析する多変量解析手法の総称である。

　統計分析の理論としては古いが，SPSSやAmosなどパソコン上で利用可能なソフトウェアが充実してきたことなどで最近，急速に心理学や社会学などの分野のみならず，建築の分野でも普及してきた多変量解析のためのツールである。

　潜在変数をもつ分析モデルには別項の因子分析があるが，共分散構造分析モデルは因子分析や重回帰分析も含んだ総括的な分析モデルと理解することができる。図-2は，構造モデルとして使われている典型的な因果関係モデルとして，探索的因子分析の事例をパス図で示したものである。なお，通常の因子分析モデルは検証的因子分析モデルと称され，図-2のパスを修正することで同様に分析することができる。

　共分散構造分析は，パスという因果関係を表す関係をモデルにして視覚化できるという利点に加えて，モデルの妥当性を検証するための検定統計量が充実しており，分析結果の検定が可能である所に特徴がある。これにより，従来の多変量解析での解釈は分析者の主観に任されてきたのに対し，客観的な解釈を可能にしている。

　さらに，性別のような属性別にモデルが同一であるか否かを検証する多母集団での分析や，時間的に前後関係のある因果関係を検証できるなど，従来の分析手法ごとに固定されていた因果関係の構造を自由に設定できるのも強みである。

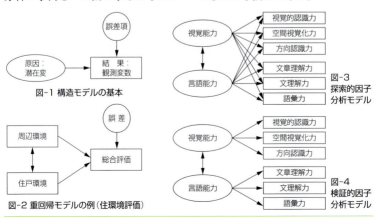

図-1 構造モデルの基本

図-2 重回帰モデルの例（住環境評価）

図-3 探索的因子分析モデル

図-4 検証的因子分析モデル

データマイニング

data mining

情報通信技術の発展にともなって，さまざまな分野でデータを機械的に大量に収集できるようになった。それら大量のデータから有用なパターンや新たな知識・仮説を自動的に発見するための研究が1990年代半ばから始まり，「データマイニング」と呼ばれるようになった。データマイニングは，複数の学問分野にまたがって研究されている。おもな応用分野は，マーケティング，ゲノム解析，ウェブアクセスログ，医療分野，生産現場をはじめとして多幾にわたっている。

データマイニング手法を大別すると，予測モデルの構築，特徴パターンの発見，クラスタリングの3つに分類される。予測モデルの構築は，過去のデータから将来の出来事を予測するモデルを構築することであり，分類モデルや回帰モデルがそれらに相当する。特徴パターンの発見の代表的な手法は相関ルール分析で，データベースの中からある基準を満たす属性の組合せを網羅的に列挙する。クラスタリングは，データのレコードをお互いがよく似た傾向をもつグループに分割する方法である。

データマイニングで扱うデータの種類で一般的なのは表形式データであるが，これ以外に，テキストデータやグラフ構造などより複雑なデータも扱える。図-1は住宅のフロアプランを隣接グラフで表現し，それらに共通する部分的な構造を「グラフマイニング」と呼ばれる手法で抽出している例である。空間的なオブジェクトは，グラフのほかに点やポリゴンで表現され，それらの近接性・方向性・共立地性などの空間的関係を発見する手法は，空間データマイニングと呼ばれる。

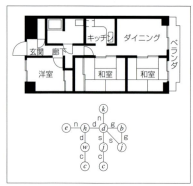
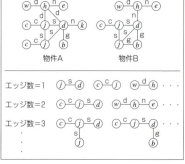

図-1 住宅のフロアプランのグラフマイニング例

認知心理学

cognitive psychology

　認知心理学は，人間の知的な心の働き，例えば注意，言語の使用，記憶，知覚，課題解決，創造的活動や思考を扱い，そのメカニズムの解明を目指す研究分野である。この分野での成果は，教育心理学，社会心理学，パーソナリティ心理学，異常心理学，発達心理学，経済学などさまざまな分野に広く応用されている。建築との関連では，都市・建築空間における行動に影響する環境認知の研究が広く行われている。

　環境認知の基本的な問いは，都市のような大規模で複雑な環境の空間的構造を人はどのように認識できるようになるのだろうか，ということである。R.ハートとG.ムーアは，子どもの環境の捉え方について，「自己中心的定位」，「固定的参照系」，「相互協応的参照系」の3段階で発達すると考えた。これは，成人が新しい環境で生活を始めた場合に，しだいに経路のネットワークを学習していく過程と同じである。

　次に，経験によって蓄積された知識によって，どのように対象を正しく理解し適切な行動が導かれるのだろうか。この問いに対して，『認知心理学』と題する書物を著して，この用語を一般化したと言われるU.ナイサーは，経験によって蓄積された知識を図式（schema）と呼び，それによってある対象の理解に至る過程を「知覚循環モデル」で説明している。すなわち，目の前の対象に対して自分のもつ図式を照合して，仮説的にいったん解釈し，それを確かめるべく対象に接近するなどの行動で情報を探索し，得られた情報で最初の図式を必要ならば修正する。つまり，対象の理解は与えられた情報を受動的に処理するというのではなく，積極的な確認行動を伴う過程だとしている。

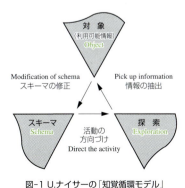

図-1 U.ナイサーの「知覚循環モデル」

27 環境心理学

environmental psychology

関連分野

人間は環境を操作・改変し、逆に環境は人間の心理・行動あるいは発達に影響を及ぼす。この人間と環境との相互関係、つまり人が環境をどのように知覚し、判断し、記憶し、評価しているか、また対人的な社会行動において環境がどのように影響するか、などを研究する分野が環境心理学である。

この研究分野は、心理学だけではなく、社会学、地理学、文化人類学や建築学、都市計画学、造園学などを含む学際領域であり、「環境心理学」という呼称があたかも心理学の一分野であるように聞こえるので、環境行動研究（EBS：Environment Behavior Studies）と呼ばれることも多い。

この研究分野の始まりは、アメリカとヨーロッパでそれぞれ第一回国際会議が開かれ、専門誌「Environment and Behavior」が創刊された1969年とされる。もっとも、それ以前にこの分野の先駆的な著作であるK.リンチの『都市のイメージ』が1959年に、E.ホールの『かくれた次元』が1966年に出版されている。

この分野が発展する時代背景として、建築界では第二次大戦後の戦災復興のための量的供給がひと段落して、建築の質の向上を求める機運があり、また一方では都市再開発と経済成長に伴う環境悪化の影響による環境意識の高まりがあった。

わが国では、1972年にD.カンターと乾正雄編の『環境心理とは何か』が出版され、建築学会の環境工学委員会傘下に生理心理分科会が活動を始めたが、1982年に、おもに建築学と心理学の研究者によって「人間・環境学会（MERA）」が設立され、学際的な研究交流が本格化する。

現在、この分野に含まれる研究内容は、前述のアメリカのEDRAとヨーロッパのIAPSの学会のホームページからうかがうことができる。

表-1 IAPSのホームページに掲載された研究内容

Spatial cognition and wayfinding	空間認知と経路探索
Ecological aspects of human actions in places	場所での生態学的行動
Evaluation of buildings and natural landscapes	建築物とランドスケープの評価
Design of, and experiences in, workplaces, schools, residences, public buildings and public spaces	職場、学校、住居、公共建築物、パブリック・スペースのデザインとそこでの経験
Social use of space: crowding, privacy, territoriality, personal space	公共空間の利用：混み合い、プライバシー、テリトリー、パーソナル・スペース
Leisure and tourism behavior in relation to their physical settings	レジャー・観光行動と物理的セッティングと関わり
Meaning of built environments	構築環境の意味
Theories of place, place attachment, and place identity	場所の理論、場所愛着、場所アイデンティティ
Resource crises and environmental research	資源危機と環境研究
Risks and hazards: their perception and management	リスクと危険：その知覚とマネジメント
Stresses related to work and residential settings	職場と住居環境に関わるストレス
Urban Design, architecture, landscape architecture and their affect on people	アーバンデザイン、建築、ランドスケープと、それらの人間に対する影響
Multi, Inter and Transdisciplinary work and principles	多学術分野、学際分野の研究と理論

発達心理学

developmental psychology

発達心理学とは，人の生涯を通じて見られる発達的変化についてのメカニズムや特徴を明らかにしようとする心理学の一分野である。G.S.ホールが19世紀末に建設した児童心理学（child psychology）が基礎であり，そこでは人が生まれて20年ほどの成長過程が研究対象とされていた。しかし，第二次世界大戦後の世界情勢の安定や人々の寿命の延びなどを背景に，思春期以降，高齢者にまで及ぶ研究が盛んに行われるようなり，児童心理学から発達心理学へと改称が行われた。1980年代頃からは，発達に伴う変化は一生涯続くのだとする考え方が広まり，生涯発達（life-span development）という視点から発達を捉える枠組みが一般的となっている。そして発達段階という視点から，生涯を胎児期，新生児期，乳児期，幼児期，児童期，青年期，成人期，高齢期の8つに区分し，発達過程の特徴が論じられている。ただこの分け方は確定したものではなく，区分の考え方には諸説がみられる。

発達心理学の代表的な理論としては，J.ピアジェの発生的認識論に基づく認知発達論とL.S.ヴィゴツキーの認識の社会的構成理論に基づく文化的発達理論が挙げられる。また発達課題に関して，E.H.エリクソンはフロイトの生物的視点からの発達理論に社会的視点を加え，自我の漸成理論を提起した。これに対しR.J.ハヴィガーストは，各発達段階においてより具体的な内容をもつ人生の発達課題を示し，特に教育分野で有用性が見出されてきた。

発達を規定する要因としては，「遺伝か環境か」がしばしば問題にされてきた。これまで，人間の発達はすべて遺伝によって決まるという「成熟説」と，環境的要因が大きく影響するという「環境優位説」が提起されてきたが，今日では両者の相互作用を重視するのが一般的である。そのほか，どのような時代を生きたかや，ライフイベントの起きた順序というのも発達の規定要因の一つと考えられている。

1980年代の後半以降，発達心理学は多方面への展開がみられる。一つは，発達心理学の多くが生物科学とりわけ発達神経科学・神経心理学の流れの中に包括されるようになったことである。二つ目に文化心理学や経済学との関わりといった社会科学としての展開がみられる点，三つ目に発達や教育に関する政策科学や発達支援のあり方に関わる実践科学としての側面である。また，今日の発達心理学は，現代社会の問題に直接的に応えるような研究が以前にもまして求められている。

27 生理心理学

physiological psychology

心の状態を記述するには2つの方法が考えられる。一つは心の状態を言葉により記述する方法，もう一つは心の状態を生理的状態により推定する方法である。生理心理学ではおもに後者により心の状態を推定する。生理心理学は身体の構造と機能を生理学，心のモデルを心理学に立脚し，心の構造・機能，その生成過程を生理的側面から解明することを目的としている。

建築学・都市計画学では，環境から受ける快適性やストレス状態を評価する，行動・心理状態と空間の選好性の関係性を検討することを研究の目的として，生理心理学的方法をとる場合がある。建築学では建築環境心理生理と呼称される研究領域の一部となっているが，方法論としては生理心理学，学問的枠組みとしては環境心理学に重なる点も多い。

研究で用いられる生理指標としては，中枢神経機能のための測定指標として脳血流量，脳波，事象関連電位が，自律神経機能応答として瞬目，瞳孔径，心電位，筋電位等が用いられる。内分泌による指標では発汗，唾液が用いられる。このような測定指標を用い，熱や湿度・光とものの見え方・音・におい，テクスチャー等の環境条件との対応関係について検討する研究が行われている。

以下は，茶室での茶事の一部（薄茶点前）を行った場合の心拍のR-R間隔と心拍間隔の変動係数（CV-RR）の事例である。亭主は茶を点てる所作を行うために，点前後にR-R間隔は短く，心拍数は増加している。CV-RRの示す心拍間隔の揺らぎは，その減少は交感神経機能の，増加は副交感神経機能優位な状態を示すと考えられている。亭主のCV-RRは点前中，交感神経機能優位な状態を示し，正客は点前中・点前後も副交感神経機能優位なリラックスした状態にあることがわかる。

図-1 点前の風景
（撮影：大國香織／所蔵：古賀誉章）

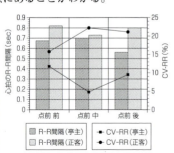

図-2 点前前・中・後における心拍の
R-R間隔・CV-RR

人間工学

ergonomics, human factor engineering

　人間工学とは，システムにおける人間と他の要素とのインタラクションを理解するための科学的学問であり，人間とシステムの総合的性能における最適化を図るため，理論・原則・データ・設計方法を有効活用する独立した専門領域である。

　人間工学は，20世紀初頭に，第1次・2次産業における生産性の向上，特に作業時の身体への負荷の軽減として，無駄のない動作や作業に対する人の適正を科学的に追求することから始まった。その後，機械技術の発達にともない，人間が作業や危機に対応するのではなく，作業や機器を人間に対応する必要性が高まった。

　さらに，現代においては第3次産業に関わる人々が増大し，コンピュータなどの導入などとも相まって，目の疲れやストレスなどへの対応が求められることとなった。ここでは，コンピュータなどの作業画面の適切な設計や大きな力を使わないが，継続して同じ姿勢をとるVDT作業（Visual Display Terminal）などの適正化についての研究が進められてきている。このように，作業効率のみではなく，作業の快適性についても研究が進められている。

　建築分野における建築人間工学は，人間とインテリア，建築空間，都市空間との関係を捉えるものであり，機械系の人間工学とは別の発展を遂げた。特に人間と空間の関係に着目し，身体寸法，動作寸法，機能寸法のように人と機器や家具の関係動作を含んだ寸法体系を明らかにする。加えて，人が空間をどのように評価しているかについて，視覚，聴覚，触覚，嗅覚などの生理面や認知などの心理面から捉える方法を示している。

　また，多様な利用者を考慮した設計を行うために，バリアフリー，ユニバーサルデザインの考え方を取り入れ，広い視点から建築，都市計画の基礎理論として用いられている。

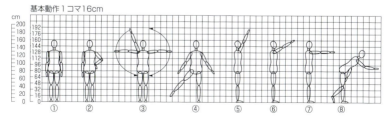

①直立（前面）／②手を腰にあてる動作／③手を水平から上下に動かす動作／④足を横に上げる動作／
⑤〜⑧手を自然に上にあげた姿勢から32cmずつ下にさげる動作

図-1 動作空間

27 図像学

iconography

美術史の研究方法の一つで、図像（icon）の意味を読み取り記述、解釈する学。図像解釈学（iconology）を含む。図像が意味する歴史的背景、奥底に込められた寓意的意味、思想、共同幻想など、図像作品をより深く解釈する学で、今日では記号学の一分野と考えることもできる。

歴史的には、ルネサンス時代に神像、肖像の表現の収集、象徴的、寓意的意味の解釈、体系化が行われた。その後キリスト教美術への関心の高まりにより宗教美術の図像解釈の方法論に進展、作品に描かれた寓意的、象徴的意味の解釈学へと発展した。

1970年代頃、図像解釈の方法論がもつ恣意性への疑問、作家の個性や作品の芸術価値そのものに対する配慮の欠如などの批判が出現した。

図像学が空間研究の関連分野の一つに位置するのは、広い意味で「文字ことば」に対する「形のことば」（図絵表現など）の解釈、認識と表現において意味をもつからである。

建築空間は基本的に図面、模型等の「形のことば」で考え表現される。曼荼羅がある種の世界像の象徴的表現であるように、建築・都市空間も住居から都市の理想像まで、スケッチや模型等で表現されてきた。ときには実現できないことを承知で空間イメージを端的に示す模型、ペーパー・アーキテクチャー等の「形のことば」で認識・表現される。

このような思考と表現の関係、認識方法と表記法のあり方にとって、図像学は興味深い解釈と方法論を示唆してくれる。

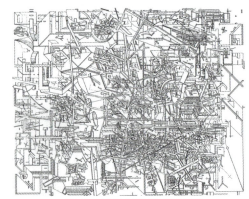

図-3 マイクロメガス（リベスキンド）

図-1 リラ修道院教会天井のイコン（上）
図-2 曼荼羅（下）（所蔵：福井 通）

認知科学

cognitive science

関連分野

27

　認知科学は，心理学，情報科学，言語学，脳神経科学，哲学，文化人類学といった諸領域が学際的に融合して心の働きを解明しようとする新しい科学である。それだけに，学問領域も広く，方法論や扱う対象が多岐にわたり，しかも常に変化していて，その実態を捉えるのは容易でない。そこで，日本認知科学会のホームページから，その中にある8つの研究分科会を見ることによって今日の姿を概観してみる。

　「知覚と行動モデリング」研究分科会は，従来の知覚に関する実験手法を重視しつつ，情報処理システム・脳システム全体のメカニズムを統合的に理解しようとしている。

　「学習と対話」研究分科会は，学習と言語理解に関わる研究を行っているが，その名称に「言語」ではなく「対話」という語を用いることで，対話の状況をも含めた言語理解の研究を行う意図が示されている。

　「教育環境のデザイン」研究分科会は，学習を個人の認知過程に重点をおくのではなく，社会的，文化的な文脈の中で捉えて，状況的，協同的，実践活動的な学習観に立って，新しい教育方法や教育システムのデザインの方向性を模索している。

　「身体・システム・文化」研究分科会は，文字通り身体の多様なスキルの発達や変化のメカニズムの解明を目指している点で，生態心理学に近いアプローチと言える。

　「文学と認知・コンピュータ」研究分科会は，人工知能方法論の文学領域への拡張などによって，既存の文学研究や領域の分け方にとらわれない文学作品の実験や実作の新しい可能性を開拓しようとしている。

　「芸術と情動」研究分科会は，芸術という人間の高次な精神活動の産物を神経科学，行動学などの手法で分析し，さまざまな側面からその解明を目指している。

　「間合い—時空間インタラクション」研究分科会は，適切な間合いをつくり出すことが求められる，対戦型のスポーツやコミュニケーション，舞台演技，楽器演奏，介護・看護の場などにおいて，そこで働く暗黙的な知性について探究している。

　「デザイン・構成・創造」研究分科会は，デザイン，構成，創造について，多角的な議論を積み重ねて，人間の深い理解を踏まえて未来社会のデザインに貢献する契機としようとしている。

　以上，認知科学で扱われる野心的で魅力的な取組みの一端を概観したが，特に最後の2研究会は建築デザインとの関わりが深く，その研究動向は注目に値する。

27 生態学

関連分野

ecology

　生態学とは，生物と環境の関係についての科学であり，19世紀ドイツの生物学者エルンスト・ヘッケルによってギリシャ語のオイコスから「エコロジー」と命名された。

　生物の仕組みについて知る場合，大きく分けて2つの見方がある。一つは個体自体の機能や構造を分析的に進めるもの，もう一つは生物と生物の関係を知ることで，それぞれの生物の存在の意味を探るものである。三島次郎は簡単な例として，トマトがなぜ赤いかの質問を挙げている。赤い理由を表皮のカロチノイド化合物によるものと捉えるのが前者の立場であり，赤いことで鳥等の動物の目につきやすく食べられる機会が多くなり，結果として種子をより遠方に広く散布する可能性が高まるからというのが後者の立場である。これは，生物の仕組みとしてどちらも正しく理解できるが，後者の場合には環境との関係から，赤くなければならない理由を説明している。このように，生物の個体レベル以下の理解では把握できない環境の中での存在理由を生態学では扱い，生物の様態や行動についての理解を深めていく。

　生態学には多くの分野があり，自然分類による植物生態学や動物生態学，生物の生息場所による森林生態学や海洋生態学，さらには生物の集合のレベルによる個体生態学，個体群生態学，群衆生態学といったものがある。これら複数の生態学の基本には，異なる種を同じ物理環境においたとしても主体の数だけ環境が異なるという点がある。人間，犬，鳥それぞれで環境の認識は異なる。J.J.ギブソンを祖とする生態心理学では，生物と環境の固有の組合せとしてのアフォーダンスが定義される。

　生物と環境の関係については，作用，反作用，相互作用の3つがある。外界から生物への働きかけを作用と呼び，熱や光は代表的なものである。逆に生物側から外界への働きかけを反作用と呼び，通常は呼吸による二酸化炭素のように微小なものであるが，工業の力をもつ人間は生物活動を超えて大きな反作用の力をもっている。さらに生物間の関係を相互作用といい，雌雄関係や被食と捕食の関係，群衆内の人間相互の位置の取り方や体の変形といったものにみられる。これら，作用，反作用，相互作用のバランスの上に生態系は維持されている。

　建築は，人間が自ら環境を更新する行為であり，最も大きな反作用の一つと考えられる。その結果，影響を受ける外界について物理的環境だけではなく，生物的環境への理解が必要である。

記号論

semiotics

関連分野

27

「記号論」とは，「……は――を意味する」とか「……は――を表す」といった「記号現象」(semiosis) の仕組みを解明する理論である。

記号論はヘレニズム時代の医学に起源をもち，西欧文明に根強い伝統を有する。古代のプラトンやアリストテレスの記号論，中世の実在論と唯名論の論争，近代の普遍記号論と経験主義の記号論などの膨大な蓄積がある。それらを背景に，19世紀末から20世紀初頭に，アメリカの哲学者パース（C.S.Peirce）とスイスの言語学者ソシュール（F.de Saussure）が新たな記号モデルを提示し，現代記号論の基礎を築いたのである。

パースによると，「記号」は，ある観点もしくはある能力において，誰かに対して何か（＝「対象」）の代わりとなり，その人の心の中に同等の記号，あるいはより発展した記号である「解釈項」を創り出す。解釈項も記号であるから，それが新たな解釈項を生成するように，この定義には無限の記号過程が含まれている。

ソシュールは，「記号表現」と「記号内容」とを同時にもつ二重の存在を「記号」とみなす。すべての記号は密接に関連し合って「体系」を形成しており，個々の記号の「価値」は関係の網目から生じ，記号の「意味」は価値からもたらされる。

バルト（R.Barthes）は，「記号」を「表現」，「内容」，両者の「関係」からなる体系として定義し，表現と内容を組み合わせた第一の体系が第二の体系の表現になる場合，第一の体系をデノテーション，第二の体系をコノテーションと呼び，詩的な記号現象の仕組みに言及している。

建築記号論は，1950年代以降，近代建築による空間の均質化・環境の意味の喪失という深刻な問題に直面する世界の各地で展開されてきた。例えばドライヤー（C.Dreyer）は，建築的記号の素材（要素・関係・構造），プログラム（建設・機能・形態），評価・解釈（経済・使用・イデオロギー）を解読している。また，エーコ（U.Eco）は，建築的記号を慣習的コードに基づいて可能な機能（物理的・象徴的機能を含む）のタイプを伝達する"もの"と"空間"のシステムとして定式化している。

以上の記号現象には，記号相互の関係を扱う「構文論的」(syntactic) 次元，記号と対象の関係を扱う「意味論的」(semantic) 次元，記号と対象と解釈項との関係を扱う「実用論的」(pragmatic) 次元がある。建築記号論についても，形態・空間，機能・意味，システム・プロセス・主体などの記号現象の次元に応じて多様な展開が可能である。

27 情報理論

関連分野

information theory

情報が物質，エネルギーとともに万物を構成する三要素であることが認識されるようになったのは，人類の歴史から見れば最近のことである。

情報はエネルギーと同様に目に見える存在ではない。しかし，その存在が認識されるとまず考えるのが，量としてどのように測ることができるかという問題である。

1本の回線でどれくらいの情報を送れるかなど，実用上の必要性から，通信工学の分野で通信理論の体系化が行われてきた。しかし，この理論の応用は行動科学，心理学などおもに人間を対象とする広い分野でも行われてきた。

広く応用されたのは，通信理論の一部，情報量の定義（情報の計量化）である。1948年C.E.シャノンによって基礎的体系化がなされた通信理論における情報は，意味や価値から切り離された客観的に数量化できる量であり，情報源を確率論的モデルとして，エントロピー関数を定義したところに特徴がある。

シャノンの定義した情報量は，事象の集合 $|A_1, A_2, \cdots, A_n|$ における各事象の出現確率が $p_1, p_2 \cdots, p_n$ であるような情報源

$$X = \begin{pmatrix} A_1, & A_2, & \cdots A_N \\ p_1, & p_2, & \cdots p_N \end{pmatrix}$$

は平均情報量は

$$H(X) = -\sum_{i=1}^{N} p_1 \log p_1$$

で $H(X)$ をエントロピーという。対数の底は何であってもよいが，一般的には2とするが，この情報量の単位をビット（bit：2進法 Binary digit の略）という。

出現確率が等しい2つの事象の平均情報量は $N=2$, $p_1=p_2=0.5$ で $H(X)=1$ ビットとなり，$p_1 \neq p_2$ のとき $H(X)<1$ となる。すなわち，エントロピーは各事象の出現確率が等しいとき最大値 $H(X)\max = \log N$ となる。

$H(X)\max$ は事象の数が増加するにしたがって大きくなる。事象数の影響を取り除いた情報量を相対情報量（相対エントロピー）と呼び，平均情報量 $H(X)$ と $H(X)\max$ との比

$$Hr = \frac{H(X)}{H(X)\max}$$

で定義し，この補数 $R=1-Hr$ を冗長度（redundancy）という。冗長度が0であるとは，各事象の出現確率が等しく，次に何が出現するか予測がつかない場合であり，冗長度が1とは，次に起こることが100%予測できることである。このような極端な場合だけではなく，一般的に電報文の冗長度は小さく，小説は多いといわれている。これは虫食い文で確認することができる。数文字欠けた電報文は判読困難であるが，小説は飛ばし読みが可能である。

フラクタル理論

fractal theory

フラクタル理論は幾何学の概念で，部分と全体が自己相似になっている図形を扱うための理論であり，フランスの物理学者B.マンデルブロによって提唱された。

彼の問題意識は，自然界に存在する海岸線，植物，結晶，貝の模様といった，複雑で何重にも入り組んだ形やパターン，換言すると，その周囲の長さが理論上無限大となるような形状がどのように特徴づけられるかにあった。そのために，「フラクタル次元」と呼ばれる尺度が提案された。それらの例として，ハウスドルフ次元，ボックス次元，相関次元などが提案されている。一般に次元は整数値で与えられるが，フラクタル次元の場合は，実数値をとる。フラクタル次元の考え方は，図形が存在する空間の基本的な次元（一，二，三次元）に対して，その図形を再帰的に生成することによって得られた図形が，元の空間をどれだけ充填できるのかを指標化したものである。例えば二次元の平面において，正方形のフラクタル次元は2だが，フラクタル図形の一種であるシルピンスキーのギャスケットの場合は約1.6となり，2よりも小さくなる。

フラクタル図形は，基本となる図形を再帰的に同じ手続きで変形させることで生成できる。その例として図-1にコッホ曲線を示す。コッホ曲線はスウェーデンの数学者ヘルゲ・フォン・コッホが考案したもので，線分を3等分し，中間の部分を正三角形ができるよう持ち上げ，線分を細分化することを繰り返すことで生成できる。コッホ曲線のフラクタル次元は約1.3である。

建築・都市計画分野では，景観の複雑さの分析や，形態生成手法としてのフラクタル理論の活用が研究されている。

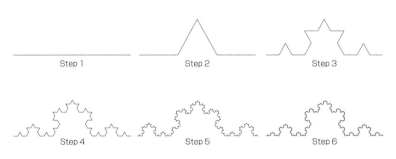

図-1 コッホ曲線

ファジィ理論

fuzzy theory

ファジィ理論は，曖昧な概念を取り扱うために，1965年にL.A.ザデーによって導入された。ファジィ理論の想定する曖昧さは，ある命題が複数の意味を取り得るという多義的な意味での曖昧さではなく，命題が成立する境界がぼやけているという意味での曖昧さである。

ファジィ理論を説明するために，その基本であるファジィ集合について説明する。ファジィ集合は，曖昧な集まりを従来の集合のように定量的に扱うために提案された。例えば「広いリビング」の集合を床面積で定義する場合，通常の集合ではその境界が曖昧なため定義することができない。そのため「16畳以上」といったようなはっきりとした閾値を設けて定義する。一方，ファジィ集合では，その値がどれだけその事象を満たしうるのかを［0,1］の実数値をとる帰属度として表現し，メンバシップ関数として各値とその帰属度を結びつける。帰属度は主観的，もしくはアンケート結果を利用することが多い。以上を図化したものを図-1に示す。先に述べた従来の集合はファジィ集合の特別な例と考えることができ，「クリスプ集合」と呼ぶことがある。メンバシップ関数を通じて，ファジィ集合でも通常の集合のような各種の集合演算を行うことができる。すなわち，和集合，共通集合，補集合，対等関係，包含関係といった演算が定義されている。

ファジィ理論出現以前は，曖昧なものを定量的に取り扱うために確率論が利用されていた。しかし，これら二つの概念，すなわちファジィ性とランダム性は大きく異なっている。例えば，先の「広いリビング」の「広い」という概念はファジィ性を有するが，「サイコロの1の目が出る確率は1/6である」というときの「1の目が出る」という事象にはファジィ性は存在せず，出現のしかたにランダム性がある。

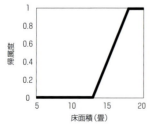 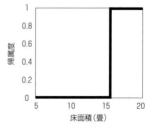

図-1 床面積からみた「広いリビング」のファジィ集合(左)とクリスプ集合(右)

ソフトコンピューティング

soft computing

ファジィ（曖昧さを許容する），ニューラルネットワーク（脳の構造を模したアルゴリズム），遺伝的アルゴリズム（遺伝子の振る舞いを模したアルゴリズム）などの手法による問題解決の総称を，ソフトコンピューティングという。これらは，従来の手法では解決できない問題を解くために登場し，おもに構造系で成果を上げているが，計画系でも最適解探索などの場面で成果を収めている。

ここでは，最適解探索と遺伝的アルゴリズム（GA）を用いたシステムをもとに，解説を行う。

従来の最適配置手法では，それを構成する要素数・条件の増加に伴い計算量が膨大となるため，現実の計画においては，利用することが困難であった。しかし今回紹介するシステムでは，GAを用いることで，設計者の意図する人間流動を反映した建築平面を効率的に求めることを可能としている。

GAの特徴として，最適値に必ず至るということが数学的に保証されているわけではなく，徐々に最適値に近づくという点である。また，実際のアルゴリズムは，遺伝の振る舞いを模して，評価値の算定，自然淘汰，一様交叉，突然変異を，設定した世代数か収束状態になるまで繰り返すというものである。

具体的なシステムの流れは，まず利用者が初期平面と期待する評価値を入力する。次に初期平面から多数派生した平面の評価値を算定し，期待する評価値と比較し自然淘汰を行う。自然淘汰により残った平面に一様交叉を施し，また突然変異を行うことにより，局所解へ陥ることを防ぐ操作を行う。この手順を数世代繰り返し，従来の手法より効率的に最適平面を探索することが可能となる。

初期設定として平面図と期待する評価値を入力したあと，平面図を派生しながらそれを評価し最適解へと近づいていく。

図-1（GAを用いた）プラン創出システム

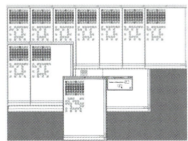

GAによって，初期の平面図から次々と平面図が派生し，最終的には期待する評価値に近い平面図が見つかる。

図-2 最適プランの創出

ネットワーク理論

network theory

ネットワーク理論は，グラフ理論を基盤としたネットワークの数学モデルに関する理論である。いくつかの頂点とそれらを結ぶ辺の集合からなる図形を「グラフ」という。最短経路探索は，この分野から生まれた代表的なアルゴリズムである。ネットワーク理論では，グラフ理論の成果を基盤として，グラフを具体的な対象に当てはめて，対象の性質を把握・制御しようとする。

例えば，グラフを水道管や道路網などの移動体が流れるネットワークに当てはめ，その最適な流し方などを研究するネットワークフロー分析がある。ネットワークフローは避難計画のモデルとしても研究されている。

また，グラフをインターネットサイトのリンクや人間関係など，社会的つながりのある対象に当てはめて分析する分野は「ネットワーク分析」と呼ばれている。例えば，ネットワークの中心的なノードを探す中心性の考え方がある。有名な指標としてPageRankがあり，それとほぼ同値な固有ベクトル中心性は，当該ノードに隣接するノードの中心性を加味した中心性の指標である。また，ネットワーク構造の分析手法として，ネットワークがどれだけ密なサブグループに分けられるかを調べるコミュニティ分析などの方法があり，モジュラリティなどの指標が提案されている。ネットワーク分析は，空間構造の分析手法として有名なスペース・シンタクスとも関連する。

図-1は，学生寮住人の交友関係を可視化したものであるが，ネットワークの可視化も重要な研究開発分野である。

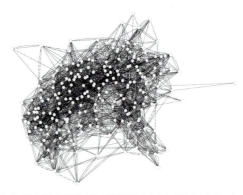

図-1 オーストラリア国立大学の学生寮住人の交友関係ネットワーク

コンピュテーショナル・デザイン

computational design

　1950年代からアメリカのMITやIBMによってCAD（Computer Aided Design）原型が図面の電子化・機械化の方法として研究されてきた。CADやCGは，図面などの電子化・機械化に使用されている。コンピュテーショナル・デザインとは従前，人間の手によって行われてきた作業をコンピュータに置き換える，あるいは助けてもらうことと一線を画しており，設計行為そのもの，あるいはその一部をコンピュータによって実施・実現する設計手法として位置づけられる。高性能なコンピュータが従来よりも安価に入手できるようになり，デザイン行為の中でコンピュータならびに情報コミュニケーション技術の利用・活用が容易になった。コンピュテーショナル・デザインは，デザインの意思決定や発想支援の場面においてコンピュータ・シミュレーション技術など利用したデザイン行為の総称として位置づけられる。アルゴリズミック・デザインはそのサブセットである。近年，ビジュアル・プログラミングの普及，3DCGソフトウェアのプラグインの豊富化により，独自にプログラミング等を行わずにすみ，それらに精通していないデザイナーやアーティストでも手軽にコンピュテーショナル・デザインに取り組むことができるようになった。

　この分野は国内外で急速に普及しつつあるがまだ萌芽期にあり，実際に実施された事例は多くない。その中でも，NBF大崎ビルでは，その外構計画において植生の配置を里山のような自然の風景を生成するため，植えられる樹木など植物の根の支配領域や，敷地における風や日照，他植物との近接などの環境条件を生育条件として，自然界における成長と淘汰のプロセスを時間軸に沿ってコンピュータ・シミュレーションで再現した結果を用いて，ランドスケープとしてより自然な植生状況を作り出すことを実現した。

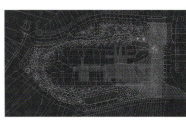

ベースマップ

30年後のシミュレーション結果

図-1 NBF大崎ビル（旧ソニーシティ大崎）ランドスケープ計画「種まきプログラム」／アンズスタジオ

［参考文献］

1. 知 覚

藤永保・梅本堯夫・大山正編『新版心理学事典』平凡社，1981

外林大作・辻正三・島津一夫・能見義博『誠信心理学辞典』誠信書房，1982

東洋・大山正・詫摩武俊・藤永保編『有斐閣ブックス 心理用語の基礎知識』有斐閣，1978

乾敏郎編『認知心理学1 知覚と運動』東京大学出版会，1995

金子隆芳・台利夫・穐山貞登編著『多項目心理学辞典』教育出版，1991

U.ナイサー，別冊サイエンス「特集・視覚の心理学，イメージの世界—ものを見るしくみ」日本経済新聞社，1975

大山正・今井省吾・和気典二編『新編 感覚・知覚心理学ハンドブック』誠信書房，1994

樋口忠彦『景観の構造』技報堂出版，1975

W.H.イッテルソン，H.M.プロシャンスキー他，望月衛・宇津木保訳『環境心理の基礎』彰国社，1977

空間認知の発達研究会編『空間に生きる—空間認知の発達的研究』北大路書房，1995

P.ギョーム，八木冕訳『P.ギョームのゲシタルト心理学』岩波書店，1952

高橋研究室編『かたちのデータファイル—デザインにおける発想の道具箱』彰国社，1984

W.メッツガー，盛永四郎訳『視覚の法則』岩波書店，1968

K.リンチ，丹下健三・富田玲子訳『都市のイメージ』岩波書店，1968

U.ナイサー，古崎敬・村瀬旻訳『認知の構図—人間は現実をどのようにとらえるか』サイエンス社，1978

芦原義信『外部空間の構成』彰国社，1962

芦原義信『外部空間の設計』彰国社，1975

芦原義信『街並みの美学』岩波書店，1979

芦原義信『続・街並みの美学』岩波書店，1983

W.ミッチェル，長倉威彦訳『建築の形態言語』鹿島出版会，1991

菊竹清訓『建築のこころ』井上書院，1973

工藤国雄『講座—ルイス・カーン』明現社，1981

前田忠直『ルイス・カーン研究』鹿島出版会，1994

数理科学「特集・実験計画」ダイヤモンド社，1973・11

H.M.プロシャンスキー・W.H.イッテルソン・L.G.リブリン，望月衛・宇津木保訳『環境心理学2 基本的心理過程と環境』誠信書房，1976

黒田正巳『空間を描く遠近法』彰国社，1992

J.ギブソン『生態学的視覚論』サイエンス社，1985

2. 感 覚

R.ソマー，穐山貞登訳『人間の空間—デザインの行動的研究』鹿島出版会，1972

中島義明・大野隆造編『人間行動学講座3 すまう—住行動の心理学』朝倉書店，1996

E.T.ホール，日高敏隆・佐藤信行訳『かくれた次元』みすず書房，1970

戸沼幸市『人間尺度論』彰国社，1978

J.Panero・M.Zelnic，清家清とデザインシステム訳『インテリアスペース—人体計測によるアプローチ』オーム社，1984

岡田光正・高橋鷹志『新建築学大系13 建築規模論』彰国社，1988

芦原義信『外部空間の設計』彰国社，1975

C.ジッテ，大石敏雄訳『広場の造形』鹿島出版会，1983

彰国社編『外部空間のディテール1—計画手法を探る』彰国社，1976

岡田光正・吉田勝行・柏原士郎・辻正矩『建築と都市の人間工学—空間と行動のしくみ』鹿島出版会，1977

大野隆造・茶谷正洋「テクスチャの視覚に関する研究（その13・素材感の構造）」日本建築学会大会学術講演梗概集，1977

穐山貞登『質感の行動科学』彰国社，1988

谷崎潤一郎『陰翳礼讃』中央公論社，1975

赤祖父哲二編『英語イメージ辞典』三省堂，1986

I. Altman：The Environment and Social Behavior, Brooks／Cole, 1975

高橋鷹志・長澤泰・西出和彦『シリーズ＜人間と建築＞1 環境と空間』朝倉書店，1997

日本建築学会編『人間環境学』朝倉書店，1998

空間認知の発達研究会編『空間に生きる─空間認知の発達的研究』北大路書房，1995

茶谷正洋編『住まいの「建築学」』彰国社，1996

栗本慎一郎『光の都市 闇の都市』青土社，1982

福井通『ポスト・モダンの都市空間』日本建築事務所出版部，1989

W.シヴェルブシュ，小川さくえ訳『闇をひらく光』法政大学出版局，1988

高階秀爾編『日本の美学26 光・影と闇へのドラマ』ぺりかん社，1997

Florence Nightingale, 湯槇ます他訳『看護覚え書き（改訳第7版）』現代社，2011

キャロル・ヴァノリア，石田章一監訳『呼吸する環境』人間と歴史社，1999

武田尚子・文貞實『温泉リゾート・スタディーズ』青弓社，2010

面出薫『建築照明の作法』TOTO出版，2015

日経サイエンス編集部編『別冊日経サイエンス　こころと脳のサイエンス 03』日経サイエンス社，2011

エドワード・J・ブレークリー，メーリー・ゲイル・スナイダー，竹井隆人訳『ゲーテッド・コミュニティ─米国の要塞都市─』集文社，2004

フランシス L.K.シュー，作田啓一・浜口恵俊訳『比較文明社会論　クラン・カスト・クラブ・家元』培風館，1971

ジョン・F・ロス，佐光紀子訳『リスクセンス─身の回りの危険にどう対処するか─』集英社，2001

五十嵐太郎『過防備都市』中央公論新社，2004

鈴木康弘『防犯・防災・警備用語事典』明石書店，2014

三冬社編集部『東日本大震災保存版 災害と防災・防犯統計データ集2014』三冬社，2013

小宮信夫『犯罪は予測できる』新潮社，2013

3. 意 識

フロイト，高橋義孝・下坂幸三訳『精神分析入門（上）（下）』新潮社，1977

C.G.ユング，高橋義孝訳『無意識の心理』人文書院，1977

日本認知科学会編，苧阪直行編著『意識の認知科学─心の神経基盤』共立出版，2000

Marvin Minsky, 竹林洋一訳『ミンスキー博士の脳の探検─常識・感情・自己とは─』共立出版，2009

K.リンチ，丹下建三・富田玲子訳『都市のイメージ（新装版）』岩波書店，2007

M.アルヴァックス，小関藤一郎訳『集合的記憶』行路社，1989

M.クルーガー，下野隆生訳『人工現実─インタラクティブ・メディアの展開─』トッパン，1991

木田元『現象学』岩波書店，1970

メルロ・ポンティ，竹内芳郎・小木貞孝訳『知覚の現象学 I』みすず書房，1967

M.ハイデガー，細谷貞雄他訳『存在と時間（上）』理想社，1963

C.S.パース，米盛裕二編訳『パース著作集1　現象学』勁草書房，1985

日本建築学会編『人間─環境系のデザイン』彰国社，1997

C.N.シュルツ，川向正人訳『住まいのコンセプト』鹿島出版会，1988

増田友也『建築的空間の原始的構造─Aruntaの儀場とTodasの建築との建築学的研究』ナカニシヤ出版，1978

米盛裕二『パースの記号学』勁草書房，1981

S.K.ランガー，矢野萬里他訳『シンボルの哲学』岩波書店，1960

E.カッシーラー，宮城音弥訳『人間』岩波書店，1960

T.A.シービオク，池上嘉彦編訳『自然と文化の記号論』勁草書房，1985

C.G.ユング，河合隼雄訳『人間と象徴─無意識の世界─（上）（下）』河出書房新社，1975

内田種臣編訳『パース著作集2 記号学』勁草書房，1986

C.Hartshorne，P.Weiss（eds.）：Collected Papers of Charles Sanders Peirce，Vol.1，Vol.2，The Belknap Press of Harvard University，1978

F.deソシュール，小林英夫訳『一般言語学講義』岩波書店，1972

G.R.Blomeyer，R.M.Helmholtz：Semiotic in Architecture - A Classifying Analysis of an Architectural Object，Semiosis 1，Agis-Verlag，1976

4．イメージ・記憶

K.ボールディング，大川信明訳『ザ・イメージ』誠信書房，1962

K.リンチ，丹下健三・富田玲子訳『都市のイメージ』岩波書店，1968

A.Rapoport：COMPLEXITY AND THE AMBIGUITY IN ENVIRONMENTAL DESIGN，AIP JOURNAL，1967・7

藤永保・梅本堯夫・大山正編『新版心理学事典』平凡社，1981

D.カンター，宮田紀元・内田茂訳『場所の心理学』彰国社，1982

上田篤『空間の演出力』筑摩書房，1985

鈴木信弘・志水英樹・山口満・杉本正美「アプローチ空間における歩行体験に関する研究」日本建築学会計画系論文報告集 No.486，1996

志水英樹『街のイメージ構造』技報堂出版，1979

5．空間の意味

日本建築学会『建築・都市計画のための調査・分析方法（改訂版）』井上書院，2012

芦原義信『外部空間の構成』彰国社，1962

都市デザイン研究体『日本の都市空間』彰国社，1968

積田洋「都市空間の構成と意識構造の相関に関する研究」東京大学学位論文，1994

船越徹・積田洋『建築・都市計画のための空間の文法』彰国社，2011

日本建築学会・建築計画研究協議会『空間の研究について』日本建築学会建築計画委員会，1983

C.N.シュルツ，加藤邦男訳『実存・空間・建築』鹿島出版会，1973

K.リンチ，丹下健三・富田玲子訳『都市のイメージ』岩波書店，1968

J.V.ユクスキュル，日高敏隆・野田保之訳『生物から見た世界』思索社，1980

E.T.ホール，日高敏隆・佐藤信行訳『かくれた次元』みすず書房，1970

多木浩二『生きられた家』田畑書店，1976

M.ヤンマー，高橋毅・大槻義彦訳『空間の概念』講談社，1980

O.F.ボルノウ，大塚恵一・池川健司・中村浩平訳『人間と空間』せりか書房，1978

中埜肇『空間と人間』中央公論社，1989

清水達雄『空間と時間』彰国社，1975

I.ヒンクフス，村上陽一郎・熊倉功二訳『時間と空間の哲学』紀伊國屋書店，1979

6．空間の認知・評価

U.ナイサー，古崎敬・村瀬旻訳『認知の構図—人間は現実をどのようにとらえるか』サイエンス社，1978

空間認知の発達研究会編『空間に生きる—空間認知の発達的研究』北大路書房，1995

J.ラング，高橋鷹志監訳，今井ゆりか訳『建築理論の創造—環境デザインにおける行動科学の役割』鹿島出版会，1992

小林秀樹『集住のなわばり学』彰国社，1992

藤永保・梅本勇夫・大山正編『新版心理学事典』平凡社，1981

日本建築学会編『建築・都市計画のための空間学』井上書院，1990

P.シール：People，paths and purposes：notation for a participatory envirotecture，University of Washington Press，1997

日本建築学会『人間環境学 よりよい環境デザインへ』朝倉書店，1998

O.F.ボルノウ，大塚恵一・池川健司・中村浩平訳『人間と空間』せりか書房，1978

井上充夫『建築美論のあゆみ』鹿島出版会，1991

Zimring.C.M., & Reizenstein.J.E：Post-occupancy evaluation: An overview. Environment and Behavior, 12.1980

日本建築学会編『よりよい環境創造のための環境心理調査手法入門』技報堂出版, 2000

高橋正樹「住宅の室内環境評価法─POEM-H─」日本生理人類学会誌 Vol.6 No.3, 2001・8

大井尚行・宗方淳「居住後評価システム「POEM-H」の試行・その1 ─総合的な居住環境評価における，照明視環境要因の位置づけ─」照明学会全国大会講演論文集 28・3, 1995

7．空間行動

乾正雄・長田泰公・渡辺仁史・穐山貞登『新建築学大系11　環境心理』彰国社, 1982

日本建築学会編『建築・都市計画のための調査・分析方法（改訂版）』井上書院, 2012

長山泰久・矢守一彦編『応用心理学講座6　空間移動の心理学』福村出版, 1992

K.リンチ，丹下健三・富田玲子訳『都市のイメージ』岩波書店, 1968

舟橋國男「WAYFUINDINGを中心とする建築・都市空間の環境行動論的研究」大阪大学学位論文, 1990

日本建築学会編『建築・都市計画のためのモデル分析の手法』井上書院, 1992

高柳英明・佐野友紀・渡辺仁史「群集交差流動における歩行領域確保に関する研究─歩行領域モデルを用いた解析」日本建築学会計画系論文集 No.549, 2001

佐野友紀・高柳英明・渡辺仁史「空間─時間系モデルを用いた歩行者空間の混雑評価」日本建築学会計画系論文集 No.555, 2002

中祐一郎「鉄道駅における旅客の交錯流動に関する研究」鉄道技術研究報告 No.1079, 1978

John.J.Fruin，長島正充訳『歩行者の空間』鹿島出版会, 1974

岡田光正他『空間デザインの原点』鹿島出版会, 1993

日本建築学会編『人間環境学』朝倉書店, 1998

清水忠男『行動・文化とデザイン』鹿島出版会, 1991

林田和人・高瀬大樹・木瀬貴晶・渡辺俊・渡辺仁史「「国際花と緑の博覧会」における観客行動に関する研究（その1）─観客回遊パターンについて─」日本建築学会大会学術講演梗概集E-1分冊, 1991

林田和人・山口有次・佐野友紀・中村良三・渡辺仁史「回遊空間における最短経路歩行について」日本建築学会大会学術講演梗概集E-1分冊, 1997

仲山和利・仙田満・矢田努「回遊式庭園の利用と空間に関する研究」日本建築学会大会学術講演梗概集F-1分冊, 1998

徐華・松下聡・西出和彦「経路選択の要因の分析　回遊空間における経路選択並びに空間認知に関するシミュレーション実験的研究（その1）」日本建築学会計画系論文集 No.534, 2000

室崎益輝『建築防災・安全』鹿島出版会, 1993

海老原学他「オブジェクト指向に基づく避難・介助行動シミュレーションモデル」日本建築学会計画系論文集 No.467, 1995

ナイジェル・ギルバート，クラウス・G.トロイチュ，井庭崇・高部陽平・岩村拓哉訳『社会シミュレーションの技法』日本評論社, 2003

財団法人交通エコロジー・モビリティ財団編「アメニティターミナルにおける旅客案内サインの研究─平成9年度報告書 資料集」1997

田中直人・岩田三千子『サイン環境のユニバーサルデザイン』学芸出版社, 1999

佐々木正人『アフォーダンス─新しい認知の理論』岩波書店, 1994

J.ラング，高橋鷹志監訳，今井ゆりか訳『建築理論の創造─環境デザインにおける行動科学の役割』鹿島出版会, 1992

Bell, P.A.et al: Environment Psychology Third Edition, Harcourt Brace Jovanovich College Publishers, 1990

8．空間の単位・次元・比率

岡田光正他『現代建築学 建築計画1』鹿島出版会, 1987

岡田光正『建築人間工学 空間デザインの原点』理工学社，1993

日本建築学会編『第2版 コンパクト建築設計資料集成』丸善，1994

日本建築学会編『コンパクト建築設計資料集成［インテリア］』丸善，2011

大山正・今井省吾・和気典二編『新編 感覚・知覚心理学ハンドブック』誠信書房，1994

チャールズ&レイ・イームズ「Powers of Ten」1977

9．空間の記述・表現

日本建築学会編『建築・都市計画のためのモデル分析の手法』井上書院，1992

日本建築学会編『建築・都市計画のための調査・分析方法（改訂版）』井上書院，2012

木村謙・佐野友紀他「マルチエージェントモデルによる群集歩行性状の表現 ： 歩行者シミュレーションシステムSimTreadの構築」日本建築学会計画系論文集 No.636，2009

城明秀・池畠由華・佐野友紀「廊下の滞留が居室単一開口部の流動量に与える影響：一開口部の群集流動量に関する実大実験およびシミュレーション分析 その1—」日本建築学会計画系論文集 No.696，2014

廣瀬通孝『バーチャル・リアリティ』産業図書，1993

廣瀬通孝『バーチャル・リアリティ応用戦略』オーム社，1992

舘日章，廣瀬通孝『バーチャル・テック・ラボ』工業調査会，1992

ロラン・バルト，蓮實重彦・杉本紀子訳『映像の修辞学』朝日出版社，1980

建築雑誌「特集・映画と建築」日本建築学会，1995・1

ジョージ・アレック・エフィンジャー『重力が衰えるとき』早川書房，1989

ニール・スティーブンスン『スノウ・クラッシュ』アスキー，1998

ウィリアム・J.ミッチェル『シティ・オブ・ビット—情報革命は都市・建築をどうかえるか』彰国社，1996

ウィリアム・J. ミッチェル『サイボーグ化する私とネットワーク化する世界』NTT出版，2006

三淵啓自『セカンドライフの歩き方』アスキー，2007

山梨知彦『業界が一変する BIM建設革命』日本実業出版社，2009

家入龍太『よくわかる最新BIMの基本と仕組み』秀和システム，2012

IFMA, Paul Teicholz, editor：BIM for FACILITY MANAGERS, IFMA Foundation, 2013

国土交通省『官庁営繕工事におけるBIMモデルの作成及び利用に関するガイドライン』2014

日本ファシリティマネジメント協会『ファシリティマネジャーのためのBIM活用ガイドブック』2015

日本建築学会編『アルゴリズミック・デザイン』鹿島出版会，2009

コスタス・テルジディス，田中浩也監訳，荒岡紀子・重村珠穂・松川昌平訳『アルゴリズミック・アーキテクチュア』彰国社，2010

渡辺誠『アルゴリズミック・デザイン実行系 建築・都市設計の方法と理論』丸善出版，2012

Stiny, G., Gips, J.：Shape Grammars and the Generative Specification of Painting and Sculpture, Information Processing 71, 1972

Mitchell, W.：The Logic of Architecture：Design, Computation, and Cognition, The M.I.T. Press, 1990

Okabe, A., Takenaka, T., Wojtowicz, J.：Beyond Surface, Critical digital, 2008

C.アレグザンダー，平田翰那訳『パタン・ランゲージ—環境設計の手引—』鹿島出版会，1984

磯崎新『建築の解体』美術出版社，1975

長山泰久・矢守一彦編『応用心理学講座6 空間移動の心理学』福村出版，1992

渡辺定夫・曽根幸一・岩崎駿介・若林時郎・北原理雄『新建築学大系17 都市設計』彰国社，1983

都市デザイン研究体『日本の都市空間』彰国社，1968

建築文化「特集・街路〈ストリート・セミオロジー〉」彰国社，1975・2

日本建築学会『空間体験—世界の建築・都市デザイン』井上書院，2000

黒田正巳『空間を描く遠近法』彰国社，1992

辻茂『遠近法の発見』現代企画室，1996
辻茂『遠近法の誕生』朝日新聞社，1995
厳網林『GISの原理と応用』日科技連，2003
マーク・モンモニア，渡辺潤訳『地図は嘘つきである』晶文社，1995
杉浦康平他『時間のヒダ，空間のシワ…［時間地図］の試み』鹿島出版会，2014
村山裕司・柴崎亮介編『シリーズGIS第1巻　GISの理論』朝倉書店，2008
ジェフリー・スター，ジョン・エステス，岡部篤行・貞広幸雄・今井修訳『入門地理情報
　　システム』共立出版，1992
土屋和男「都市デザインにおけるダイアグラムに関する言論的考察　都市史上の例を用いて」
　　日本建築学会大会学術講演梗概集，1996

10．空間図式
I.カント，篠田英雄訳『純粋理性批判』岩波書店，1962
C.N.シュルツ，加藤邦男訳『実存・空間・建築』鹿島出版会，1973
R.M.ダウンズ，D.ステア共編，吉武泰水監訳『環境の空間的イメージ―イメージマップと
　　空間認識―』鹿島出版会，1976
フランシス・D.K.チン，太田邦夫他訳『インテリアの空間と要素をデザインする』彰国社，
　　1994
フランシス・D.K.チン，太田邦夫訳『建築のかたちと空間をデザインする』彰国社，1987
K.リンチ，丹下健三・富田玲子訳『都市のイメージ』岩波書店，1968
P.シール，船津孝行訳編『環境心理学6　環境研究の方法』誠信書房，1975
C.アレグザンダー，稲葉武司訳『形の合成に関するノート』鹿島出版会，1978
C.アレグザンダー，押野見邦英訳「都市はツリーではない」『別冊國文学　知の最前線・テ
　　クストとしての都市』學燈社，1974
U.ナイサー，古先敬・村瀬旻訳『認知の構図―人間は現実をどのようにとらえるか』サイ
　　エンス社，1978
石毛直道編『環境と文化―人類学的考察』「北ハルマヘラにおける環境観」日本放送出版
　　協会，1978

11．空間要素
K.リンチ，丹下健三・富田玲子訳『都市のイメージ』岩波書店，1968
C.N.シュルツ，加藤邦男訳『実存・空間・建築』鹿島出版会，1973
志水英樹・福井通『新・建築外部空間』市ヶ谷出版社，2001
O.F.ボルノウ，大塚恵一・池川健司・中村浩平訳『人間と空間』せりか書房，1978
E.レルフ，高野岳彦・阿部隆・石山美也子訳『場所の現象学』筑摩書房，1991
前川道郎編『建築的場所論の研究』中央公論美術出版社，1998
中村雄二郎『場所―トポス』弘文堂，1991
上田閑照『場所―二重世界内存在』弘文堂，1992
D.カンター，宮田紀元・内田茂訳『場所の心理学』彰国社，1982
山口昌男『文化と両義性』岩波書店，1975
H.ゼードルマイヤー，石川公一・阿部公正訳『中心の喪失』美術出版社，1973
大江健三郎・中村雄二郎・山口昌男編『叢書文化の現在4　中心と周縁』岩波書店，1981
森川洋『中心地論（I）』大明堂，1980
保坂陽一郎『境界のかたち』講談社，1984
大江健三郎・中村雄二郎・山口昌男編，原広司著『叢書文化の現在8　交換と媒介―境界論』，
　　岩波書店，1981
網野善彦『無縁・公界・楽―日本中世の自由と平和』平凡社，1978
G.ジンメル，酒田健一訳『ジンメル著作集12　橋と扉』白水社，1976
B.ルドルスキー，平良敬一・岡野一宇訳『人間のための街路』鹿島出版会，1973
竹山実『街路の意味』鹿島出版会，1977
樋口忠彦『景観の構造』技報堂出版，1975
福井通『ポスト・モダンの都市空間』日本建築事務所出版部，1989

G.カレン，北原理雄訳『都市の景観』鹿島出版会，1981

デザイン委員会＋イギリス都市計画協会共編，中津原努・桜井悦子共訳『新しい街路デザイン』鹿島出版会，1980

鈴木昌道『ランドスケープデザイン〈風土・建築・造園〉の構成原理』彰国社，1982

アーバンデザイン研究体『アーバンデザイン 軌跡と実践手法』彰国社，1985

都市デザイン研究会『都市デザイン─理論と方法』学芸出版社，1981

E.N.ベイコン，渡辺定夫訳『都市のデザイン』鹿島出版会，1968

ジェフリ＆スーザン・ジェリコー，山田学訳『図説景観の世界』彰国社，1980

12. 空間演出

日本建築学会編『建築・都市計画のための調査・分析方法（改訂版）』井上書院，2012

日本建築学会編『建築・都市計画のための空間学』井上書院，1990

都市デザイン研究体『日本の都市空間』彰国社，1968

都市デザイン研究体『現代の都市デザイン』彰国社，1969

R.ヴェンチューリ，伊藤公文訳『建築の多様性と対立性』鹿島出版会，1982

建築文化「連続経験に基づく環境デザイン」彰国社，1963・12

武者利光『ゆらぎの発想』日本放送出版協会，1994

芦原義信『隠れた秩序』中央公論社，1986

船越徹・積田洋「街路空間における空間意識の分析（心理量分析）─街路空間の研究（その1）」日本建築学会計画系論文報告集 No.327，1983

積田洋「都市的オープンスペースの空間意識と物理的構成との相関に関する研究」日本建築学会計画系論文報告集 No.451，1993

船越徹・積田洋・清水美佐子「参道空間の分節と空間構成要素の分析（分節点分析，物理量分析）─参道空間の研究（その1）」日本建築学会計画系論文報告集 No.384，1988

船越徹・積田洋・中山博・井上知也「街路景観の「ゆらぎ」の研究（その1，その2）」日本建築学会大会学術講演梗概集E-1，1996

P.シール，船津孝行訳『環境心理学6 環境研究の方法』誠信書房，1975

船越徹・積田洋『建築・都市計画のための空間の文法』彰国社，2011

船越徹・積田洋「識別法によるファサードの特性に関する研究─ファサードの研究（その1）」日本建築学会計画系論文集 No.479，1996

高藤晴俊『日光東照宮の謎』講談社，1996

日本建築学会編『空間演出─世界の建築・都市デザイン』井上書院，2000

日本建築学会編『空間要素─世界の建築・都市デザイン』井上書院，2003

G.カレン，北原理雄訳『都市の景観』鹿島出版会，1981

Gordon Cullen：VISIONS OF URBAN DESIGN, ACADEMY EPITIONS, 1996

M.ハイデガー，松尾啓吉訳『存在と時間 上下・巻』勁草書房，1960-66

E.フッサール，立松弘孝訳『内的時間意識の現象学』みすず書房，1967

大森荘蔵『時間と自我』青土社，1992

小林亭『移ろいの風景論』鹿島出版会，1993

土肥博至編著『環境デザインの世界 空間・デザイン・プロデュース』井上書院，1997

武者利光『ゆらぎの世界』講談社，1980

武者利光『ゆらぎの発想』日本放送出版協会，1994

恒松良純・船越徹・積田洋「街並みの「ゆらぎ」の物理量分析─街路景観の「ゆらぎ」に関する研究（その1）」日本建築学会計画系論文報告集 No.542，2001

船越徹・積田洋・恒松良純・井上知也「心理量の［形態］・［素材］の分析─街路景観の「ゆらぎ」の研究（その5，その6）」日本建築学会大会学術講演梗概集E-1，1998

奥俊信「都市スカイラインの視覚形態的な複雑さについて」日本建築学会計画系論文報告集 No.412，1990

亀井栄治・月尾嘉男「スカイラインのゆらぎとその快適感に関する研究」日本建築学会計画系論文報告集 No.432，1992

石井幹子『環境照明のデザイン』鹿島出版会，1984

建設省都市局都市計画課監修『都市の景観を考える』大成出版社，1988

参考文献

建設省都市局都市計画課監修『都市の夜間景観の演出―光とかげのハーモニー』大成出版
　　社，1990
照明学会編『景観照明の手引き』コロナ社，1995
村松亮太郎『村松亮太郎のプロジェクションマッピング SCENES by NAKED』KADOK
　　AWA，2015
G.レイコフ・M.ジョンソン，渡辺昇一・楠瀬淳三・下谷和幸訳『レトリックと人生』大修
　　館書店，1992
佐藤信夫『レトリック感覚』講談社，1992

13．内部空間

北浦かほる『インテリアの発想』彰国社，1991
北浦かほる・加藤力編『インテリアデザイン教科書』彰国社，1993
岡田光正『空間デザインの原点』理工学社，1993
大河直躬『住まいの人類学』平凡社，1986
小原二郎編『インテリアデザイン1，2』鹿島出版会，1985
小原二郎・加藤力・安藤正雄編『インテリアの計画と設計』彰国社，1986
白木小三郎『住まいの歴史』創元社，1978
稲葉和也・中山繁信『建築の絵本 日本人のすまい』彰国社，1983
北浦かほる『台所空間学事典―女性たちが手にしてきた台所とそのゆくえ―』彰国社，2002
山下和正『近代日本の都市型住宅の変遷』都市住宅研究所，1984
日本家政学会編『住まいのデザインと管理』朝倉書店，1990
伊藤ていじ『民家に学ぶ』文化出版局，1982
石毛直道『住居空間の人類学』鹿島出版会，1975
ロジャー・M.タウンズ他，吉武泰水監訳『環境の空間的イメージ』鹿島出版会，1976
R.ソマー，穐山貞登訳『人間の空間―デザインの行動的空間』鹿島出版会，1972
D.カンター，乾正雄訳『環境心理とは何か』彰国社，1972
平井聖『日本住宅の歴史』日本放送出版協会，1974
浜口ミホ『日本住宅の封建性』相模書房，1949
太田博太郎『図説日本住宅史 （改訂新版）』彰国社，1971
長谷川尭『建築有情』中央公論社，1982
前久夫『住まいの歴史読本』東京美術，1982
小林盛太『建築デザインの原点』彰国社，1972
北浦かほる『世界の子ども部屋―子どもの自立と空間の役割』井上書院，2004
北浦かほる『住まいの絵本にみる子ども部屋―自律をうながす空間の使い方』井上書院，
　　2014
平井聖『図説日本住宅の歴史』学芸出版社，1980
岡田光正・高橋鷹志編著『新建築学大系13　建築規模論』彰国社，1988
入澤達吉『日本人の坐り方に就いて』克誠堂書店，1922
宇宙開発事業団「国際宇宙ステーション　日本実験モジュール「きぼう」の技術解説 Vol.1」
　　2002
大崎淳史・関戸洋子・仲谷剛史・後藤匠・西出和彦「ISS国際宇宙ステーション「きぼう」
　　日本実験棟での空間感覚に関する試論」日本建築学会計画系論文集 No.704，2014
日本建築学会編『第3版 コンパクト建築設計資料集成』丸善，2005
佐藤泰・佐野友紀他「フリーアドレスオフィスにおけるマグネットスペースがワーカーの交
　　流活動に与える影響」日本建築学会大会学術講演梗概集（北海道），2013・8
佐藤泰・佐野友紀「オフィス内カフェコーナーの利用実態からみたマグネットスペースに
　　おける遭遇・会話発生量の考察」日本建築学会計画系論文集 No.720，2016・2
H.ヘルツベルハー，森島清太訳『都市と建築のパブリックスペース　ヘルツベルハーの建
　　築講義録』鹿島出版会，2011

14．外部空間

H.ヘルツベルハー，森島清太訳『都市と建築のパブリックスペース　ヘルツベルハーの建

築講義録』鹿島出版会，2011

陣内秀信『都市を読む＊イタリア』法政大学出版局，1988

ポール・ズッカー『都市と広場　アゴラからヴィレッジ・グリーンまで』鹿島出版会，1975

カミロ・ジッテ『広場の造形』鹿島出版会，1983

都市デザイン研究体『復刻版　日本の広場』彰国社，2009

隈研吾・陣内秀信監修『広場』淡交社，2015

ヤン・ゲール『建物のあいだのアクティビティ』鹿島出版会，2011

ヤン・ゲール『人間の街　公共空間のデザイン』鹿島出版会，2014

B.ルドフスキー『人間のための街路』鹿島出版会，1973

鳴海邦碩『都市の自由時間　街路から広がるまちづくり』学芸出版社，2009

西村幸夫『路地からのまちづくり』学芸出版社，2006

宇杉和夫・青木仁・遺跡和朗・岡本哲志『まち路地再生のデザイン　路地に学ぶ生活空間の再生術』彰国社，2010

高橋康夫『京都中世都市史研究』思文閣出版，1983

日本建築学会編『人間環境学　よりよい環境デザインへ』朝倉書店，1998

大野隆造・小林美紀『安全で心地よい空間をつくる人間都市学』井上書院，2011

材野博司『庭園から都市へ―シークエンスの日本』鹿島出版会，1997

日本建築学会編『親水空間論―時代と場所から考える水辺のあり方』技報堂出版，2014

D.ベーミングハウス，鈴木信宏訳『水のデザイン』鹿島出版会，1983

鈴木信宏『水空間の演出』鹿島出版会，1981

大山陽生・葦茂寿太郎・松本倫『緑空間の計画技法』彰国社，1984

日本建築学会編『建築と都市の緑化計画』彰国社，2002

C.W.ムーア・W.J.ミッチェル・W.ターンブル・Jr.，有岡孝訳『庭園の詩学』鹿島出版会，1995

西沢文隆『コートハウス論』相模書房，1974

クリストフ・シャルル，ジャック・ヴェルジェ，岡山茂・谷口清彦訳『大学の歴史』白水社，2009

岸田省吾『大学の空間から建築の時空へ』鹿島出版会，2012

日本建築学会編著『いまからのキャンパスづくり』日本建築学会，2011

齋藤純一『公共性』岩波書店，2000

今村雅樹・小泉雅生・高橋晶子『パブリック空間の本　公共性をもった空間の今までとこれから』彰国社，2013

ヤン・ゲール，北原理雄訳『人間の街　公共空間のデザイン』鹿島出版会，2014

山本理顕『権力の空間／空間の権力　個人と国家の＜あいだ＞を設計せよ』講談社，2015

馬場正尊＋OpenA編著『PUBLIC　DESIGN　新しい公共空間のつくりかた』学芸出版社，2015

Ray Oldenburg：The Great Good Place: Cafes, Coffee Shops, Bookstores, Bars, Hair Salons, and Other Hangouts at the Heart of a Community，Da Capo Press，1989

レイ・オルデンバーグ『サードプレイス―コミュニティの核になる「とびきり居心地よい場所」』みすず書房，2013

山田あすか『ひとは，なぜ，そこにいるのか―「固有の居場所」の環境行動学』青弓社，2007

日本建築学会編『まちの居場所―まちの居場所をみつける/つくる』東洋書店，2010

三浦展『人間の居る場所』而立書房，2016

Robert Zion：A Profile in Landscape Architecture，Process Architecture，プロセスアーキテクチュア，1991（ランドスケープの達人：ロバート・ザイオン，プロセスアーキテクチュア94）

岡崎文彬『ヨーロッパの造園』鹿島出版会，1969

田中正大『日本の庭園』鹿島出版会，1967

A.S.ジェイムズ・O.ランカスター，横山正訳『庭のたのしみ：西洋の庭園二千年』鹿島出版会，1984

参考文献

15. 中間領域

H.ヘルツベルハー，森島清太訳『都市と建築のパブリックスペース　ヘルツベルハーの建築講義録』鹿島出版会，2011

船越徹・積田洋『建築・都市計画のための空間の文法』彰国社，2011

W.H.ホワイト，柿本照夫訳『都市という劇場—アメリカン・シティ・ライフの再発見』日本経済新聞社，1994

鳴海邦碩『都市の自由空間—街路から広がるまちづくり』学芸出版社，2009

神代雄一郎『間・日本建築の意匠』鹿島出版，1999

O.ベルク，宮原信訳『空間の日本文化』筑摩書房，1994

E.T.ホール，日高敏隆・佐藤信行訳『かくれた次元』みすず書房，1970

藤永保監修『最新心理学事典』平凡社，2013

K.リンチ，丹下健三・富田玲子訳『都市のイメージ』岩波書店，1968

大野隆造・小林美紀『安全で心地よい環境をつくる人間都市学』井上書院，2011

東京大学都市デザイン研究室編『図説 都市空間の構想力』学芸出版社，2015

伊藤ていじ『日本デザイン論』鹿島出版会，1979

材野博司『かいわい—日本の都市空間』鹿島出版会，1978

網野善彦『無縁・公界・楽—日本中世の自由と平和』平凡社，1978

O.ヘンスラー，舟木徹男訳『アジール—その歴史と諸形態』国書刊行会，2010

リチャード・サクソン，古瀬敏・荒川豊彦訳『アトリウム建築 発展とデザイン』鹿島出版会，1988

B.ルドフスキー，渡辺武信訳『建築家なしの建築』鹿島出版会，1984

ヴィジュアル版建築入門編集委員会編『ヴィジュアル版建築入門5　建築の言語』彰国社，2002

中村研一『ヘヴンリーハウス 20世紀名作住宅をめぐる旅1　サヴォワ邸/ル・コルビュジエ』東京書籍，2008

平井聖『日本住宅の歴史』日本放送出版協会，1974

中川武『日本の家 空間・記憶・言葉』TOTO出版，2002

16. 地縁的空間

山本正三他編著『日本の農村空間』古今書院，1987

原広司『空間—機能から様相へ』岩波書店，1987

矢嶋仁吉『集落調査法』古今書院，1981

都市デザイン研究体『日本の都市空間』彰国社，1968

槇文彦他『SD選書 見え隠れする都市』鹿島出版会，1980

渡邊欣雄『風水思想と東アジア』人文書院，1990

清家清『家相の科学』光文社，1969

日本建築学会編『現代家相学 住まいの知識と暮らしの知恵』彰国社，1986

C.N.シュルツ，加藤邦男・田崎裕生共訳『ゲニウス・ロキ 建築の現象学をめざして』住まいの図書館出版局，1994

イーフー・トゥアン，小野有五・阿部一訳『トポフィリア 人間と環境（ちくま学芸文庫）』筑摩書房，2008

E.レルフ，高野岳彦・石山美也子・阿部隆訳『場所の現象学　没場所性を越えて（ちくま学芸文庫）』筑摩書房，1993

鈴木博之『東京の地霊（ちくま学芸文庫）』筑摩書房，2009

J.B.ガルニエ，阿部和俊訳『地理学における地域と空間』地人書房，1978

日本地誌研究所『地理学辞典（改訂版）』二宮書店，1989

浮田典良他『ジオ・パル21 地理学便利帖』海青社，2001

都丸十九一『地名研究入門』三一書房，1995

17. 風景・景観

西村幸夫『風景論ノート—景観法・町並み・再生』鹿島出版会，2008

奥野健男『文学における原風景』集英社，1972

283

陣内秀信「都市を読むことと地域の原風景」総合論文誌 No.10，日本建築学会，2012・1

川添登『東京の原風景』日本放送出版協会，1979

志賀重昂『日本風景論』岩波書店，1894

上原敬二『日本風景美論』大日本出版，1943

小林享『移ろいの風景論』鹿島出版会，1993

F.ギバード：Town Design，The Architectural Press，1959

G.カレン：Town Scape，The Architectural Press，1961

芦原義信『外部空間の構成』彰国社，1962

樋口忠彦『景観の構造—ランドスケープとしての日本の空間』技報堂出版，1975

Ian L.McHarg：Design with Nature，The Natural History Press，1969

A.ベルク『日本の風景・西欧の景観』講談社，1990

芦原義信『街並みの美学』岩波書店，1979

田村明『まちづくりと景観』岩波書店，2005

市坪誠他『景観デザイン—総合的な空間のデザインをめざして』コロナ社，2006

宮脇勝『ランドスケープと都市デザイン—風景計画のこれから』朝倉書店，2013

日本建築学会編『まちづくり教科書8　景観まちづくり』丸善出版，2015

積田洋・福井通・赤木徹也・金子友美・鈴木弘樹・山家京子『建築空間計画』彰国社，2012

武田史朗・山崎亮・長濱伸貴編著『テキスト　ランドスケープの歴史』学芸出版社，2010

宮城俊作『ランドスケープデザインの視座』学芸出版社，2001

吉村弘『都市の音』春秋社，1990

ロラン・バルト，沢崎浩平訳『第三の意味』みすず書房，1984

マリー・シェーファー，鳥越けい子・田中直子訳『世界の調律』平凡社，1986

川井敬二「欧州における環境への取り組み」騒音制御 Vol.34 No.6，2010

工藤安代『パブリックアート政策—芸術の公共性とアメリカ文化政策の変遷—』勁草書房，2008

北川フラム監修，安斎重男写真『パブリックアートの世界—アートの妖精が棲む街ファーレ立川（別冊太陽）』平凡社，1995

松尾豊『パブリックアートの展開と到達点』水曜社，2015

18. 文化と空間

S.ギーディオン，太田實訳『空間時間建築』丸善，1969

G.バシュラール，岩村行雄訳『空間の詩学』思潮社，1969

芦原義信『隠れた秩序』中央公論新社，1986

メルロ・ポンティ，竹内芳郎・小木貞孝訳『知覚の現象学』みすず書房，1967

E.パノフスキー，木田元監訳『<象徴形式>としての遠近法』哲学書房，2003

O.F.ボルノウ，大塚恵一・池川健司・中村浩平訳『人間と空間』せりか書房，1978

若山滋 『「家」と「やど」—建築からの文化論』朝日新聞社，1995

槇文彦他『見え隠れする都市』鹿島出版会，1980

明治大学神代研究室編『SD別冊NO.7　日本のコミュニティ』鹿島出版会，1975

角南明他編『日本遺産No29　紀伊山地の霊場と参詣道』朝日新聞社，2003

都市デザイン研究体『日本の都市空間』彰国社，1968

S.K.ランガー，矢野等訳『シンボルの哲学』岩波書店，1960

松下希和・積田洋「西洋絵画に描かれた建築要素の二次元的な構成の認知評価の研究」日本建築学会計画学論文集 No.717，2015

Paul Kruty：Graphic Depictions.，The Evolutions of Marion Mahouy's Architectural Renderings，The University of Chicago Press，2011

積田洋・竹内政裕・鈴木弘樹「俳句から連想する心象風景の構成と心理評価の研究」日本建築学会計画系論文集 No.669，2011

若山滋『文学の中の都市と建築』丸善，1991

19. 非日常の空間

岡崎頼子『地域における劇場づくり―演劇空間における社会的背景』筑波大学卒業論文，1993

白川宣力・石川敏男『劇場―建築・文化史』早稲田大学出版部，1986

渡辺守章『劇場の思考』岩波書店，1984

薗田稔『祭りの現象学』弘文堂，1990

日本建築学会編『弔ふ建築　終の空間としての火葬場』鹿島出版会，2009

積田洋・福井通・赤木徹也・金子友美・鈴木弘樹・山家京子『建築空間計画』彰国社，2012

グスタフ・メンシング，下宮守之・田中元訳『宗教とは何か』法政大学出版局，1990

岩田慶治『アニミズムの地平』講談社，1995

星野英紀・池上良正・氣多雅子・島薗進・鶴岡賀雄編『宗教学事典』丸善，2000

藤波隆之『伝統芸能の周辺』未来社，1982

伊藤真市『生活文化と環境形成に関する一考察―山形県黒川地域・黒川能をケーススタディとして』筑波大学芸術学研究科修士論文，1988

渡辺国茂『黒川能狂言百番』小学館，2000

桜井昭男『黒川能と興行』同成社，2003

NHK放送文化研究所編『日本人の生活時間・2010　NHK生活時間調査』NHK出版，2011

一番ヶ瀬康子・薗田碩哉・牧野暢男『余暇生活論』有斐閣，1994

加藤秀俊『都市と娯楽』鹿島出版会，1969

佐藤次高・岸本美緒編『地域の世界史 市場の地域史』山川出版社，1999

船越徹・積田洋『建築・都市計画のための空間の文法』彰国社，2011

アーキグラム編，浜田邦裕訳『アーキグラム』鹿島出版会，1999

J.バーズレイ，三谷徹訳『アースワークの地平　環境芸術から都市空間まで』鹿島出版会，1993

カトリーヌ・グルー，藤原えりみ訳『都市空間の芸術―パブリックアートの現在』鹿島出版会，1997

日本建築学会編『第3版 コンパクト建築設計資料集成』丸善，2005

20. コミュニティ

日笠端『市町村の都市計画1　コミュニティの空間計画』共立出版，1997

E.T.ホール，國弘正雄他訳『沈黙のことば』南雲堂，1966

小林秀樹『集住のなわばり学』彰国社，1992

中島義明・大野隆造編『すまう　住行動の心理学』朝倉書店，1996

西出和彦『建築計画の基礎　環境・建築・インテリアのデザイン理論』数理工学社，2009

太幡英亮・西出和彦「意味の構成からみた三軒協定の比較分析―戸田市三軒協定の事例調査をもとに（その2）―」日本建築学会計画系論文集，2010

鈴木成文『「いえ」と「まち」住居集合の理論』鹿島出版会，1984

鈴木成文『五一C白書　私の建築計画学戦後史』住まいの図書館出版局，2006

エイモス・ラポポート，大野隆造・横山ゆりか訳『文化・建築・環境デザイン』彰国社，2008

オスカー・ニューマン，湯川利和・湯川聰子訳『まもりやすい空間―都市設計による犯罪防止』鹿島出版会，1976

ヤン・ゲール，北原理雄訳『人間の街　公共空間のデザイン』鹿島出版会，2014

小谷部育子編『コレクティブハウジングで暮らそう―成熟社会のライフスタイルと住まいの選択―』丸善，2004

21. まちづくり

西村幸夫『西村幸夫風景論ノート―景観法・町並み・再生』鹿島出版会，2008

稲垣栄三『歴史的環境保存論　稲垣栄三著作集七』中央公論美術出版，2009

伊達美徳他編『初めて学ぶ都市計画』市ヶ谷出版社，2008

藤川眞行『街づくりルール形成の実践ノウハウ』ぎょうせい，2008

杉崎和久『住民主体の都市計画―まちづくりへの役立て方』学芸出版社，2009

中野民夫『ワークショップ─新しい学びと創造の場─』岩波書店，2001
宇杉和夫『地域主権のデザインとコミュニティアーキテクト』古今書院，2012
山崎亮『コミュニティデザイン』学芸出版社，2011

22．災害と空間
大水敏弘『実証・仮設住宅　東日本大震災の現場から』学芸出版社，2013年
災害救助実務研究会『災害救助の運用と実務（平成26年版）』第一法規，2014
牧紀男『自然災害後の「応急居住空間」の変遷とその整備手法に関する研究』京都大学博
　　士論文，1997
新建築「災害復興公営住宅の現状と進捗　東日本大震災発生から4年」新建築社，2015・2

23．ユニバーサルデザイン
B.ニィリエ，河東田博・橋本由紀子・杉田穏子・和泉とみ代訳編『ノーマライゼーション
　　の原理（新訂版）─普遍化と社会変革を求めて─』現代書館，2004
野村武夫『ノーマライゼーションが生まれた国・デンマーク』ミネルヴァ書房，2004
上田敏「ICF（WHO国際障害者分類改訂版）の問題と今後の課題」OTジャーナル，35，
　　2001
WHO：ICF；International Classification of Functioning, Disability and Health, Geneva,
　　2001
WHO：ICIDH；International Classification of Impairments, Disabilities, and Handicaps,
　　Geneva, 1980
トム・キットウッド，高橋誠一訳『認知症のパーソンセンタードケア─新しいケアの文化
　　へ─』筒井書房，2011
Lawton, M.P. & Nahemow, L.：Ecology and the aging process. In：Eisdorfer, C. &
　　Lawton, M.P. (Eds.), Psychology of Adult Development and Aging. Washington,
　　DC：American Psychological Association, 1973
日本建築学会編『新訂 デザインガイド 衛生器具設備とレイアウト』彰国社，1992
国際標準化機構ISO／IEC『ガイド50 子供の安全と製品規準』1999
製品安全協会『子供用製品の安全性に関する調査研究報告書』2000
吉田あこ他「住宅の騒音環境と乳幼児難聴の可能性」人間─生活環境系学会論文集，2000
吉田あこ『住まいと住生活の未来』住宅協会，2001

24．環境・エコロジー
環境共生住宅推進協議会『環境共生住宅A-Z（新版）』ビオシティ，2009
建築思潮研究所編『環境共生建築─多用な省エネ・環境技術の応用』建築資料研究社，2004
建築学教育研究会編，遠藤智他著『環境・設備から考える建築デザイン─はじめての建築
　　学 建築・環境共生デザイン基礎編』鹿島出版会，2014
張清嶽編『Process; Architecture No.4 LAWRENCE HALPRIN』』プロセスアーキテクチ
　　ャー，1978
彰国社編『自然エネルギー利用のためのパッシブ建築設計手法事典（新訂版）』彰国社，
　　2000
仙田満『環境デザイン論』放送大学教育振興会，2009
原科幸彦『環境アセスメントとは何か』岩波書店，2011
環境アセスメント学会編『環境アセスメント学の基礎』恒星社厚生閣，2013
環境省総合環境政策局『風力発電所の環境影響評価のポイントと参考事例』2013
環境省「サスティナブル都市再開発アセスガイドライン」平成24年3月
バックミンスター・フラー，芹沢高志訳『宇宙船地球号操縦マニュアル』筑摩書房，2000
レイチェル・カーソン，青樹簗一訳『沈黙の春（改版）』新潮社，1974
パオロ・ソレリ，工藤国雄訳『生態建築論─物質と精神の架け橋』彰国社，1977
積田洋・福井通・赤木徹也・金子友美・鈴木弘樹・山家京子『建築空間計画』彰国社，
　　2012
今井健一「日本のエコシティ推進における特徴と課題」東アジアへの視点─北九州発アジ

ア情報25(2)，1-14，2014・6

G.B.ダンツィク，T.L.サアティ『コンパクト・シティ』日科技連出版社，1974

海道清信『コンパクトシティの計画とデザイン』学芸出版社，2007

海道清信『コンパクトシティ ―持続可能な社会の都市像を求めて―』学芸出版社，2001

玉川英則編著，鈴木勉他著『コンパクトシティ再考―理論的検証から都市像の探求へ』学
　　芸出版社，2008

丸尾直美・三橋博巳・廣野桂子・矢口和宏『ECOシティ ―環境シティ・コンパクトシティ・
　　福祉シティの実現に向けて―』中央経済社，2010

日本建築学会編『スマートシティ時代のサステナブル都市・建築デザイン』彰国社，2015

山村真司『スマートシティはどうつくる？（NSRI選書）』工作舎，2015

25．調査方法

日本建築学会編『建築・都市計画のための調査・分析方法（改訂版）』井上書院，2012

日本建築学会編『建築・都市計画のための空間学』井上書院，1990

和田浩一・佐藤将之編『フィールドワークの実践 建築デザインの変革をめざして』朝倉
　　書店，2011

日本建築学会編『よりよい環境創造のための環境心理調査手法入門』技報堂出版，2000

日本建築学会編『生活空間の体験ワークブック テーマ別 建築人間工学からの環境デザイ
　　ン』彰国社，2010

日本建築学会編『環境行動のデータファイル 空間デザインのための道具箱』彰国社，2003

早稲田大学渡辺仁史研究室編著『行動をデザインする Designing by Human Behavior』
　　彰国社，2009

川崎寧史・山田あすか編著『テキスト建築計画』学芸出版社，2010

K.リンチ，丹下健三・富田玲子訳『都市のイメージ』岩波書店，1968

都市デザイン研究体『日本の都市空間』彰国社，1968

宮脇檀編著『日本の住宅設計／作家と作品―その背景―』彰国社，1976

陣内秀信・中山繁信編『実測術―サーベイで都市を読む・建築を学ぶ』学芸出版社，2001

明治大学神代研究室・法政大学宮脇ゼミナール『復刻 デザイン・サーヴェイ―「建築文化」
　　誌再録』彰国社，2012

栗原嘉一郎・冨田覚志・結崎東衛「病室の分け方と患者の人間関係」病院21巻3号，1962・3

吉武泰水編『建築計画学3 地域施設 教育』丸善，1975

岩下豊彦『SD法によるイメージの測定―その理解と実施の手引』川島書店，1983

日本自律神経学会編『自律神経機能検査 第1版』文光堂，1992

宮田洋監修，藤澤清・柿木昇治・山崎勝男編『新生理心理学第1巻 生理心理学の基礎』北
　　大路書房，1998

E.T.ストリンガー，目黒輝美・磯部卓三監訳『アクションリサーチ』フィリア，2012

西野達也「震災後の生活環境再構築の現場と建築計画学―ビジョンとバージョンをつなぐ
　　―主旨及び主旨解題」日本建築学会大会懇談会資料，2012

Fieldnet監修，古澤拓郎・大西健夫・近藤康久『フィールドワーカーのためのGPS入門：フ
　　ィールドにGPSを持っていこうGISで地図を作ろう』古今書院，2011

李早・宗本順三・吉田哲・唐ペン「GPSを用いた水辺での行動の研究：中国の住宅団地に
　　おける水景施設での歩行実験」日本建築学会計画系論文集 No.630，2008・8

松下大輔・永田未奈美・宗本順三・中村朋世「GPS軌跡による児童の放課後の自宅を基点
　　とした行動圏域分析」日本建築学会計画系論文集 No.658，2010・12

関本義秀・柴崎亮介「携帯電話を活用した人々の流動解析技術の潮流」情報処理誌Vol.152
　　No.12，2011

26．分析方法

日本建築学会編『建築・都市計画のための調査・分析方法（改訂版）』井上書院，2012

日本建築学会編『建築・都市計画のための空間学』井上書院，1990

日本建築学会編『建築・都市計画のためのモデル分析の手法』井上書院，1992

日本数学会編『数学辞典』岩波書店，1985

応用統計ハンドブック編集委員会編『応用統計ハンドブック』養賢堂，1978

林知己夫編，柳井晴夫・高根芳雄『現代人の統計2・多変量解析法』朝倉書店，1977

田中豊・脇本和昌『多変量統計解析法』現代数学社，1988

池田央『行動科学の方法』東京大学出版会，1980

E.L.レーマン，鍋谷清治他訳『ノンパラメトリックス』森北出版，1978

小島定吉『トポロジー：柔らかい幾何学 増補改訂版』日本評論社，2003

河田敬義，大口邦雄『位相幾何学 復刊』朝倉書店，2004

小坂麻有「商店建築ファサードにおける入りやすさから見た人間の評価構造に関する研究」早稲田大学卒業論文，2004年度

小島隆矢・若林直子・平手小太郎「グラフィカルモデリングによる評価の階層性の検討—環境心理評価構造における統計的因果分析（その1）」日本建築学会計画系論文集 No. 535，2000

小島隆矢『Excelで学ぶ共分散構造分析とグラフィカルモデリング』オーム社，2003

日本品質管理学会テクノメトリックス研究会『グラフィカルモデリングの実際』日科技連出版社，1999

宮川雅巳『グラフィカルモデリング（統計ライブラリー）』朝倉書店，1997

豊田秀樹『共分散構造分析RR編—構造方程式モデリング』東京図書，2014

小塩真司『第2版 はじめての共分散構造分析—Amosによるパス解析』東京図書，2014

金明哲『Rによるデータサイエンス —データ解析の基礎から最新手法まで』森北出版，2007

加藤直樹・矢田勝俊・羽室行信『データマイニングとその応用（シリーズ・オペレーションズ・リサーチ）』朝倉書店，2008

27. 関連分野

R.ハート，G.ムーア，吉武泰水監訳「空間認知の発達」（R.M.ダウンズ，D.ステア，吉武泰水・曾田忠宏・林章訳『環境の空間的イメージ—イメージ・マップと空間認識』鹿島出版会，1976），pp.266-312

K.リンチ，丹下健三・富田玲子訳『都市のイメージ』岩波書店，1968

D.カンター・乾正雄編『環境心理とは何か』彰国社，1972

E.T.ホール，日高敏隆・佐藤信行訳『かくれた次元』みすず書房，1970

田島信元・南徹弘編，日本発達心理学会シリーズ編『発達科学ハンドブック第1巻 発達心理学と隣接領域の理論・方法論』新曜社，2013

岩立志津夫・西野泰広編，日本発達心理学会シリーズ編『発達科学ハンドブック第2巻 研究法と尺度』新曜社，2011

無藤隆・長崎勤編，日本発達心理学会シリーズ編『発達科学ハンドブック第6巻発達と支援』新曜社，2012

二宮克美・大野木裕明・宮沢秀次編『ガイドライン生涯発達心理学 第2版』ナカニシヤ出版，2012

U.ナイサー，大羽蓁訳『認知心理学』誠信書房，1981

日本人間工学会「人間工学とは」https://www.ergonomics.jp/outline.html（2016/01/31）

若菜みどり『イメージを読む（ちくま学芸文庫）』筑摩書房，2014

E.パノフスキー，浅野徹・塚田孝雄・福部信敏・阿天坊耀・永沢峻訳『イコノロジー研究 ルネサンス美術における人文主義の諸テーマ』美術出版社，1971

中野美代子『奇景の図像学』角川春樹事務所，1996

日本認知科学会ホームページ　http://www.jcss.gr.jp/

三島次郎『トマトはなぜ赤い』東洋館出版社，1992

J.J.ギブソン，古崎敬・古崎愛子・辻敬一郎・村瀬旻共訳『生態学的視覚論』サイエンス社，1985

後藤武・佐々木正人・深澤直人『デザインの生態学 新しいデザインの教科書』東京書籍，2004

瀬在良男『記号論序説—その歴史と体系』駿河台出版社，1966

C.W.モリス，内田種臣・小林昭世訳『記号理論の基礎 付：美学と記号理論』勁草書房，

1988

U.エーコ，池上嘉彦訳『記号論Ⅰ，Ⅱ』岩波書店，1980

R.バルト，渡辺淳・沢村昂一訳『零度のエクリチュール　付・記号学の原理』みすず書房，1971

C.Dreyer：Die Repertories der Architektur unter Semiotischem Gesichtpunkt, Semiosis 19, Agis-Verlag, 1980

G.Broadbent, R.Bunt, and C.Jencks eds., Signs, Symbols, and Architecture, John Wiley & Sons, 1980

B.マンデルブロ『フラクタル幾何学（上，下）』ちくま学芸文庫，2011

稲井田次郎他『ファジィ理論―基礎と応用―』共立出版，2010

林田和人・小作怜・橘木卓・曹波・木村謙・渡辺仁史「遺伝的アルゴリズムを用いた人間行動に基づく建築平面最適化システム」日本建築学会大会学術講演梗概集A-2，1999

青木義次・村岡直人「遺伝的アルゴリズムを用いた地域施設配置手法」日本建築学会計画系論文集 No.484，1996

大崎純「マルコフ連鎖モデルと遺伝的アルゴリズムによる施設配置最適化」日本建築学会計画系論文集 No.510，1998

位寄和久・両角光男「ファジィ解析を用いた都市内空地の心理評価構造分析：都市内空地の魅力度評価に関する研究」日本建築学会計画系論文集 No.467，1995

瀧澤重志・河村廣・谷明勲「遺伝的アルゴリズムを用いた都市の土地利用パターンの形成」日本建築学会計画系論文集 No.495，1997

鈴木努著，金明哲編集『ネットワーク分析（Rで学ぶデータサイエンス8）』共立出版，2009

繁野麻衣子『ネットワーク最適化とアルゴリズム（応用最適化シリーズ）』朝倉書店，2010

日本建築学会編『アルゴリズミック・デザイン』鹿島出版会，2009

前田ジョン，大野一生訳『Design by Numbers』ソフトバンクパブリッシング，2001

［引用文献］

1. 知 覚

［視野］

4頁・図-1　大山正・今井省吾・和気典二編『新編 感覚・知覚心理学ハンドブック』誠信書房, 1994, 924頁, 図18·5·1

4頁・図-2　同上, 926頁, 図18·5·3

4頁・図-3　同上, 931頁, 図18·6·1

［可視・不可視］

5頁・図-1　磯田節子・両角光男・位寄和久「ランドマークの可視・不可視領域に着目した大規模建築物の影響評価モデルの検討─景観形成計画のためのシステム解析手法に関する研究」日本建築学会計画系論文集 No.456, 1994·2, 165頁, 図5

5頁・図-2　樋口忠彦『景観の構造』技報堂出版, 1975, 36頁, 図-9, 図-10

5頁・図-3　京都市「新景観政策時を超え光り輝く京都の景観づくり」2007, 6頁 http://www.city.kyoto.lg.jp/tokei/cmsfiles/contents/0000023/23991/shinkeikanseisaku.pdf

［錯視］

6頁・図-1　W.H.イッテルソン, H.M.プロシャンスキー他, 望月衛・宇津木保訳『環境心理の基礎』彰国社, 1977, 202頁, 図5.2

［距離知覚］

7頁・図-1　別冊サイエンス「特集・視覚の心理学, イメージの世界」日本経済新聞社, 1975, 39頁

7頁・図-2　D.カンター, 宮田紀元・内田茂訳『場所の心理学』彰国社, 1982, 136頁, 図5.2

［奥行知覚］

8頁・図-1　別冊サイエンス「特集・視覚の心理学, イメージの世界」日本経済新聞社, 1975, 43頁（中段の図）

8頁・図-2　J.J.Gibson：The Senses Considered as Perceptual Systems, 1966, P.207, Fig.10.10

［ゲシュタルト］

9頁・図-1　高橋研究室編『かたちのデータファイル─デザインにおける発想の道具箱』彰国社, 1983, 31頁, 図7

［図と地］

10頁・図-1　芦原義信『街並みの美学』岩波書店, 1979, 158頁, 図38

［フォルム］

13頁・図-1　菊竹清訓『建築のこころ』井上書院, 1973, 61頁

［動き］

16頁・図-1　J.J.ギブソン, 古崎敬他共訳『生態学的視覚論』サイエンス社, 1985, 213頁, 図11.2

［光学的流動］

17頁・図-1　J.J.ギブソン, 古崎敬他共訳『生態学的視覚論』サイエンス社, 1985, 75頁, 図5.2

17頁・図-3　同上, 135頁, 図7.5

17頁・図-4　同上, 136頁, 図7.4

2. 感 覚

［D/H］

20頁・図-1　高橋研究室編『かたちのデータファイル─デザインにおける発想の道具箱』彰国社, 1983, 51頁, 図1

［質感］

22頁・図-1　大野隆造・茶谷正洋「テクスチャの視覚に関する研究（その13・素材感の構造）」

日本建築学会大会学術講演梗概集，1977，pp.561-562，図2

［ヒューマンスケール］

25頁・図-1　建築計画教科書研究会編『建築計画教科書』彰国社，1989，69頁，図23

［パーソナルスペース］

26頁・図-1　日本建築学会編『コンパクト建築設計資料集成　住居』丸善，1991，135頁，図（実験により求めたパーソナルスペース）

［密度・混み合い］

27頁・図-1　日本建築学会編『建築設計資料集成3　単位空間I』丸善，1980，57頁，図2

4．イメージ・記憶

［イメージ］

36頁・図-1　D.カンター，宮田紀元・内田茂訳『場所の心理学』彰国社，1982，30頁，図1.2

36頁・図-2　同上，30頁，図1.3

［イメージアビリティ］

37頁・図-1　K.リンチ，丹下健三・富田玲子訳『都市のイメージ』岩波書店，1968，22頁，図3

［記憶］

41頁・図-1　藤永保・梅本堯夫・大山正編『新版心理学事典』平凡社，1981，139頁，図3

［場所性］

42頁・図-1　D.カンター，宮田紀元・内田茂訳『場所の心理学』彰国社，1982，251頁，図8.1

5．空間の意味

［空間意識］

43頁・図-1　積田洋「都市空間の構成と意識構造の相関に関する研究」東京大学学位論文，1994，63頁，写1-3

43頁・図-3　日本建築学会『建築・都市計画のための調査・分析方法（改訂版）』井上書院，2012，141頁，図-2

［実存的空間］

46頁・図-1　ダグラス・フレイザー，渡辺洋子訳『THE　CITIES＝New　illustrated　series　未開社会の集落』井上書院，1984，76頁，図52

6．空間の認知・評価

［認知地図］

48頁・図-1　J.ラング，高橋鷹志監訳，今井ゆりか訳『建築理論の創造』鹿島出版会，1992，185頁，図13-2

［認知領域］

49頁・図-1　根来宏典他「環境認知による沿岸漁村地域における複合圏域の形成プロセス—地域住民における環境認知にもとづく計画圏域の設定（その1）」日本建築学会計画系論文集　No.573，2003・11，65頁，図-2（一部）

49頁・表-1　森敏昭他『グラフィック　認知心理学』サイエンス社，1995，119頁，表5.1（Thorndyke, P.W., & Hayes-Roth,B.：Differences in spatial knowledge acquired from maps and navigation, Cognitive Psychology, Vol.14, pp.560-589(1982)）

［認知距離］

50頁・図-1　谷口汎邦・松本直司・池田徹「既成市街地における住民の住居周辺環境イメージに関する研究（その1）」日本建築学会大会学術講演梗概集，1977・10，862頁，図-4

50頁・図-2　加藤信子・松本直司・西村匡達「居住地周辺地区における心象風景に関する研究—認知空間及び物理的距離との関係—」日本建築学会大会学術講演梗概集（関東）1993・9，522頁，図4

50頁・図-3　松本直司・建部謙治・花井雅充「生活空間における想起距離及びその方向性—子どもの心象風景に関する研究（その2）」日本建築学会計画系論文報告集　No.575，2004・1，71頁，図5

［認知スタイル］
51頁・図-1　日本建築学会編『建築・都市計画のための空間学』井上書院，1990，139頁，図-5
51頁・図-2　同上，139頁，図-6
［選好態度］
52頁・図-1　日本建築学会編『人間―環境系のデザイン』彰国社，1997，107頁，図1
52頁・表-1　同上，124頁，表1
［空間把握］
54頁・図-1　日本建築学会編『建築・都市計画のための空間計画学』井上書院，2002，45頁，
　　　　図-19
54頁・図-2　佐藤将之・山岡史織「描写と写真投影からみた保育園における幼児の環境把握
　　　　に関する研究」こども環境学研究 Vol.10，2014，92頁，図1
［空間評価］
55頁・図-1　Preiser, W.F.E., Rabinowitz, Z.and White, E.T., Post-Occupancy Evaluation,
　　　　1988，P.3
55頁・図-2　熊川知佳「小規模小学校における児童の居場所とつながりに関する研究」早稲
　　　　田大学人間科学部卒業研究，2013，21頁，図8
［評価構造］
56頁・図-1　槙究『実践女子学園学術・教育研究叢書8 環境心理学 環境デザインへのパー
　　　　スペクティブ』実践女子学園，2004，90頁
［POE］
57頁・図-1　日本建築学会編『快適なオフィス環境がほしい 居住環境評価の方法』彰国社，
　　　　1994，226頁，図1

7. 空間行動
［軌跡・動線］
58頁・図-1　日本建築学会編『建築・都市計画のための調査・分析方法』井上書院，1987，
　　　　34頁，図-4
［経路探索］
59頁・図-1　「都市の楽しみ―イタリア丘の町」プロセスアーキテクチュア　No.67，1986・
　　　　5，151頁（右上図）
［群集流動］
60頁・図-2　日本建築学会編『建築設計資料集成　人間』丸善，2003，128頁，図4
［滞留行動］
61頁・図-2　日本建築学会編『建築設計資料集成　人間』丸善，2003，123頁，図10
［避難行動］
63頁・図-1　日本建築学会編『建築設計資料集成　人間』丸善，2003，142頁，図1
63頁・表-1　同上，140頁，図6
［サイン計画］
66頁・図-1　交通エコロジー・モビリティ財団編「アメニティターミナルにおける旅客案内
　　　　サインの研究―平成9年度報告書 資料集」1997，日本財団図書館（http://nippon.zaidan.
　　　　info/seikabutsu/1997/01064/contents/032.html）

8. 空間の単位・次元・比率
［モデュール］
71頁・図-1　森田慶一訳『ウィトルーウィウス建築書』東海大学出版会，1979，87頁，第7
　　　　図／81頁，第5図
71頁・図-2　日本建築学会編『第2版 コンパクト建築設計資料集成』丸善，1994，38頁，③
［動作空間］
72頁・図-1　日本建築学会編『コンパクト建築設計資料集成［インテリア］』丸善，2011，
　　　　24頁，図［7］～［10］
［プロポーション］
73頁・図-1　日本建築学会編『建築設計資料集成 1』丸善，1960，14頁，④

引用文献

73頁・図-2　同上，14頁，⑤
73頁・図-4　レオナルド・ベネヴォロ，武藤章訳『近代建築の歴史・下』鹿島出版会，1979，78頁，図485
［ウエーバー・フェヒナー則］
74頁・図-2　大山正・今井省吾・和気典二編『新編 感覚・知覚心理学ハンドブック』誠信書房，1994，1251頁，図7・1・2

9. 空間の記述・表現
［CG］
83頁・図-1　余瀁・大澤昭彦・大野隆造「街路景観の連続性に及ぼす建物群の形態と歩行者の見方による影響」日本建築学会大会学術講梗概集，2015・9，pp.1069-1070，図3，6
［パタン・ランゲージ］
85頁・図-2　磯崎新『建築の解体』美術出版社，1975，206頁，図（上）
［空間譜・ノーテーション］
86頁・図-1　『建築文化』彰国社，1975・2，153頁
86頁・図-2　「ローレンス・ハルプリン」プロセスアーキテクチュア No.4　1978・2，58頁，図-1
［遠近法・透視図］
87頁・図-1　辻茂『遠近法の誕生』朝日新聞社，1995，7頁，図1（下）
87頁・図-2　同上，36頁，図4 b
［地図］
88頁・図-1　杉浦康平他『時間のヒダ，空間のシワ…［時間地図］の試み』鹿島出版会，2014，68頁，日本列島時間軸変形地図（『百科年鑑1973』別刷図版，平凡社）
［GIS］
89頁・図-1　高橋侑希・郷田桃代・稲坂晃義「神楽坂地域における建物の規模及び用途の変遷に関する研究」日本建築学会大会学術講梗概集（都市計画），2015・9，577頁，図4
［ダイアグラム］
90頁・図-1　E.ハワード『明日の田園都市』鹿島出版会，1968，89頁，図

10. 空間図式
［空間図式］
91頁・図-1　C.N.シュルツ，加藤邦男訳『実存・空間・建築』鹿島出版会，1973，46頁，図
［空間概念］
92頁・図-1　R.M.ダウンズ，D.ステア共編，吉武泰水監訳『環境の空間的イメージ―イメージマップと空間認識―』鹿島出版会，1976，286頁，図（知能全体との関連におけるPiagetの空間認知発達理論の模式図）
［空間類型］
93頁・図-1　Francis D.K.Ching：Architecture, Form・Space ＆ Order, Van Nostrand Reinhold, 1979, P.64
93頁・図-2　同上，P.73
［空間構成］
94頁・図-1　Francis D.K.Ching：Architecture, Form・Space ＆ Order, Van Nostrand Reinhold, 1979, P.333
［空間構成要素］
95頁・図-1　H.M.プロシャンスキー，W.H.イッテルソン，L.G.リプリン編，船津孝行訳編『環境心理学6　環境研究の方法』誠信書房，1975，24頁，図2-4
［ツリー構造］
96頁・図-1　C.アレグザンダー，稲葉武司訳『形の合成に関するノート』鹿島出版会，1978，138頁
［セミラチス］
97頁・図-1　C．アレグザンダー，押野見邦英訳「都市はツリーではない」『別冊國文学知の最前線・テクストとしての都市』學燈社，1974，29頁

［定位・方位］

98頁・図-2　石毛直道編『環境と文化―人類学的考察』日本放送出版協会，1978，211頁，図4

11. 空間要素

［場所］

100頁・図-1　ポール・ランブル，北原理雄訳『THE CITIES＝New illustrated series 古代オリエント都市』井上書院，1983，105頁，図144

100頁・図-2　藤塚光政＋毛綱毅曠『詠み人知らずのデザイン』TOTO出版，1993，161頁，台北市円環の見取図

［中心・周縁］

101頁・図-1　ハワード・サールマン，福川裕一訳『THE CITIES＝New illustrated series 中世都市』井上書院，1983，51頁，図26

101頁・図-2　都市デザイン研究体『日本の都市空間』彰国社，1975，158頁，江戸のシンボル図

12. 空間演出

［空間演出］

108頁・図-1　日本建築学会『建築・都市計画のための空間学事典』井上書院，1996，101頁，図-1

［焦点・軸線］

109頁・図-2　Franqiis Mitterrand：Paris 1979-1989，RIZZOLI，1987，P.17

［分節］

110頁・図-2　船越徹・積田洋・清水美佐子「参道空間の分節と空間構成要素の分析（分節点分析，物理量分析）―参道空間の研究（その1）」日本建築学会計画系論文報告集 No.384，1988，59頁，図-14

［シーン］

111頁・図-1　Gordon Cullen：VISIONS OF URBUN DESIGN，ACADEMY EPITIONS，1996，P.22

［シークエンス］

112頁・図-1　船越徹・矢島雲居他「参道空間の研究（その5）」日本建築学会大会学術講演梗概集，1981，838頁，図-5，6

［連続性］

113頁・表-1　船越徹・積田洋他「街路空間の研究（その3）」日本建築学会大会学術講演梗概集，1977，579頁，図-2

13. 内部空間

［公的空間］

122頁・図-2　『日経アーキテクチャー』日経BP社，2004・3・8，18頁，断面図（1/2,000）

［土間空間］

127頁・図-1　石原憲治『日本農民建築 第4巻』南洋堂書店，1972，121頁，圖版第33

127頁・図-2　石原憲治『日本農民建築 第7巻』南洋堂書店，1972，117頁，圖版第27

127頁・図-3　石原憲治『日本農民建築 第3巻』南洋堂書店，1972，131頁，圖版第40

127頁・図-4　石原憲治『日本農民建築 第4巻』南洋堂書店，1972，153頁，圖版第49

［アルコーブ］

128頁・図-2　Fiona Davidson and Shelly Grimwood：Charles Rennie Machintosh，Pitkin Unichrome Ltd.，1988

［働く空間］

131頁・図-1　日本建築学会編『第3版 コンパクト建築設計資料集成』丸善，2005，291頁，図［4］

131頁・図-2　佐藤泰・佐野友紀他「フリーアドレスオフィスにおけるマグネットスペースがワーカーの交流活動に与える影響」日本建築学会大会学術講演梗概集（北海道），2013・

引用文献

8，49頁，図2

14．外部空間
［キャンパス空間］
144頁・図-1　岸田省吾『大学の空間から建築の時空へ』鹿島出版会，2012，104頁，図15
144頁・図-2　同上，108頁，図3
144頁・図-3　同上，108頁，図31

16．地縁的空間
［集落空間］
161頁・図-1　日本建築学会編『図説 集落—その空間と計画』都市文化社，1989，92頁・図
［伝統的空間］
162頁・図-1　小野寺淳「屋敷回り空間の見え方に関する研究」博士論文，2002，29頁，図
［ゲニウス・ロキ］
165頁・図-1　レオナルド・ベネーヴォロ，佐野敬彦・林寛治訳『図説 都市の世界史1（古代）』相模書房，1983，143頁
［地理学的空間］
166頁・図-1　歳森敦「距離と密度を媒介とした地域施設の分布と利用に関する計量的分析」博士論文，2002，113頁，図
166頁・図-2　浮田典良他『ジオ・パル21 地理学便利帖』海青社，2001，169頁，図9-1-1
［地名］
167頁・図-1　寺門征男「農村集落の空間の整序性に関する計画的研究」博士論文，1991，197頁，図
167頁・図-2　齋木崇人「農村集落の地形的立地条件と空間構成に関する研究」博士論文，1986，15頁，図

17．風景・景観
［心象風景］
171頁・図-1　西村匡達・松本直司・寺西敦敏「都市の心象風景の形成・想起要因に関する研究」1992年度　第27回日本都市計画学会学術研究論文集，721頁，図-1
171頁・図-2　犬飼佳明・松本直司「心象風景の方向性とその現実の空間形態」1995年度第30回日本都市計画学会学術研究論文集，205頁，図-1
［景観論］
173頁・図-1　国土交通省都市・地方整備局都市計画課景観室「美しい国，まちづくりのために　景観法概要」平成19年4月，図（景観法の対象地域のイメージ）
［景観評価］
175頁・図-1　小坂町「小坂町　景観計画」平成26年3月，27頁，図（重点景観形成地区図）
175頁・図-2　同上，14頁，図2-3
［景観まちづくり］
177頁・図-1　新宿区都市計画部景観と地区計画課編「新宿区景観形成ガイドライン」平成27年3月改定，92・93頁

18．文化と空間
［空間の多義性］
184頁・図-1 エッシャー・ホームページより（http://www2.inforyoma.or.jp/~zzz/pages/escher/lithograph01/ascending-and-descending.html）
［二次元の空間表現］
187頁・図-1　松下希和・積田洋「西洋絵画に描かれた建築要素の二次元的な構成の認知評価の研究」日本建築学会論文集 No.717，2015，2462頁，図-5
［文学の中の空間イメージ］
188頁・図-1　積田研究室
188頁・図-2　同上

19. 非日常の空間
［劇場空間］
196頁・図-4　"The official opening of Shakespeare's Globe June 12th 1997 in the presence of Her Majesty the Queen and His Royal Highness Prince Philip" THE INTERNATIONAL SHAKESPEARE GLOBE CENTRE LTD
［仮設空間］
198頁・図-1　Archigram：The metamorphosis of our Town [Cheek By Jowl], 1970, ©Peter Cook

20. コミュニティ
［生活領域］
203頁・図-1　小林秀樹『集住のなわばり学』彰国社, 1992, 232頁, 図補・4
203頁・図-2　同上, 236頁, 図補・5
203頁・図-3　エイモス・ラポポート, 大野隆造・横山ゆりか訳『文化・建築・環境デザイン』彰国社, 2008, 29頁, 図8
［共用空間］
204頁・図-1　オスカー・ニューマン, 湯川利和・湯川聰子訳『まもりやすい住空間』鹿島出版会, 1976, 30頁, 図9
204頁・図-2　鈴木成文他『「いえ」と「まち」住居集合の論理』鹿島出版会, 1984, 215頁, 図Ⅴ・25
204頁・図-3　同上, 116頁, 図Ⅲ・7（左）, 120頁, 図Ⅲ・10（右上）

22. 災害と空間
［仮設住宅］
211頁・図-1　岩手県応急仮設住宅　仕様基準, 2011

23. ユニバーサルデザイン
［ノーマライゼーション］
214頁　花村春樹訳・著『「ノーマリゼーションの父」N.E.バンク－ミケルセン［増補改訂版］』ミネルヴァ書房, 2002
［高齢者の空間］
218頁・図-1　赤木徹也・鰺坂誠之「わが国における認知症高齢者の住環境に関する書誌学的研究－研究知見に基づく環境アセスメントと環境デザインへの示唆－」認知症ケア学会誌 Vol.12-2, 2013, 348頁, 図5

24. 環境・エコロジー
［環境デザイン］
221頁・図-1　L.Halprin：The RSVP cycles; creative processes in the human environment, New York, Braziller, Inc., P.127, 1969
［コンパクトシティ］
227頁・図-3　G.B.ダンツィク, T. L.サアティ『コンパクト・シティ』日科技連出版社, 1974, 44頁, 図3-1
［スマートシティ］
228頁・図-2　三井不動産ニュースリリース2014年7月7日付, 3頁（柏の葉スマートシティ第2ステージの将来イメージ）

25. 調査方法
［行動観察調査］
230頁・図-1　近藤樹理・山田あすか・松本真澄・上野淳「多摩ニュータウンにおけるこどもの屋外活動に関する研究」日本建築学会計画系論文集 No.628, 2008・6, 1257頁, 図13
［アンケート調査］
231頁・図-1　倉斗綾子・宗方淳・橋本都子・佐藤将之・丹沢広行・上野淳「教師の教室環

境評価からみた適正学級規模に関する考察 : 全国学校・教師アンケート調査から」日本建築学会計画系論文集 No.614，2007・4，76頁，図5

［インタビュー調査］

232頁・図-1　K.リンチ，丹下健三・富田玲子訳『都市のイメージ』岩波書店，1968，192頁，図43

［デザイン・サーベイ］

233頁・図-1　宮脇檀編著『日本の住宅設計／作家と作品—その背景—』彰国社，1976，182頁，図

［ソシオメトリ］

234頁・図-1　吉武泰水編『建築計画学5　集合住宅 住区』丸善，1974，93頁，図6-11

［空間認知調査］

236頁・図-1　山田あすか「従来型小学校での「記憶に残る場面」にみる学校空間　成人による振り返りに基づく学校建築空間の再考 その1」日本建築学会計画系論文集 No.669，2011・11，2066頁，表2

［空間感覚測定］

237頁・図-1, 2　力安拓・小島千知・倉斗綾子・上野淳「学校空間における児童・生徒の寸法知覚に関する実験的研究(1)：実験手法の検討と実験結果について」日本建築学会学術講演梗概集E-1，建築計画I，1999，770頁，図5

［生理的測定］

240頁・図-1　小野英哲・安田稔・高橋宏樹・横山裕「ルーズサーフェイスが歩行者に与える心理・生理的効果に関する考察—使用者からみたルーズサーフェイスの性能評価方法に関する研究（その3）」日本建築学会構造系論文集 No.547，2001，40頁，図-4

240頁・図-2　同上，41頁，図8

240頁・図-3　同上，41頁，図6

［脳波解析］

241頁・図-1　謝明燁・佐野奈緒子・秋田剛・平手小太郎「中心視光源の輝度レベルが覚醒状態・注意・作業遂行に与える影響に関する研究」日本建築学会環境系論文集 No.581，2004，88頁，写真-1

241頁・図-2　同上，88頁，図5

241頁・図-3　同上，88頁，図6

［アクション・リサーチ］

242頁・図-2　麻生沙希「保育園における環境設定変更を通じた保育者意識や環境の時間的移行」早稲田大学大学院人間科学研究科修士論文，2015，93頁，図63，図64

［GPS］

243頁・図-1　関本義秀「人の流動と時空間データセット最前線」オペレーションズ・リサーチ誌 Vol.58 No.1，2013・1，24-29頁，図-1

26．分析方法

［モデル分析］

254頁・図-1　佐藤泰・佐野友紀他「フリーアドレスオフィスにおけるマグネットスペースがワーカーの交流活動に与える影響」日本建築学会大会学術講演梗概集（北海道），2013・8，49頁，図1

［データマイニング］

258頁・図-1　瀧澤重志・吉田一馬・加藤直樹「グラフマイニングを用いた室配置を考慮した賃料分析　京都市郊外の3LDKを中心とした賃貸マンションを対象として」日本建築学会環境系論文集 73(623)，2008・1，141頁，図1／142頁，図4

27．関連分野

［認知心理学］

259頁・図-1　U.ナイサー，古崎敬・村瀬旻訳『認知の構図—人間は現実をどのようにとらえるか—』サイエンス社，1978，21頁，図2（一部改変）

［生理心理学］

262頁・図-2　佐野奈緒子・土田義郎・古賀誉章・大國香織・秋田 剛「茶室における二者間のインタラクションとその生理的側面の検討」MERA Journal Vol.18, No.1, 人間・環境学会誌 第35号, 2015, 10頁, 図2

［人間工学］

263頁・図-1 日本建築学会編『建築設計資料集成1』丸善, 1960, 34頁, 図

［図像学］

264頁・図-3　ダニエル・リベスキンド「新建築臨時増刊　建築20世紀　PART2」1991・6, 新建築社, 223頁, 図（マイクロメガス）

［ネットワーク理論］

272頁・図-1　KONECT：Residence hall network dataset, May 2015, http://konect.uni-koblenz.de/networks/moreno_oz

［索　引］

＊太字は，本書の収録用語および掲載頁を示す。

あ

アーキグラム ················· 198
アーケード ··················· **158**
アースワーク ················· 199
アート空間 ··················· 198
アーバンデザイン ············· 107
アイストップ ········· **99**, **106**, 115
アイテム（要因）·············· 252
アイデンティティ ····· 36, **40**, 100
アイマークレコーダー ········· 236
曖昧な空間 ··················· 162
アウェアネス ···················· 32
アウトドアリビング ··········· 134
アウトドアルーム ············· 134
明るさの恒常性 ················· 15
アクション・リサーチ ········· **242**
アクセシビリティー ············· 49
アゴラ ························· 136
アジール ····················· **156**
芦原義信 ······················· 12
新しい公共 ··················· 145
圧迫感 ··················· 126, 128
アトリウム ··················· **157**
アニメーション ················· 79
アノニマス ··················· 160
アバター ······················· 80
アフォーダンス ······· **67**, 230, 266
アプローチ空間 ··········· 115, **139**
アメニティ ···················· **28**
現れ ·························· 33
アリーナ型 ··················· 196
アルコーブ ··················· **128**
アルゴリズミック・デザイン ····· **82**
α波 ·························· 241
アルベルティ, L.B. ·············· 55
アレキサンダー・クライン ······· 58
アレグザンダー, C. ·········· 96, 97
アンケート調査 ··············· **231**
アンサンブル ··················· 96
暗示的空間 ··················· 162
安心感 ······················· **30**
安全 ·························· 30
安定性 ······················ 133
アンビエントサウンド ········· 179
アンビギュイティ ·············· **39**

い

生きられた空間 ················· 46
イギリス式庭園 ··············· 150
意識 ························· **32**
意志形成 ······················ 80
イセザキモール ··············· 148
位相 ························· 255

位相幾何学 ···················· 92
市 ·························· 152
位置の恒常性 ··················· 15
市場 ························· 156
市場空間 ····················· 195
一般図 ························ 88
一般地理学 ··················· 166
遺伝か環境か ················· 261
遺伝的アルゴリズム ··········· 271
移動 ···················· 19, 139
移動経路 ······················ 58
伊根の舟屋 ··················· 169
居場所 ······················· **146**
イベント空間 ················· **195**
意味 ···················· 103, 182
意味空間 ······················ 47
意味微分法 ··················· 235
意味論 ······················ 267
イメージ
······· **36**, 94, 95, 98, 111, 155, 188, 232
イメージアビリティ ············· **37**
イメージマップ ·········· 48, 50, 54, 88
イメージマップ法 ············· 236
いやし ······················· **29**
色 ··························· 3
色視野 ························· 4
陰界 ························· 163
因果推論法 ··················· 249
因子 ························· 250
因子分析 ········· 113, 235, 248, **250**, 257
インターナショナル・スタイル ········· 181
インターネット ················· 80
インタビュー調査 ············· **232**
インテリアデザイン ··········· **132**
インフォグラフィック ··········· 77
隠喩 ························· 121
引用 ························· 121
陰翳礼讃 ······················ 24

う

ヴィスタ ····················· 176
ヴィトルヴィウス ··············· 55
ウェイファインディング ·········· 66
ウエーバー・フェヒナー則 ······· **74**
ヴォールト・アーチ ············· 128
ウォットン ····················· 55
動き ························· **16**
内縁 ························· 160
内と外 ······················ 183
宇宙船地球号 ················· 224
宇宙の内部空間 ··············· **130**
移り変わる空間 ··············· 152

299

え

映像 …………………………………… 120
映像空間 …………………………… **79**
エコシティ ………………………… **226**
エコロジー ………………… **223, 224**
エッジ ………………………………… 37
絵物語 ………………………………… 185
エレメント想起法 ……………… 43, 54, 236
縁側 …………………………… **125, 151, 160**
遠近法 ………………………………… 187
遠近法・透視図 …………………… **87**
遠藤秀平 ……………………………… 198
エントロピー ………………………… 268
園路 …………………………………… 150

お

オイラー ……………………………… 255
王祇祭 ………………………………… 193
応急仮設住宅 ………………………… 211
黄金比 ………………………………… 73
大きさの恒常性 ……………………… 15
オープンスペース …… **135, 144, 176, 195**
オープンプラン ……………………… 229
奥 ……………………………………… 183
屋上 ………………………………… **149**
奥・象徴 …………………………… **186**
屋上庭園 ……………………………… 178
屋上緑化 ……………………………… 220
奥の空間 ……………………………… 162
奥行知覚 …………………………… **8**
奥行の恒常性 ………………………… 15
オスグッド, C.E. ……………………… 44
表と裏 ………………………………… 183
オリエンテーション ………………… 98
オルムステッド, F.L. ………………… 178

か

外延的意味 …………………………… 44
絵画 …………………………………… 185
回帰分析 …………………………… **249**
回帰モデル …………………………… 258
街区 …………………………………… 138
χ^2（カイ自乗）値 ………………… 245, 246
解釈項 ………………………………… 35
会所地 ………………………………… 143
外的基準 ……………………………… 247
快適性 ………………………………… 28
概念 …………………………………… 42
開発行為 ……………………………… 222
外部空間 ……………………………… 143
外部空間の内部化 ………………… **134**
開放感 ………………………………… 125
回遊 …………………………………… 197
回遊空間 …………………………… **140**
回遊行動 …………………………… **62**
回遊式 ………………………………… 140
回遊式庭園 …………………………… 150

回遊的空間 …………………………… 104
街路 …………………………………… 157
街路空間 …………………………… **137**
街路空間構成 ………………………… 107
界隈 ………………………………… **155**
界隈空間 ……………………………… 162
カオス ………………………………… 24
か・かた・かたち …………………… 13
家具・しつらえ観察調査 ………… **229**
学習 …………………………………… 265
覚醒 …………………………………… 32
覚醒水準 ……………………………… 241
囲み空間 …………………………… **143**
火災 …………………………………… 63
可視化 ……………………………… **77**
家事作業 ……………………………… 132
可視・不可視 ……………………… **5**
可視領域 ……………………………… 5
柏の葉スマートシティ ……………… 228
火星 …………………………………… 130
仮設空間 …………………………… **198**
仮設集会場 …………………………… 211
仮設住宅 …………………………… **211**
家相 ………………………………… **164**
仮想空間 ……………………………… 80
画像合成 ……………………………… 79
画像処理 ……………………………… 58
仮想世界 ……………………………… 80
形の恒常性 …………………………… 15
形のことば …………………………… 264
形の生成指示書 ……………………… 84
価値 …………………………………… 36
カテゴリー …………………………… 252
可読域 ………………………………… 3
竈（かまど） ………………………… 127
枯山水 ………………………………… 150
ガレリア ……………………………… 122
感覚 ………………………………… **2, 18**
感覚器 ………………………………… 2
感覚遮断 ……………………………… 129
感覚量 ………………………………… 237
環境 …………………………………… 254
環境アート ………………………… **199**
環境アセスメント ………………… **222**
環境移行 …………………………… **216**
環境影響評価 ………………………… 222
環境音源 ……………………………… 179
環境共生 …………………… **160, 220, 223**
環境共生住宅 ………………………… 220
環境行動 ……………………………… 216
環境—行動関係 ……………………… 68
環境行動研究 ………………………… 260
環境心理学 ………………………… **260, 262**
環境適応 ……………………………… 216
環境デザイン ……………………… **221**
環境認知 ……………………………… 259
環境のイメージ ……………………… 46
環境破壊 ……………………………… 222
環境評価 ……………………………… 57
環境負荷 ……………………………… 218
環境未来都市 ………………………… 226

索引

環境モデル都市 ……………………… 226
観光資源 …………………………… 200
監視カメラ ………………………… 30
緩衝空間 ………………………… **151**
杆体細胞 …………………………… 4
カント, I. ………………………… 91
官能検査 …………………………… 14
関連係数 …………………………… 246

き

記憶 ……………………… **41**, 259
祇園祭り …………………………… 195
幾何学 ……………………………… 255
記号 ……………………………… **35**
記号現象 …………………………… 267
記号性 ……………………………… 106
記号内容 …………………………… 35
記号表現 …………………………… 35
記号論 ……………………… 255, **267**
記号論的解読研究 ………………… 54
記述された空間 ………………… **185**
記述方法 …………………………… 90
軌跡・動線 ……………………… **58**
季節 ………………………………… 114
帰属度 ……………………………… 270
機能空間 …………………………… 181
機能図 ……………………………… 91
機能寸法 …………………………… 263
ギブソン, J. ……… 8, 17, 67, 266
帰無仮説 …………………………… 245
鬼門 ………………………………… 164
キャンパス空間 ………………… **144**
休憩 ………………………………… 61
教会 ………………………………… 156
境界 ………………………… 101, 155
境界・結界 ……………………… 99, **102**
共生 ………………………………… 205
共通因子スコア ………………… 250
協同 ………………………………… 205
共同社会 …………………………… 201
共同性 ……………………… 160, 201
共同体 ……………………………… 201
共分散構造分析 ………………… **257**
共用空間 ………………… 202, **204**
居住空間 …………………………… 29
居住後評価 ………………………… 57
居住者コミュニティ …………… 212
距離 ………………………………… 237
距離知覚 ………………………… **7**
距離認知 …………………………… 7
距離の恒常性 …………………… 15
切妻屋根構造 …………………… 125
儀礼 ………………………………… 182
記録 ………………………………… 233
木割り ……………………… 71, 73
均質空間 …………………………… 47
近代建築の空間 ………………… **181**
近代建築の五原則 ……………… 159
緊張 ………………………………… 240
筋電位 ……………………………… 240

く

空間 …………………… 64, 187, 237
空間意識 ………………………… **43**, 45
空間演出 ………………………… **108**, 120
空間概念 ………………………… **92**
空間感覚測定 …………………… **237**
空間計画 …………………………… 111
空間計画研究 …………………… **45**
空間言語 …………………………… 167
空間構成 ………………………… 66, **94**
空間構成要素 …………………… **95**
空間図式 ………………………… **47**, 91
空間体験 …………………………… 120
空間データ ………………………… 89
空間的表象 ………………………… 185
空間認知 ………………… 232, **236**
空間認知調査 …………………… **236**
空間の意味 ……………………… **44**
空間の多義性 …………………… **184**
空間の秩序 ……………………… **183**
空間の分節 ………………………… 86
空間把握 ………………………… **54**
空間場面 …………………………… 120
空間評価 ………………………… **55**
空間評価の実験 ………………… 79
空間表現 …………………………… 187
空間譜・ノーテーション ……… **86**
空間要素 ………………………… **99**
空間類型 ………………………… **93**
空間論 …………………………… **47**
空気遠近法 ………………………… 8
空地 ………………………………… 136
区間推定法 ………………………… 244
熊野 ………………………………… 186
クラスター ………………………… 93
クラスター分析 ………… 251, **253**
クラスタリング ………………… 258
グラフ ……………………………… 272
グラフィカルモデリング ……… **256**
グラフマイニング ……………… 258
クリスプ集合 …………………… 270
グリッド …………………………… 93
黒川能 ……………………………… 193
クロス分析 ……………………… **246**
クワドラングル …………………… 144
群集流動 ………………………… **60**

け

景観 …………… 5, 118, 173, 188
景観協定 …………………………… 207
景観計画 …………………………… 177
景観形成ガイドライン ………… 177
景観検討 …………………………… 79
景観構造 ………………………… **174**
景観事業 …………………………… 199
景観条例 …………………………… 5
景観デザイン …………………… **176**
景観評価 ………………………… **175**

301

景観法 ············· 173, 175	構文論 ············· 267
景観まちづくり ············· **177**	紅葉 ············· 114
景観論 ············· **173**	高揚 ············· 139
継起連続的 ············· 86	合理性 ············· 181
継続性 ············· 216	高齢者 ············· 212, 213
形態文法 ············· 84	高齢者等のサポート拠点 ············· 211
系統地理学 ············· 166	**高齢者の空間** ············· **218**
芸能空間 ············· **193**	**コーポラティブ・コレクティブ** ············· **205**
形容詞 ············· 235	コーポラティブハウス ············· 205
経路選択 ············· 59	五感 ············· 86
経路探索 ············· **59**, 66	国際宇宙ステーション ············· 130
ゲーティッド・コミュニティ ············· 30	国際障害分類 ············· 217
劇場空間 ············· **196**	国際生活機能分類 ············· 217
ゲシュタルト ············· **9**	**個人差** ············· **53**
ゲシュタルト質 ············· 9	コスモス ············· 24
ゲシュタルト心理学 ············· 9, 11	コスモロジー ············· 193
ゲシュタルト要因 ············· 9	個性化 ············· 132
ゲストハウス ············· 200	個体距離 ············· 61
ゲニウス・ロキ ············· **165**	コッホ曲線 ············· 269
元 ············· 253	子ども ············· 213, 219
権威 ············· 124	**子どもの空間** ············· **219**
玄関 ············· 124	子ども部屋 ············· 123
元型 ············· 32	コノテーション ············· 267
言語化 ············· 85	コミュニケーション ··· 26, 135, 138, 158, 191
現象 ············· **33**	**コミュニティ** ············· **201**, 205
現象学 ············· 33, 114	コミュニティアーキテクト ············· 209
原寸大 ············· 239	**コミュニティデザイン** ············· **209**
減築 ············· 225	コモン ············· 145
建築学 ············· 146	コモンスペース ············· 204
建築環境心理生理 ············· 262	固有性 ············· 40
建築協定 ············· 207	コレクティブハウス ············· 205
建築計画 ············· 45	コンサートホール ············· 196
建築言語 ············· 84	混雑 ············· 61
検討 ············· 239	コンティンジェンシィ係数 ············· 246
原風景 ············· **172**	コンバージョン ············· 157
	コンパクトシティ ············· 226, **227**
	コンピュータ ············· 82, 273
	コンピュテーショナル・デザイン ············· **273**

こ

公園 ············· 136, 140, 178, 195	
公開空地 ············· 135	
光学的流動 ············· 8, **17**	
工業技術 ············· 181	
公共空間 ············· **145**, 180	
公共施設 ············· 210	
光源 ············· 119	
交差点 ············· 154	
公式地名 ············· 167	
恒常性 ············· **15**	
口承地名 ············· 167	
高所感 ············· **31**	
構造化 ············· 100, 104, 106	
高層建築 ············· 31	
拘束時間 ············· 194	
交通 ············· 135	
公的空間 ············· **122**	
行動 ············· 38, 42, 254	
行動観察 ············· 242	
行動観察調査 ············· **230**	
行動圏 ············· 203	
行動シミュレーション ············· **64**	
行動場面 ············· 68	

さ

サードプレイス ············· 131	
サービス ············· 135	
差異 ············· 184	
災害 ············· 63, 210	
災害救助法 ············· 211	
災害公営住宅 ············· 212	
再開発 ············· 198	
祭儀 ············· 191	
採光 ············· 126	
差異性 ············· 105, 106	
最短距離法 ············· 251	
最短経路 ············· 62	
最短経路探索 ············· 272	
最長距離法 ············· 251	
最適解探索 ············· 271	
彩度 ············· 23	
サイン機能 ············· 105	
サイン計画 ············· 3, **66**	
サインマップ ············· 54	
サヴォワ邸 ············· 159	

索 引

サウンドスケープ ………………… **179**	実在 ………………………………… 33
盃の図 ……………………………… 10	**実存的空間** ………………… **46**, **47**
座観式 …………………………… 140	質的データ …………………… 247
錯視 ……………………………… **6**	室内化 ………………………… 134
サスティナブル ………… **223**, **224**	質問紙 ………………………… 231
作用 ……………………………… 266	実用論 ………………………… 267
障り ……………………………… 115	設え ……………………… 229, 230
3R（reduce, reuse, recycle）…… 226	**私的空間** ……………………… **123**
参加 ……………………… 205, 208	指摘法 …………………………… 43
産業革命 ……………………… 181	視点 ……………………………… 5, 6
三次元 ………………………… 187	視点場 …………………………… 5
三次元空間 …………………… 239	児童心理学 …………………… 261
三次元パース …………………… 69	**視認性** …………………………… **3**
参道空間 ……………………… 139	指標 ……………………………… 34
散布図 ………………… 248, 249	**シミュレーション** …… **76**, 79, 83, 254, 273
サンプリング調査 …………… 244	**視野** ……………………………… **4**
	射影幾何学 …………………… 92

し

シークエンシャル ……… 111, 115	社会学 ………………………… 146
シークエンス …… 16, 86, 94, **112**, 139	社会集団 ……………………… 234
シール, P. …………………… 95	社会的の環境 ………………… 146
シーン ………………… 108, **111**	尺度 ……………………………… 25
シェアオフィス ……………… 131	遮断性 ………………………… 102
シェイプ・グラマー ……… **84**	シャノン, C.E. ………………… 268
ジェネレーティブ・スペシフィケーション… 84	遮蔽縁 …………………………… 16
シェマ …………………………… 46	斜面緑地 ……………………… 168
シェルター …………………… 157	周縁 …………………… 101, 183
視覚的 ………………………… 256	周縁的空間 …………………… 102
視覚的イメージ ……………… 171	重回帰分析 …………………… 249
時間・空間 …………………… 189	習慣 …………………………… 191
時間軸 …………………………… 69	周期的の変動 ………………… 240
時間性 ………………………… **114**	宗教 …………………………… 182
時間帯 …………………………… 68	**宗教空間** ……………………… **192**
時間地図 ………………………… 88	宗教建築 ……………………… 192
色覚 ……………………………… 4	宗教都市 ……………………… 192
色彩 …………………………… **23**	宗教美術 ……………………… 264
色相 ……………………………… 23	**修辞** …………………………… **121**
軸組構造 ……………………… 125	自由時間 ……………………… 194
軸線 …………………… 94, 109	重相関係数 …………………… 249
時系列解析 …………………… 244	習俗 …………………………… 182
刺激 ……………………………… 74	住宅避難者 …………………… 210
刺激域 …………………………… 3	周辺視野 ………………………… 4
刺激—反応（S-R）関係 ……… 74	住民 …………………………… 208
次元 …………………………… **69**	住民参加 ……………… 208, 232
自己意識 ………………………… 32	集落 …………………………… 233
志向性 …………………………… 33	**集落空間** ……………………… **161**
自己形成空間 ………………… 172	重力加速度 …………………… 240
事実 ……………………………… 36	縮尺 ……………………………… 70
寺社 …………………………… 156	**宿泊・リゾート** ……………… **200**
事象関連電位 ………………… 241	主成分分析 …………… 248, 253
システム ……………………… 76	主体 ……………………………… 46
次世代型路面電車システム ……… 227	主題図 …………………………… 88
次世代送電網 ………………… 228	主体性 ………………………… 160
自然景観 ……………………… 174	受容器 …………………………… 2
自然地名 ……………………… 167	シュルツ, C.N. ………… 46, 91
自然地理学 …………………… 166	順応 ……………………………… 14
自然保護 ……………………… 135	書院造り ……………………… 125
持続可能 ……………… 206, 224	障がい ………………………… 215
質感 …………………………… **22**	**障がい者の空間** ……………… **217**
実験室実験 …………………… **238**	生涯発達 ……………………… 261
	商業施設 ……………………… 140
	条件設定 ……………………… 238

303

消失点	87
象徴	103
象徴空間	**124**, 163
象徴性	192
象徴的価値	42
焦点	101, 106, 108, 109
焦点空間	190
焦点・軸線	**109**, 112
障壁	215
情報	38, 268
情報処理不可	7
情報通信技術	228
情報の取捨選択	90
情報理論	**268**
照明シミュレーション	119
照明条件	3
ショーボックス型	196
初期効果	14
ショッピングモール	148
情報選択特性	53
白川郷	169
自律性	78
視力	3
信仰	191
寝室	123
心象位置	171
心象風景	**171**, 188
心象方向	171
親水空間	**141**
身体	46, 184, 265
身体感覚	24
身体障がい者	213
身体寸法	263
人体寸法	72
身体的負荷	7
心電位	240
人文地名	167
人文地理学	166
シンボル	**34**, 109
シンボル機能	105
シンメトリー	94, 116
心理	238
心理学	146, 262
心理的構え	53
心理的感覚	146
心理的変化	139

す

図	3, 10, 38, 90
錐体細胞	4
数学（数理）モデル	75
数量化理論	**252**
数量化理論Ⅰ類	252
数量化理論Ⅱ類	252, 253
数量化理論Ⅲ類	252, 253
数量化理論Ⅳ類	252
スカイライン	**118**, 174, 176
図学	87
スキーマ	11
スキーマ・グラマー	84

スクラップ・アンド・ビルド	225
スクリーン	95
スケール	**70**, 187
スケール感	70
図式	259
図式文法	84
図像	264
図像解釈学	264
図像学	**264**
スティーブンス	237
ステイタス	124
図と地	**10**, 24
図と地の反転	10
ストック	225
ストラクチャー	40
ストリートファニチャー	148, 176
ストレス	262
スプロール化	227
スペクトル解析	117
スマートグリッド	228
スマートシティ	226, **228**
寸法計画	72

せ

聖域	156
生活	200
生活環境指数	226
生活行動	122
生活世界	33
生活体	2
生活地名	167
生活の質	215, 216, 218
生活様式	191
生活領域	**49**, 203
清家清	164
精神物理学	74
整数比	73
生成	82
聖性	192
生態学	67, **266**, 224
生態学的妥当性	215
生態心理学	68, 265
精度	64
生理学	262
生理心理学	**262**
生理・心理的自我領域	54
生理的測定	**240**
生理的特性	53
世界内存在	33
セキュリティ	30
設計手法	82, 107, 273
セッティング	203
瀬戸内国際芸術祭	199
セミメトリックMDS	253
セミラチス	85, **97**
遷移空間	**152**
線遠近法	8
選好態度	**52**
選好法	52
センサー	77

索　引

浅深度地下 ································ 129
全体的 ···································· 65
線的 ······································ 65
セントラルパーク ····················· 178
専門家 ·································· 209
専用施設 ······························ 195

そ

相 ······································ 253
相関関係 ··························· 247，248
相関分析 ····························· **248**
相関ルール分析 ······················ 258
想起距離 ·································· 50
造形要素 ······························ 106
相互作用 ······························ 266
葬送空間 ····························· **191**
相対性 ·································· 184
速度 ······································ 60
速度の恒常性 ···························· 15
ソシオグラム ·························· 234
ソシオマトリックス ·················· 234
ソシオメトリ ······················· **234**
組積造 ··························· 128，132
外縁 ···································· 160
その人らしさ ·························· 217
ソフトコンピューティング ········· **271**

た

ダイアグラム ····················· **90，96**
大学 ···································· 144
大空間 ·································· 157
滞在型余暇活動 ······················ 200
対象 ······································ 35
大深度地下 ···························· 129
体制化 ···································· 11
ダイナミック・シンメトリー ········· 116
タイポロジー ···························· 93
対立 ······························ 108，116
滞留行動 ······························· **61**
対話 ···································· 265
多義性 ···································· 39
多義的 ·································· 101
多機能な空間 ·························· 157
多次元尺度構成法 ···················· **253**
多重共線性 ···························· 249
建物入居後評価 ························· 57
田の字型（島型対向式）オフィス ······ 131
多変量解析 ··············· 45，**247**，256
多様性 ··························· 53，116
単位空間 ······························ 110
短期貯蔵 ································· 41
探索行動 ································· 59
探索的 ·································· 256
探索的な興味 ···························· 16

ち

地 ······························· 3，10，38
地域課題 ······························ 209

地域社会 ······························ 201
地域性 ······················ 165，**169**，201
地域生活文化 ·························· 193
地域地理学 ···························· 166
地下街 ·································· 122
知覚 ······················· 2，11，18，259
地下空間 ····························· **129**
知覚フィルター ························· 53
地球温暖化 ···························· 223
地球環境 ······························ 223
地球サミット ·························· 224
地区計画 ······························ 207
地形 ··························· **168**，174
地形選定 ······························ 168
地形類型 ······························ 168
地産地消 ······························ 169
地図 ······················ 65，86，**88**
治水 ···································· 141
地相 ···································· 163
秩序 ···································· 101
地名 ··································· **167**
注意 ···································· 259
注意状態 ······························ 241
中間領域 ······························ 151
注視点 ···································· 4
抽象化 ··························· 254，255
中心 ······························ 101，183
中心市街地 ···························· 148
中心市街地の空洞化 ·················· 227
中心視野 ·································· 4
中心・周縁 ······················ 99，**101**
中心・象徴 ···························· 186
中心性 ··························· 100，272
長期貯蔵 ································· 41
徴候 ······································ 34
調査 ···································· 233
長寿命化 ······························ 225
眺望 ···································· 176
調和 ···························· 108，116
調和・対立 ··························· **116**
直進的空間 ···························· 104
直角格子 ······························ 183
地理学的空間 ······················· **166**
地理空間情報 ··························· 89
地理情報システム ················ 88，89
治療的環境 ···························· 218
地炉 ···································· 127
チン，F. ···························· 93，94

つ

追跡調査 ······························ 243
通路 ····························· 99，**104**
使いこなし ···························· 242
使われ方研究 ·························· 229
月 ···································· 130
辻 ····································· **154**
辻子（づし） ·························· 138
つなぐ ·································· 110
ツリー ······························ 96，97
ツリー構造 ···························· **96**

305

て

定位図式	98
定位・方位	**98**
庭園	140, **150**
定型的行動	68
ディストリクト	37
出入口	99, **103**
定量的	235
データの尺度水準	247
データマイニング	**258**
テーマパーク	**197**
適応	218
適正知覚度	39
テクスチャー	7, 17, **21**, 22
デザイン・サーベイ	**233**
デザインプロセス	232
デノテーション	267
テラス	149
テラスハウス	234
テリトリアル・ディファレンシエーション	49
テリトリー	50, 61, **202**, 203
テレプレゼンス	78
テレワーク	131
天候	114
天井高	238
点推定法	244
点的	65
伝統的空間	**162**, 186
伝統的建造物群保存地区	206
電脳空間	78

と

ドゥオーモ広場	136
動眼視野	4
洞窟住居	132
統計的	231
統計的仮説検定	**245**
動作空間	**72**
動作寸法	263
動線	60
動的モデル	75
道路	195
トールマン, E.C.	48
特異点	105
独自(特殊)因子スコア	250
床の間	124, **128**
都市開発	223
都市空間	122, 144
都市景観	170, 174
都市再生	129
都市デザイン	176
都市のイメージ	59
都市はツリーではない	85
都市美	170
都市広場	136
土地造成	168
土地霊	165
トニー・ガルニエ	178

トポロジー	92, **255**
土間空間	**127**
トランザクショナル	216
トランジットモール	148
トレーサー	77
トレンド	244

な

ナイサー, U.	98
内部化	122
内部空間	133
内部空間の外部化	**133**
内包的意味	44
中庭	143
ナビゲーション	49, **65**, 66, 98
慣れ	**14**
慣れの誤差	14
なわばり	26, 27
縄張り	50

に

ニコレットモール	148
二次元の空間表現	**187**
西山夘三	58
日常	189
日常生活動作	215
日周期	240
ニッチ	67, 128
二方向避難	63
日本庭園	150
日本の原風景	172
入地(にゅうじ)	127
ニューラルネットワーク	271
ニワ	127
人間	64, 114
人間・環境学会	260
人間工学	**263**
人間の尊厳	214, 217
人間の理解	218
認識方法	264
認知	2
認知科学	**265**
認知型	51
認知距離	**50**
認知空間	255
認知心理学	**259**
認知スタイル	51
認知地図	7, 43, **48**, 88
認知様式	51
認知領域	**49**, 50

ぬ

脱ぎ履き	133
濡れ縁	160

ね

ネットコミュニティ	201

索　引

ネットワーク ……………………… 255
ネットワークフロー ……………… 272
ネットワーク分析 ………………… 272
ネットワーク理論 ……………… **272**

の

農村計画 …………………………… 160
脳波解析 …………………………… **241**
ノーテーション …………………… 86
ノード …………………………… 37, 154
ノーマライゼーション ………… **214**
ノーマル …………………………… 214
ノンテリトリアルオフィス ……… 131
ノン・パラメトリック検定法 …… 245
ノンメトリックMDS …………… 253

は

パーソナライゼーション ………… 202
パーソナル・コンストラクト理論 … 56
パーソナルスペース … 25, **26**, 27, 202, 203
パーソンセンタードケア ………… 217
パーソントリップ調査 …………… 243
バーチャルリアリティ …………… 78
ハイデッガー ……………………… 114
ハウスドルフ次元 ………………… 269
場所 …………… 99, **100**, 101, 103
場所化 …………………… 102, 106
場所性 ………… **42**, 160, 165, 179, 192
場所論 ……………………………… 47
パス ………………………………… 37
パターン …………………………… **11**
働く空間 …………………………… **131**
パタン・ランゲージ ……………… **85**
バックミンスター・フラー ……… 224
発達 ………………………………… 92
発達心理学 ………………………… **261**
発達段階 …………………………… 261
パニック …………………………… 63
パブリック ……………… 49, 145, 180
パブリックアート ………… **180**, 199
パブリックスペース …… 120, 157, 204
場面 ………………………………… 72
場面性 ……………………………… 171
林知己夫 …………………………… 252
パラメトリック検定法 …………… 245
バリアフリー ……… 213, **215**, 218, 219, 263
バルコニー ………………………… 149
パルテノン神殿 …………………… 6
ハレとケ …………………………… 189
ハワード,E. ……………………… 178
反作用 ……………………………… 266
坂茂 ………………………………… 198
反応 ………………………………… 74
反復 ………………………………… 94
判別分析 …………………………… 253

ひ

ピアジェ,J. ……………………… 92

ピアッツァ ………………………… 135
ヒエラルキー ……… 94, 96, 100, 102
ビオトープ ……………… 141, 220
光と闇 ……………………………… **24**
被験者 ……………………………… 238
庇護性 ……………………………… 100
庇 …………………………………… 125
ビスタ …………………… 99, **107**
微地形 ……………………………… 168
ビッグデータ ……………… 77, 243
ビット ……………………………… 268
必要時間 …………………………… 194
ビデオカメラ ……………………… 230
避難計算 …………………………… 63
避難行動 …………………………… **63**
避難所 ……………………………… **210**
非日常 ……………………………… 189
非日常性 …………………………… 192
非日常の空間 ……………………… **189**
ビヘイビアセッティング ………… **68**
ヒューマニゼーション …………… 214
ヒューマンスケール …………… **25**, 70
病院 ………………………………… 29
評価 ………………………………… 64
評価構造 …………………………… **56**
評価尺度 …………………………… 235
表記法 ……………………………… 264
表現 ………………………………… 90
表出 ………………………… 202, 229
平等 ………………………………… 214
非類似度 …………………………… 251
疲労 ………………………………… 14
ピロティ …………………………… **159**
広場 ……………………… 140, 195
広場空間 …………………………… **136**

ふ

ファジィ …………………………… 271
ファジィ集合 ……………………… 270
ファジィ理論 ……………………… **270**
不安感 ……………………………… 29
フィボナッチ数列 ………………… 73
風合い ……………………………… 22
風景 …………… 22, 170, 187, 188
風景式庭園 ………………………… 165
風景論 ……………………………… **170**
風水 ……………… 163, 164, 165
風土 ……………………… 169, 206
フォルム …………………………… 136
フォルム …………………………… **13**
吹抜け空間 ………………………… **126**
吹放ち …………………………… 126
福祉避難所 ………………………… 210
輻輳 ………………………………… 7
復興住宅 …………………………… **212**
物理的空間 ………………………… 146
物理的属性 ………………………… 42
不特定多数 ………………………… 197
不変項 …………………… 8, 17
プライバシー ……………………… 123

307

プライベート	49, 145
プライベートスペース	204
フラクタル次元	269
フラクタル理論	118, **269**
フランス式庭園	150
フリーアドレスオフィス	131
プレグナンツの法則	9
プレゼンテーション	90, 187
プログラミング	80
プログラミング言語	82
プログラム	96
プロジェクションマッピング	120
プロポーション	71, **73**
雰囲気	235
文化	206, 265
文学の中の空間イメージ	**188**
文化的習慣	133
文化の空間	**182**
文章	185
分節	108, **110**, 112
分節空間	110
分節性	103
分節点	110
文法	85
分類モデル	258

へ

平面解析	58
平面形状	19
平面図	69, 91
ベイリーパーク	147
平和な領域	156
ベストポケットパーク	147
ヘッドマウントディスプレイ	77
ペリスティリウム	143
変化	114
偏好法	52
弁別閾	74

ほ

包囲光配列	17
方位磁針	65
忘却	41
方向音痴	19
方向感覚	**19**
方向性	104, 171
防災	135
放射状	183
ホームレンジ	50
ポケットパーク	**147**
歩行者	137, 138, 158
歩者共存	137
歩者分離	137
墓相	163
ボックス次元	269
ホテル	200
ボトルネック	60
ポルティコ	158
ボンネルフ道路	137

ま

間	153
間合い	153, 265
マグニチュード	74
マグニチュード推定法	237
マグネットスペース	131
待合せ	61
町おこし	199
まちづくり	177, 208, 209
まちづくり協定	**207**
まちづくり憲章	207
まちなみ保存・再生	**206**
町家	158
祭り	190
祭り空間	**190**
マネジメント	144
間の空間	162
マルクト	136

み

ミーニング	36, 40
見え隠れ	108, **115**, 162
見え隠れする都市	186
見立て	121, 168
密度	60
密度勾配	7
密度・混み合い	**27**
見通し	19
緑空間	**142**
緑の効果	142
みなし仮設住宅	211
見守り	212
ミューズ	138
民家	233

む

無意識	32
無重量	130

め

名義尺度	252
明視性	3
明度	23
迷路性	39
メイン・ストリーミング	213
メカニズム	76, 254
目印	19
メタバース	**80**
メタファー	121
メトリックMDS	253
メルテンス	20
メンタルマップ	48
面的	65
メンバシップ関数	270

も

網膜像	8
モール	**148**
模擬実験	76
模型	69, 83, 239
模型実験	**239**
モデュール	**71**
モデル	**75, 76**
モデル化	64, 90
モデル分析	**254**
モドゥルス	71, 73
モニュメント	119
モリス, C.W.	44

や

屋根裏部屋	123

ゆ

結	169
有意水準	245
遊園地	140
ユークリッド幾何学	92
誘目性	3
床	159
ユニバーサル・スペース	181
ユニバーサルデザイン	**213**, 215, 263
ゆらぎ	**117**

よ

陽界	163
洋式建築	128
要素心理学	9
余暇活動	194
余暇空間	**194**
予測	64
予測推計法	**244**
余白	153

ら

ライトアップ	**119**
ライフサイクル	81
らしさ	121
ランドスケープ	188, 221
ランドスケープデザイン	**178**
ランドマーク	5, 6, 37, 99, **105**, 109, 236

り

リサイクル	220
離散的	101
リズム	94
立面図	69
リノベーション	200, 223
リノベーション・コンバージョン	**225**
リハーサル	41

リビングアクセス	204
リフォーム	225
流動係数	60
領域	103
領域化	102
領域表示物	202
両義性	184
量的データ	247
旅館	200
緑化	142
緑地協定	207
リラックス	240
リンチ, K.	59, 86, 94, 95, 98, 232

る

類型学	93
類似	34
類似度	251
$\sqrt{2}$の比率	73
ルートマップ	48
ル・コルビュジエ	71, 159
ル・モデュロール	71

れ

レクリエーション	135
レジビリティ	36, **38**
レパートリー・グリッド発展手法	56
連結性	104
練習効果	14
連続性	108, **113**

ろ

ロールプレイングゲーム	78
ロケーション	98
露地	138
露路	138
路地空間	**138**

わ

ワークショップ	**208**
わける	110
和の空間	**125**

A-Z

ADL	215
Behavior Map	230
Behavior Setting	230
BIM	**81**
BIMモデル	81
CG	69, **83**, 119
CG映像	239
design	13
D/H	**20**
EEG	241
1/fゆらぎ	117, 118
form	13

309

GIS	88, **89**, 243
GPS	230, **243**
HMD	77
ICF	217
ICIDH	217
icon	264
ICT	228
IFC	81
Inner Decoration	132
ISO 16739	81
ISS	130
LRT	227
ME法	237
N-スペース	12
PN-スペース	**12**
POE	**57**
POEM-H	57
POEM-O	57
P-スペース	12
portico	158
QOL	215, 216, 218, 226
realization	13
RSVPサイクル	221
schema	259
SD法	43, 44, 112, 113, **235**
therapeutic environment	218
VDT作業	263
VR	**78**

建築・都市計画のための空間学事典

[増補改訂版]

1996年11月15日	第 1 版第 1 刷発行
2005年 4 月25日	改訂版第 1 刷発行
2016年10月25日	増補改訂版第 1 刷発行

編　者　一般社団法人 日本建築学会 ©

発行者　石川泰章

発行所　株式会社 井上書院

東京都文京区湯島2-17-15　斎藤ビル
電話(03)5689-5481 FAX(03)5689-5483
http://www.inoueshoin.co.jp
振替00110-2-100535

印刷所　株式会社ディグ

製本所　誠製本株式会社

装　幀　川畑博昭

・本書の複製権・翻訳権・上映権・譲渡権・公衆送信権(送信可能化権を含む)は株式会社井上書院が保有します。
・**JCOPY**〈(一社)出版者著作権管理機構 委託出版物〉
本書の無断複写は著作権法上での例外を除き禁じられています。複写される場合は,そのつど事前に,(一社)出版者著作権管理機構(電話03-3513-6969, FAX03-3513-6979, e-mail：info@jcopy.or.jp)の許諾を得てください。

ISBN 978-4-7530-0108-8 C3552　Printed in Japan

空間デザイン事典

日本建築学会編　A5判・218頁・カラー　本体3000円

空間を形づくるうえでの20の概念を軸に整理された98のデザイン手法について，その意味や特性，使われ方を，多数のカラー写真を中心に解説する。紹介事例として収録した建築・都市空間は世界各地700近くにも及ぶ。

CONTENTS
1.立てる／2.覆う／3.囲う／4.積む／5.組む／6.掘る・刻む／7.並べる／8.整える／9.区切る／10.混ぜる／11.つなぐ／12.対比させる／13.変形させる／14.浮かす／15.透かす・抜く／16.動きを与える／17.飾る／18.象徴させる／19.自然を取り込む／20.時間を語る／索引・事例索引

―世界の建築・都市デザイン―

空間体験
日本建築学会編
A5判・344頁・カラー
本体3000円

計画・設計の手がかりになるよう，世界の建築・都市92を厳選し，空間の魅力をあますところなくビジュアルに再現する。

CONTENTS
1.表層／2.光と風／3.水と緑／4.街路／5.広場／6.中庭／7.塔／8.シークエンス／9.架構／10.浮遊／11.集落／12.群／13.再生／14.虚構

空間演出
日本建築学会編
A5判・264頁・カラー
本体3000円

世界の建築・都市76を厳選し，その空間に込められた演出性の視点から，その効果や空間の面白さをわかりやすく解説する。

CONTENTS
1.対象／2.対比／3.連続／4.転換／5.系統／6.継起／7.複合／8.重層／9.領域／10.内包／11.表層／12.異相

空間要素
日本建築学会編
A5判・258頁・カラー
本体3000円

空間を構成する要素に着目し，世界の建築・都市169を厳選。要素がもつ機能的，表現的，象徴的な役割を読み解く。

CONTENTS
1.柱／2.壁・塀・垣／3.窓／4.門・扉／5.屋根／6.天井／7.床／8.階段・スロープ／9.縁側・テラス／10.都市の装置／11.建築の装置／12.仮設の装置

建築・都市計画のための
調査・分析方法 改訂版
日本建築学会編
B5判・272頁　本体3800円

建築・都市計画に際して重要な調査・分析方法について，研究の広がり・多様化に即して新しい知見や方法をふまえて再分類・整理し，概要から適用の仕方まで，実務や研究に活かせるよう研究事例・応用例をあげてまとめた解説書。

建築・都市計画のための
空間計画学
日本建築学会編
B5判・192頁　本体3800円

15年にわたる空間研究の体系化を行うとともに，建築・都市計画に関する最新14の研究テーマを取りあげ，各々の研究がどのような分野で応用されているのかを，研究・設計への足がかりとなるよう実例をまじえながら解説する。

＊上記の本体価格に，別途消費税が加算されます。